北大法学阶梯
课程指引系列

北大法学高阶 贰

北京大学法学院 | 编

法律出版社 LAW PRESS · CHINA
北京

图书在版编目(CIP)数据

北大法学高阶. 贰 / 北京大学法学院编. -- 北京 :
法律出版社, 2023
ISBN 978 - 7 - 5197 - 7850 - 7

Ⅰ. ①北… Ⅱ. ①北… Ⅲ. ①法学－文集 Ⅳ.
①D90 - 53

中国国家版本馆 CIP 数据核字(2023)第 078780 号

北大法学高阶 · 贰
BEIDA FAXUE GAOJIE · ER

北京大学法学院 编

责任编辑 宋丽娜
装帧设计 汪奇峰 臧晓飞

出版发行 法律出版社
编辑统筹 法律教育出版分社
责任校对 王 丰
责任印制 刘晓伟
经 销 新华书店

开本 710 毫米×1000 毫米 1/16
印张 14.25 **字数** 226 千
版本 2023 年 8 月第 1 版
印次 2023 年 8 月第 1 次印刷
印刷 固安华明印业有限公司

地址:北京市丰台区莲花池西里 7 号(100073)
网址:www.lawpress.com.cn
投稿邮箱:info@lawpress.com.cn
举报盗版邮箱:jbwq@lawpress.com.cn

销售电话:010 - 83938349
客服电话:010 - 83938350
咨询电话:010 - 63939796

书号:ISBN 978 - 7 - 5197 - 7850 - 7
定价:49.00 元
凡购买本社图书,如有印装错误,我社负责退换。电话:010 - 83938349

编写说明

北京大学是中国法学教育的滥觞之地，是中国法学教学改革的先行者和探路者。北京大学法学院（以下简称北大法学院）始终秉持科研与教学并重的立院方针，将教学与科研视作大学教师的基本职责，两翼不可偏废。近年来，北大法学院大力推进教学供给侧改革，增加教学产品，创新教学活动，改善教学结构，提升课程质量，引领中国法学界教学改革风潮。

“北大法学阶梯系列讲座”是北大法学院诸多教学改革活动之一。2018 年秋季学期，该系列讲座正式面世。它包括三个系列：初阶（入门）讲座、进阶讲座和高阶讲座。初阶讲座是为了引领学生进入法学之门，为相关课程的学习提供方法论上的入门指引。进阶讲座旨在改变以往课后个别答疑不够充分、缺乏体系、难以集体受益的局面，致力于为学生系统性地答疑解惑，清除前期学习中累积的困扰，指明下一步学习的方向和重点。高阶讲座主要面向博士生群体，由各专业教授介绍学科最前沿的研究动态或发布自己最新的研究成果，激发法学博士生的学术志趣，培养全面的知识结构和开阔的视野。三个系列讲座都是以现有的课程为基础，以既定的课堂为平台，面对不同的授课对象，选择不同课程的不同阶段展开。通过前期宣传、后期综述以及视频播放等方式，将课堂教学与讲座模式有机结合，面向全社会公开。这不仅有效地提升了课堂质量，也实现了优质教育资源的共享。迄今为止，“北大法学阶梯系列讲座”已经累计举办 80 余场。

为了更全面地展示北大法学院的课程风采，为全国法科学生提供全方位的学习指引，法学院征求授课教师意见后，决定将部分阶梯讲座活动的内容整理出版。经与法律出版社协商，此次出版以“北大法学阶梯课程指引系列”的面貌呈现，旨在为处在学习法律各个阶段的学生提供一套全面的教学参考用书。每位授课教师负责自己的讲授内容，从格式到内容均对讲座实录文字做了大幅的修改润色，以符合“北大法学阶梯课程指引系列”的定位要求。

呈现在读者面前的这套丛书，基本上覆盖了全国法学院各类必修课和选修课，是北大法学院几十位教师的集体作品，希冀能帮助每一位法科学生迈入法学之门，克服路障，拾阶而上，领略法学的无限风光。

“北大法学阶梯系列讲座”的举办以及本书的出版，得到了来自法律出版社、《中国法律评论》编辑部以及北大英华科技有限公司等社会各界人士的关心、支持和帮助。在各方协力下，北大课堂以一种新的方式在纸上重现。在此一并致谢。

北京大学法学院

2021 年 9 月

目 录

简单案件与疑难案件：关于法源及法学方法的探讨

葛云松

关于作者

葛云松

北京大学法学院教授，博士生导师。南京大学法学学士（1992年），北京大学法学硕士（1995年），英国牛津大学进修（2000～2001年），北京大学法学博士（2002年），美国耶鲁大学法学硕士（2005年）。主要研究领域为民法总则、物权法、债权法、票据法、非营利组织法。

1995年开始在北京大学法学院任教，主要讲授民法总论、物权法、债权法、民法案例研习等课程。

[说明:本文得益于北大国际法学院(深圳)茅少伟老师、黄卉老师的建议。另本文写作于《民法典》颁布生效之前,原载《中国法律评论》2019年第2期,收入本书时略有改动。]

■ 问题的提出

什么是"疑难案件"?多数情况下,法官感到困难的是事实认定问题,但是并不罕见的是(尤其是在高等级的法院)——法官面临棘手的法律问题。本文要讨论的是,法官在试图获取可适用于个案的法律规范时,在何种情形下存在困难,以及法官应当如何解决这一困难。

为了集中讨论法律疑难应如何处理的问题,在此必须假定,法官已经对案件事实的认定形成了确信,或者依照证明责任规则而推定了特定事实。还需要注意的是,本文讨论的是"客观"意义上的疑难案件。至于实际审理案件的特定法官的主观认知,不是本文的关注对象。因为,特定的法官可能因为个人的原因(如法律知识不足),而"庸人自扰"地将一个简单案件当作疑难案件,或者将一个真正的疑难案件当作简单案件而草率处理。也就是说,本文要谈的是一个规范的视角——某个法律问题,是不是"应该"让法官感到疑难,而不是这个法律问题是否"实际"让某个特定的法官感到棘手。

在实践中,还有大量的因素会影响法官对案件的裁判,比如能不能"案结事了"(例如,败诉方会不会上访甚至报复)、法院内部的考评机制(例如,如果败诉方上诉后案件被改判或者发回重审,会不会影响晋升、评优)、领导干预、亲友请托等。这些因素客观存在,但是不属于本文准备讨论的范围。也就是说,这里不考虑任何干扰法官独立裁判案件的因素,也不考虑法官的个人化因素(如意识形态偏好),除非这些因素可以被纳入规范性考量的范围。

需要稍作说明的是,学者也常常对个案裁判发表评论。学术研究的一个视角(在学术实践中占比最高)是,评论法官在裁判中的法律见解是否妥当。也就是,如果自己是法官,那么,自己会采用什么法律见解及其理由。这一视角,与法官视角一致,体现了法教义学研究的实践取向("内部视角")。与此相区别的是"外部视角",如有的学者从社会学的角度,分析有哪些因素客观上影响了法官的裁判结果(无论法官是否有自我意识、是否正当)。外部视角当然有学术价值,但也不是本文关注的对象。

试举一例,以说明本文讨论的问题:王某驾车前往某酒店就餐,将轿车停在酒店停车场内。王某饭后拟驾车离去时,李某称:“已经给你洗了车,请付洗车费20元。”王某表示“我并未让你帮我洗车”,双方发生争执。李某诉请法院判决王某支付洗车费20元。

可能的裁判结果与裁判理由:

第一,判决支持李某的诉讼请求,理由是:《民法总则》第122条(“因他人没有法律根据,取得不当利益,受损失的人有权请求其返还不当利益。”)的构成要件完全满足。

第二,判决驳回李某的诉讼请求,理由是:虽然从表面来看,《民法总则》第122条的构成要件完全满足,但是,学界通说认为该法条存在漏洞,如果当事人明知没有债务而为给付,则应排除其不当得利返还请求权,据此,应以此作为该规范的一个消极要件。

第三,判决结果同第二种,在援引《民法总则》第122条并阐述是否存在该消极要件时,未援引学说,而是进行了如下分析:明知无义务而为给付,完全可以推定其意思是赠与;即便不为此种推定,其行为也前后矛盾,有违诚信原则;况且,若使其享有不当得利返还请求权,则无异于强买强卖,剥夺受益人一方自由选择的权利,扰乱市场秩序。所以,设置该消极要件方为合理,故应填补该法律漏洞,而确认该规范有此消极要件。

第四,判决结果同第一种,在援引《民法总则》第122条并阐述是否存在该消极要件时,援引了关于非债清偿问题的学界通说(如上),但认为该学说不合理,因为受益人客观上获得了利益,不返还是不公平的,故不应采纳通说。

第五,判决结果同第二种,在阐述理由时说:虽然《民法总则》第122条的要件完全满足,但是,明知无义务而为给付,其行为前后矛盾,令人困扰;况且,若使其享有本条上的权利,无异于强买强卖,剥夺受益人一方自由选择的权利,扰乱市场秩序,因此,考虑到适用该规定会产生不良社会效果,应不予适用,驳回李某的诉讼请求。

上例中有两种裁判结果,并分别有两种和三种不同的裁判理由。本文的目的,如果具体到该案,并非评论哪种裁判结果更加合理,而是讨论法官应当如何寻找可用于裁判案件的法律理由。

依法裁判的困境

□ 依法裁判的要求

法院是国家审判机关,审判案件时应当“以事实为根据,以法律为准绳”(《人民法院组织法》第6条)。依法裁判的要求,意味着在上述洗车费案中,法官如果不解释与适用《民法总则》第122条,而是直接根据自己的伦理学(正义观念)或者经济学观念作出裁判,就违反了其法定职责,即便其裁判结果与适用法律规范的结果并无不同。

在典型情形下,法官以客观的方式,寻找到可以适用于个案的法律规范,并且,即便法官个人并不赞同该法律规范的合理性,仍然必须以其作为裁判案件的依据。这也是社会公众对于司法职能的一般认知。法官之所以可能以“客观”的方式找到法律规范,是因为,在特定个案被法官审理之前,可能已经存在其他人的工作,而法官承认这些人所阐述的规范,应当被看作“法律”,应当被法官遵循。其中最重要的是,立法机关(全国人大、全国人大常委会等)按照一定的程序,对于特定的文本进行表决并通过,这一文本就被称为“法律”。

当然,我们知道,这一图景,并不是司法工作的全部,甚至不是其中困难的部分。法官很可能找不到清晰的法律规范,或者虽然找到,却发现它不符合自己的法律见解,适用于个案的结果并不合理。

我国司法机关强调,审判案件应当努力做到“法律效果与社会效果有机统一”,[1]但是,“法律效果”和“社会效果”并不总是完全一致的。江必新大法官说,适用法律是法治原则的要求,虽然法律不可避免地存在局限性、滞后性和非完善性,但是“法律的一致性、稳定性和连续性,也是最基本的社会利益之一”,因此,必须在法律之内寻求司法的社会效果。[2] 上述第五种裁判理由的意涵是:法官认为,法律规范的客观内容不包含该消极要件(不可能作其他解释),但是,这一内容的法律规范会导致消极的社会效果,因此,为了获得更好的社会效果,法官排除了法律规范的适用。这是不可接受的。

---

〔1〕 周强:《牢记重托,不辱使命,用忠诚和担当书写人民司法事业新篇章》,载中国法院网2017年7月3日,https://www.chinacourt.org/article/detail/2017/07/id/2908351.shtml。

〔2〕 江必新:《在法律之内寻求社会效果》,载《中国法学》2009年第3期。

法官受法律的拘束,是法治原则的基本要求。即便是给人以"激进"印象的美国实用主义法学思想,也不否认司法是受拘束的活动。波斯纳认为,法官只是"开放领域"的"偶尔的立法者";法官裁判案件时,应当以事实和价值为根据,探求对争议问题的通情达理的解决方案,但是,必须查看先例、制定法以及其他有法律意义的材料,确定是否存在某个"封杀"了这个通情达理的答案的法律权威资料。[1]

所以,法官必须检索到有拘束力的全部法律资料(本文称为"法源性资料"),以发现可适用的法律规范。在中国,首要的法源是法律和其他规范性法律文件(制定法)。最高人民法院的司法解释也可以归属于此类。另外,不同法律部门中制定法的范围有所不同:刑法最严格,民法较宽,行政法更宽。

在民法领域,除了制定法,习惯法也是法律渊源。《民法总则》第 10 条规定:"处理民事纠纷,应当依照法律;法律没有规定的,可以适用习惯,但是不得违背公序良俗。"尽管不无争论,但大体上可以认为,我国法律在此正式承认了习惯法是私法的渊源。[2] 此外,团体的自治法(章程等)、合同,在理论上也可以被认为具有民法法源的性质。[3] 国际条约、依照冲突法规则而应适用的外国法,也属于法源。

但是,法源的种类,并非没有争议。首先,只有解决了法源种类问题,法官才知道,自己必须去检索哪些资料。其次,法源性资料可能并未提供可用作裁判依据的清晰的法律规范。最后,即便法源性资料已经提供了清晰的法律规范,法官也未必只能据以裁判案件。因为有的法源拘束力较弱,法官在一定条件下可以采取不同的法律见解,并据此裁判案件。

后两种情形下(也就是下文所称的两类"疑难案件")的裁判,并不是严格意义上的"依法裁判"。但是,当今的理论共识是,法官有权通过法律解释与补充的过程,获得某种"法律见解",然后据以裁判案件。这种法律见解,被法官声称为就是现行法的内容,所以,至少从逻辑形式看,法官仍然是"依法裁判",只不过,"法"的内容是本案法官(而非法源性资料)所决定,并且它晚于法官所

---

〔1〕 参见[美]理查德·波斯纳:《法官如何思考》,苏力译,北京大学出版社 2009 年版,第 73 页以下;[美]理查德·波斯纳:《各行其是:法学与司法》,苏力、邱遥堃译,中国政法大学出版社 2017 年版,第 67 页。

〔2〕 有关研究,参见彭诚信:《论〈民法总则〉中习惯的司法适用》,载《法学论坛》2017 年第 4 期。

〔3〕 参见朱庆育:《私法自治与民法规范——凯尔森规范理论的修正性运用》,载《中外法学》2012 年第 3 期。

适用的案件,因此有“溯及既往”之嫌。这就是洗车费案第三、四种裁判理由。对于司法权的这种运用方式,法学理论与司法实践并无重大争议。但是,法官不得以社会效果的考量,而直接裁判案件(上述第五种裁判理由)。

□ 裁判理由及其与法源的关系

法院在个案中作出具体裁判,应当具备三段论的逻辑形式:以某个抽象的规范作为大前提,结合个案事实而确定小前提,最后得出特定的结论。[1] 也就是,作出特定裁判结果的“依据”或者“理由”,[2]是一个有具体内容的规范,它构成法律适用三段论中的大前提。依法裁判的要求意味着,这一规范的性质是“法律规范”。[3] 本文将这个有具体内容的、法官可以据以决定个案裁判结果的法律规范,称为裁判的“直接理由”。

法官需要说明:为什么法律规范是这一内容,而非其他内容。例如,《民法总则》第122条之下,是否存在“明知无义务而给付”的消极要件。又如,甲骑自行车时看手机,不慎撞伤了乙,乙请求甲赔偿医疗费若干,甲则认为自己并非出于故意,不应赔偿损失。法院判决认为,存在这样一个法律规范:行为人因过错(故意或者过失)侵害他人民事权益的,应当承担损害赔偿责任;由于甲有过失(尽管没有故意),并满足该规范的其他要件,甲应赔偿乙的损失(该规范构成了裁判结果的“直接理由”)。而甲则主张,法律规范的“正确”内容是:加害人有故意时才有赔偿责任,过失时没有赔偿责任。如果甲关于法律规范内容的理解正确,法院应当判决乙败诉。所以,法官必须要基于一定的理由,来确定法律规范的内容。

---

〔1〕 在多数案件中,会有数个法律规范适用,每一个规范的适用均具有三段论的形式。另外,如果存在某个法律规范,但个案事实并不满足其构成要件,因而导致不发生某种法律效果(而当事人主张该法律效果发生),这也是三段论的形式,如洗车费案的第一种裁判。不过,有时的情况是(如下文所述的某人诉马云案),当事人主张发生某个法律效果,但是完全不存在与此有关的法律规范,因此,当然不发生该法律效果。这种推理过程,也是三段论的形式。

〔2〕 我国司法实践中的“裁判依据”“裁判理由”等概念,用法与本文不完全一致。最高人民法院《关于裁判文书引用法律、法规等规范性法律文件的规定》(2009年)第1条规定:“人民法院的裁判文书应当依法引用相关法律、法规等规范性法律文件作为裁判依据。”层级较低的规范性文件,只能作为“裁判说理的依据”(第6条)。最高人民法院《关于加强和规范裁判文书释法说理的指导意见》(2018年)第13条规定:除依据法律法规、司法解释的规定外,法官可以运用若干论据来论证“裁判理由”。

〔3〕 当事人的意思表示的内容(合同、章程等),可以因为法律的承认而成为法律适用过程中的大前提的一部分。为了简洁,本文不对此类情形进行特别讨论。

关于法律规范为什么是这一内容(而非其他内容)的理由,本文称为“间接理由”。[1] 间接理由并不直接针对裁判结果。

间接理由可以分为两类:

第一,形式性间接理由,即法官找到了某些在案件裁判之前客观存在的资料,其中记录了某个具体内容的规范,并且,由于该资料的形式性特征(而非基于其实质合理性),法官应受其拘束,因此,它构成了法律规范,可以成为裁判案件的直接理由。法源性资料,就是这类具有形式特征的资料。特定资料中的规范能否仅仅因为其形式特征而成为裁判的直接理由,取决于法源的种类以及该特定资料是否归属于某类法源。

第二,实质性间接理由。法源性资料没有提供内容清晰的法律规范,但该内容是裁判案件之所必需(下文所述的第一类疑难案件),或者,提供了清晰法律规范的资料属于弱拘束力的法源(可被废止的法源),并且法官决定废止它(下文所述的第二类疑难案件)。这些情形下,法官基于一定的实质性理由,得出关于规范之具体内容的结论(以作为裁判案件的直接理由)。

在多数案件中,法官只使用形式性间接理由。如上例,法官对甲的质疑的回应是:这一法律规范的内容,源于全国人大常委会 2009 年 12 月 26 日通过、2010 年 7 月 1 日施行的《侵权责任法》第 6 条第 1 款的规定。法官并未说明(也不认为有必要说明)这一规范是否合理。

有的法源具有强制性拘束力,即使法官认为其中记载的法律规范缺乏实质合理性,仍须适用。例如,《民法总则》第 188 条第 1 款规定的诉讼时效期间为 3 年,即使某个法官认为该期间太短,也无法排除其适用。[2] 也就是,法官并无运用实质性间接理由的机会。

但是,在本文阐述的两种疑难案件中,法官最终据以裁判案件的法律规范的内容,并非法源性资料所提供,而是法官自己的决定,决定的理由只能是实质性理由。实质性理由的阐述,实际就是运用法律解释与补充方法的过程,其

[1] 这里对两类理由的区分,参考了拉兹理论上的“一阶理由”和“二阶理由”。参见[英]约瑟夫·拉兹:《实践理性与规范》,朱学平译,中国法制出版社 2011 年版,第 28 页以下。大体来说,直接理由是一阶理由,形式性间接理由是二阶理由,实质性间接理由的归类则似乎比较复杂。限于篇幅,本文不作讨论。

[2] 与此类似,“习惯”要成为“习惯法”,固然“不得违背公序良俗”,但是这并不意味着其内容完全正当、合理——只要这种不合理性还没有达到“违背公序良俗”的程度,法官也必须予以适用。

中各个具体理由,可以包括“形式”性的因素,比如文义、体系、立法准备过程中的资料等,当然也包括“实质”性的因素,比如规范目的。[1]

在上述分析之下,如何理解前述洗车费案的前四种裁判理由?

在第一种裁判中,法官提供了直接理由(不含有该消极要件的规范内容)和形式性间接理由(该规范源于《民法总则》第 122 条),而未讨论“当事人明知无义务而为给付”是不是一个消极要件,其实质是,即便设有该消极要件才合理,但是该法条已经排除了这种可能性,并具有强制性拘束力,法官无须考虑实质性间接理由。

第二种裁判中,法官提供了直接理由(含有该消极要件的规范);就现行法上该规范为何含有该要件的问题,法官直接采纳了学界通说,而没有对“增设”这一要件的实质理由进行讨论。法官阐述了这一规范内容的来源(通说),并认为这一资料所记载的对法律问题的解答,就是现行法上的法律解答,其态度是,自认为受到通说的拘束(就如同受到制定法的拘束)。显然,这是一种形式性间接理由:将通说视为法源。

第三种裁判中,法官提供了直接理由(含有该消极要件的规范),并就现行法上该规范为何含有该要件的问题,阐述了实质性理由。

第四种裁判中,法官提供的直接理由(不含有该消极要件的规范)虽然与第一种裁判相同,但是,法院并非基于形式性理由而获得该规范内容,而是阐述了实质性理由。论证以通说作为反驳对象。对此可以有两种理解:在认可学界通说的拘束力(作为法源)的前提下,鉴于该类法源拘束力的可废止性,而通过实质性论证获得不同的结论;或者,并非认为通说具有法源地位(有拘束力),而是在独立进行法律解释与补充的工作,对通说的引用和反驳是其自主决定,而非法源规范的要求。

---

[1] 本文关于裁判理由的区分,对应于哈特理论中的义务规则与承认规则和变更规则(间接理由)在个案中的适用。义务规则(有具体内容的实体法律规范)适用于个案事实而得出具体的裁判结果,成为裁判的直接理由。承认规则(关于具有何种特征才能被认为属于义务规则的规则)主要是法源问题,法院据以确定法源性资料的范围,并以客观的方式从中获取实体法律规范的具体内容,成为裁判结果的形式性间接理由。在本文讨论的情形下,变更规则(授权个人、群体修改、废止现有的义务规则的规则)是指法院在两类疑难案件中有权决定法律规范的内容,法官基于实质性理由(也就是运用法律解释与补充的方法)而决定法律规范内容,是对这一权力的行使。参见[英]哈特:《法律的概念》(第 3 版),许家馨、李冠宜译,法律出版社 2018 年版,第五、六章。

■ 疑难案件的类型

法官为了裁判案件而试图获取应予适用的法律规范时,会遇到两类疑难。[1]

□ 法源性资料提供的法律规范不清晰

对于裁判某案件所需要回答的法律问题,如果法源性资料无法提供清晰的解答(暂不论其实质合理性),即可认为构成疑难案件。此时,一个"懒惰"的法官(他尽可能避免运用实质性间接理由),也无法只进行客观的法源性资料检索工作,就简单地完成找法任务并作出裁判。

最重要的法源是制定法。制定法的适用会发生何种疑义?有的疑义,源自制定法的文字。例如,《物权法》第 87 条规定:"不动产权利人对相邻权利人因通行等必须利用其土地的,应当提供必要的便利。"该条中的"必须""必要",都依赖于某种社会经验上的判断。又如,《刑法》第 363 条规定了"制作、复制、出版、贩卖、传播淫秽物品牟利罪",何为"淫秽"物品,也需依赖于社会经验去判断。有的法条的构成要件指向某种有待于具体化的价值判断标准。例如,"诚实信用""公序良俗""过失""合理"等不确定概念,或者概括条款,其具体标准有待填补。占据制定法绝大多数篇幅的普通法条(不属于概括条款、不确定概念),法律的解释也常常存在各种疑义(有多种解释方案)。此外,制定法可能存在漏洞,需要进行漏洞填补,甚至有可能需要在制定法之外进行法律续造。[2] 在法官可能需要适用习惯法,但是关于是否存在特定内容的习惯法,没有一种相当于制定法条文这样的权威文本时,就可能引发疑义。

但是,发生上述情形的案件,并不必然是疑难案件。下文将要分析,判例、学说(通说)也是一种法源。关于某个法条如何解释,如果存在内容清晰的通说,那就可以说,这两类法源性资料(法条、通说)共同提供了清晰的法律规范。

---

〔1〕 拉兹将司法案件区分为"regulated cases"和"unregulated cases",区分标准是现行法之下是否存在明确的法律答案,在前者,虽然现行法已经提供了明确的法律答案,但是法官有可能决定改变现行法。参见[英]约瑟夫·拉兹:《法律的权威:法律与道德论文集》,朱峰译,法律出版社 2005 年版,第 157 页以下。

〔2〕 参见[德]卡尔·拉伦茨:《法学方法论》,陈爱娥译,商务印书馆 2003 年版,第 165 页以下。

关于是否存在习惯法(及其内容),以及关于制定法是否存在漏洞以及如何填补,如果存在内容清晰的通说,那就可以说,这种法源性资料已经提供了清晰的法律规范。

如果法源性资料不能提供清晰的法律规范,法官就不得不自己独立作出关于法律规范的具体内容的决定。

需要注意的是,在解释制定法时,或者基于社会经验或者价值判断而确定法律上的评价标准时,即便学说、判例已经尽到最大努力进行具体化、类型化,一定程度的模糊性也是无法完全消除的。因此,在边界性案型之下,法官"不得不"拥有一定的裁量余地,适用于个案的结果必然欠缺较强的说服力。[1]例如,美国最高法院大法官斯图尔特(Potter Stewart)在阐述如何界定淫秽影片时说"I know it when I see it",指的就是此类情形。拉伦茨认为,在法律适用的领域,此类留给法官的判断余地以及法官个人的决定因素不可避免。此类情形,不属于本文所定义的疑难案件,因为我们已经无法通过运用法学方法来消除这种裁量余地。与此类似,还有一些法律规范,其法律效果的内容部分地取决于法官的裁量,而裁量时的考量因素无法被规则化,必然包含主观因素(如量刑范围、需要酌定的损害赔偿金)。

上述因素意味着,针对同样的事实,在一个确定但不可能更加具体化的法律规范之下,不同的法官所得出的裁判结果仍然可能有差别,甚至截然不同。也就是,确定的事实、确定的法律规范,并不意味着唯一的裁判结果。由于此类案件的"疑难"并非关于法律规范之内容的疑问,它们不属于本文所定义的"疑难案件"。

所以,本文所称的法律规范的内容"清晰",实际上是指:它的内容"不可能更清晰"。另外还需要注意,一个法律规范的不同要素(各个构成要件要素、法律效果的内容)可能有的含义清晰、有的不清晰。如果某个要素的含义虽不清晰,但是与解决个案争议无关(无论采何种见解,均不影响裁判结果),那么,法院是不必对于该要素的具体含义进行处理的,因此也不构成"疑难"。所以,本文是从法官裁判个案时是否有必要(以及如何)查明法律规范之具体内容角度,来界定"疑难案件"。

---

〔1〕 参见[德]齐佩利乌斯:《法学方法论》,金振豹译,法律出版社2009年版,第145~146页。

□ 法源性资料提供的法律规范清晰，但与法官的实质性判断不一致

法官如果通过检索制定法等法源性资料，获得了清晰的法律规范，法官可以不对该规范内容的合理性进行实质思考，而直接予以适用。但是，法官也可以“在不疑处有疑”，在提供该规范的法源的拘束力可以被废止时，通过实质性论证而背离它。[1] 也就是，法官可以基于其“自主”决定，把某个法律问题从“简单”变成“疑难”。

但是，法官进行了实质性思考的案件，并不都属于疑难案件。有时，这种思考处于“隐性”状态：法官经过独立思考后，否定了自己对法源性资料提供的规范的合理性的怀疑，并认为没有必要将实质性思考的过程写入裁判文书。有时，法官赞同法源性资料提供的规范的实质合理性，但是仍然进行了实质性论证，通常来说其目的是反驳那些试图偏离法源性资料的观点，在具体理由上，或者重述并支持他人已经阐述的观点，或者补充新的理由。

有一类情形需要特别讨论。就某一类案型，制定法没有任何可能适用的规定，此时，有几种可能的法律状况：(1)此类案型之下，原告所主张的法律规范不存在，因而不应发生任何法律效果。也就是，这里不存在法律漏洞。(2)制定法对于此类案型的“沉默”，在解释上不应认为不存在任何规范，而是制定法有漏洞，但是可能有习惯法存在，或者，可以通过法律漏洞补充（包括制定法外的法律续造）来确立一个规范。特定案型具体属于哪一类、应如何处理，是判例、学说的讨论对象。如果缺乏通说（它具体地回答了这类案型之下是否存在法律规范），则属于上述第一类疑难案件（法律规范不清晰）；如果存在通说，但是与法官的实质性判断不一致，则属于这里所说的第二类疑难案件。

比如某个贫困人士起诉马云：自己无钱买房，而马云富甲天下，因此要求马云资助 100 万元用于购房。该主张意味着，原告认为存在这样一个法律规范：富人有义务赠与穷人资金用于购房或者其他生活所需（暂不论其细节）。制定法上不存在这一规范，判例、学说中，缺乏对此案型的直接讨论。不过，学说上均认为，基于私有财产和意思自治原则，在缺乏法律明确规定和在先约定的情况下，任何人不得基于自己单方的意思表示而使他人负担债务。该贫困

---

〔1〕 如果对于特定的制定法条文，基本不存在解释上的争议，而法条的文义可以清晰地适用于个案，那么，文义解释的内容就是笔者所说的“法源性资料提供的清晰规范”。如果法官认为，基于实质性理由，可能需要偏离基本文义，这就属于本文所说的这一类疑难案件。

人士的主张完全落入这一理论的范围。因此,就该问题,法律状况清晰,本案不属于疑难案件。不过,下面讨论的"极品渣男"案,则有重大不同。

□ 综合讨论

有两种案件的性质是确定的:法源性资料提供的规范清晰,并且法源具有强拘束力(不可废止),这是简单案件;法源性资料不能提供清晰的法律规范,这必然是疑难案件(第一类)。弱拘束力法源确立了清晰的法律规范时,案件属性并不确定,法官有权将其作为简单案件来处理(直接适用弱拘束力法源之下的规范),也有权将其作为疑难案件来处理(通过实质性论证废止弱拘束力法源之下的规范)。

以前述洗车费案为例,由于学界通说认为《民法总则》第 122 条含有该消极要件,因此法源性资料对该法律问题的解答是清晰的,法院可以将其作为简单案件处理(第二种裁判),也可以质疑并反对通说,将其作为第二类疑难案件处理(第四种裁判)。第一、三种裁判均无视(或者不知道)通说的存在,是对法源性资料检索的不完全。

■ 判例与学说的法源地位

□ 我国司法实践对判例、学说的态度

法院的个案裁判("判例"[1])中的法律见解,对其他法院(包括下级法院)不具有强制性拘束力,[2]这一点在我国并无疑义。但是,判例在我国司法实践中发挥着越来越重要的作用。

最高人民法院《司法责任制实施意见(试行)》(法发〔2017〕20 号)第 39 条、第 40 条规定,最高人民法院审理案件时,应当制作类案与关联案件检索报告,如果承办法官拟作出的裁判结果将改变本院同类生效案件"裁判尺度"的,

---

〔1〕 我国的有关研究中,对"判例"的含义(以及与"案例"的关系)有很大的分歧。本文所称"判例",指的是我国任何层级的法院所作出的任何形式的裁判,采用的是最宽泛的含义。

〔2〕 与一般判例不同的是,最高人民法院审判委员会"讨论决定"、法院"审判类似案件时应当参照"的"指导性案例",应具有何种特殊地位。参见最高人民法院《关于案例指导工作的规定》(2010 年)以及最高人民法院《〈关于案例指导工作的规定〉实施细则》(2015 年)。有关讨论,参见雷磊:《指导性案例法源地位再反思》,载《中国法学》2015 年第 1 期。本文暂不涉及此类特殊判例。"判例"主要指法院的一般裁判。

应当呈院长提交审判委员会讨论。为此,最高人民法院于 2018 年 1 月 5 日起上线运行了“类案智能推送系统”。[1] 部分地方法院也制定了类似制度、运用了类似的检索系统。[2] 最高人民法院《关于进一步全面落实司法责任制的实施意见》(法发〔2018〕23 号)第 8 条、第 9 条规定:各级法院应当“确保类案裁判标准统一、法律适用统一”,为此,应当建立类案及关联案件强制检索机制;判决可能形成新的裁判标准或者改变上级人民法院、本院同类生效案件裁判标准的,应当提交专业法官会议或者审判委员会讨论。

最高人民法院的上述规定是最近才颁布实施的,但是,长期以来,法官在裁判案件时参考其他法院(尤其是最高人民法院)判例中法律见解的做法,实际上相当常见,只不过通常不会在裁判文书中明确体现出来。而北京知识产权法院等法院,已经开始在裁判文书中明确援引判例作为裁判理由。[3]

中国的法院系统似乎并未要求或者鼓励在裁判文书中参考学者的意见。不过,有个别法院在判决书中引用了学者观点,[4] 而法官实际上参考了学者观点但未将之体现于裁判文书中的情形更是并不罕见。其中包括,裁判理由直接使用了未规定于法律条文但显然常见于法学论著中的概念、理由与观点(也就是,显然并非法官的个人创见)。[5]

□ 判例、学说(通说)的拘束力[6]

关于判例、学说对法官裁判案件之意义,一种相当普遍的见解是,法官被判例、学说中的理由说服时,可以予以采纳并援引来作为裁判理由;如果没有

---

〔1〕 参见王雪娇:《熊群力:类案智能推送系统上线,为“智慧法院”建设保驾护航》,载一点资讯 2018 年 1 月 8 日,http://www.yidianzixun.com/article/0I5 Y6bvt。

〔2〕 例如,贵州省高级人民法院:《探索“类案类判”机制　确保法律适用统一》,载《人民法院报》2018 年 1 月 26 日。

〔3〕 例如,在北京知识产权法院(2016)京 73 民终 1078 号民事判决书中,法院援引了一个最高人民法院判决、一个北京市高级人民法院判决。

〔4〕 例如,北京知识产权法院(2017)京 73 民终 1404 号民事判决书,引用了学术著作。

〔5〕 例如,北京市第三中级人民法院在王军诉李睿抵押合同纠纷案(刊载于《最高人民法院公报》2017 年第 7 期)判决书中指出:“依民法理论通说……(诉讼时效)适用范围限于债权请求权……如将抵押权纳入诉讼时效的规制范围,无疑有违民法原理。”北京市第一中级人民法院(2015)一中民终字第 04746 号民事判决书中指出:“在民法理论中,主观过失的判断较为复杂,存在注意义务违反说、行为标准违反说等学说……”

〔6〕 关于判例、学说的法源地位的一个理论探讨,参见[瑞典]亚历山大·佩岑尼克:《法律科学:作为法律知识和法律渊源的法律学说》,桂晓伟译,武汉大学出版社 2009 年版。

被说服,则不采纳。因此,判例、学说不具有规范拘束力,不符合“法源”应有的特征。[1]

大陆法系的一般制度与观点是,法院的个案裁判对于本院以及下级法院并无法律拘束力,但是,作为长期的传统,下级法院通常来说会遵循上级法院(特别是最高审级法院)的法律见解。理论上一般认为,判例具有“事实上的拘束力”,“事实上”具有法源的意义。[2] 或者说,它是一种“事实性权威”,原因在于法院因为上诉制度而担心裁判被上诉审推翻,或者是为了维护法的安定性、裁判的经济性(避免对同类案件重新评价)等价值而遵循本法院或上级法院的判例(作为“正当裁判”目标下的道德义务),但是,这并不意味着法院有遵循判例(通说)的法律义务。[3]

但是,判例与学说对于司法,应具有更重要的意义。

我们在生活中获取的知识,有些来自个人的经验,比如家养小狗的生活习性;有些从他人处获得(比如书本),又亲自验证了它的正确性,比如学习了物理知识后又动手做了相应的实验。但是,绝大多数的知识,是由其他人通过经验研究等方法获取,而我们却并未亲自验证就采信——原因是我们信赖这些知识渠道的权威性,进而信赖了这些知识的可靠性。事实上,我们通常也没有能力去验证这类知识。比如,我们相信“能量守恒定律”反映了真实的物理学规律,不是因为我们被“说服”,而是因为物理学家公认了这一规律的存在,而我们信赖了物理学家。

在法律领域,制定法、习惯法尽管构成了对法官的拘束,但是这绝不意味着它的内容如此清晰,以至于法院只能在个案中得出唯一的裁判结果:制定法需要解释,习惯法存在与否以及内容需要确定,制定法的漏洞需要补充,有时甚至还存在制定法外的法律续造的必要。这些,都是法官需要通过自己的努力而完成的工作。可是,法官并非“一个人在战斗”。学者以及其他法官,可能已经就同一问题进行过讨论,甚至是大量的讨论,形成了相当丰富的文献。那么,法官是否可以因为信赖,而将判例、学说中的结论(关于法律规范内容的观点),作为自己裁判案件的直接理由?如果答案是“可以”的话,还需要进一步讨论的是:法官是否在某种程度上“应当”将判例、学说中的观点充作自己的裁

---

〔1〕 参见雷磊:《指导性案例法源地位再反思》,载《中国法学》2015 年第 1 期。

〔2〕 参见黄茂荣:《法学方法与现代民法》(第 5 版),法律出版社 2007 年版,第 7 页。

〔3〕 参见雷磊:《指导性案例法源地位再反思》,载《中国法学》2015 年第 1 期。

判依据,如同它们本身就是法律因而法官应当受其拘束?

制定法是特定的立法机关经过较短时间的起草、讨论而形成的,但是,它们并非“横空出世”。不管立法者是否有清醒的认识,对于法律(尤其是法律的基础性部分)所涉及的社会生活,人民(本国以及外国、久远或者晚近)经历了相当长的历史,有丰富的实践经验,在此基础上,历代法学家逐渐建构了一套概念与理论体系。这些概念与理论,甚至构成了立法中描述法律现象、设置法律规范时必不可少的语言工具,以及作出价值判断的出发点。可以说,制定法常常不过是露出海面的冰山,它在海平面之下有着宽厚的基础。

而在制定法颁布之后,学者、法官又为了回答实践提出(或者可能提出)的问题,以及为了对法律规范体系进行技术优化,不断地进行探讨,使法律规范中的有疑义之处不断被认识,解决方案以及各自的理由不断被提出。这些判例、学说的体量,可能千百倍于制定法条文。通过这些讨论,就特定法律问题,有时会形成共识,有时会形成数量有限的几个解决方案,并且可以辨别出何者是主流意见(也就是“通说”)。

因此,要求法院原则上应当遵循判例、学说(通说)是合理的。理由是:第一,经过众多的法官、学者探讨法律问题所得出的主流意见,通常来说比某一个法官(或者合议庭的几个法官)因为面对一个新案件才开始的思考更为深入、可靠。要求法院遵循通说,是“要求”他必须“站在巨人的肩上”。第二,在判例、学说已经形成通说时,法律界以及社会公众有理由形成正当的信赖,这是法律安定性、确定性的一个重要体现。因此,原则上法院应当遵循通说。第三,它可以减轻法官的工作负担。法院受通说的拘束,因而无须对通说的合理性进行实质性论证,就如同适用制定法时可以不讨论其合理性。

法院遵循判例、学说的义务,并不能用“说服力”获得合理的说明。“说服力”意味着,法官不能简单地接受法学通说的结论,因为“结论”本身不可能带有任何的“说服力”。所以,实质问题是:在存在通说的情况下,法官可否“放弃”思考,直接采纳通说?也就是说,对于通说是不是最佳的法律解答,不再通过独立思考进行检验。

我认为,法官可以这样做。或者说,在法治原则之下,这样做是可以接受的。因为,既然通说大体上是可靠的(或者说,它是相对来说最可靠的),也具有减轻法官负担的功能,就应当允许法官不作进一步思考,除非通说的可靠性受到明显的挑战(当事人的主张,或者法官自己的实质性考量)。卡多佐法官在谈及遵循先例原则时曾说："如果过去的每一个判决在每一个案件中都可以被重新开启的话，法官的工作量就会一路狂增到濒临崩溃的地步。"〔1〕这个洞察在大陆法系传统下也完全适用。就这一点而言，我不赞同拉伦茨的观点：他认为，可以推定判决先例的正确性，但是法官不可不假思索地信赖它。〔2〕

回到上文关于裁判理由的区分，如果将判例、学说（通说）作为法源，就意味着它可以成为形式性间接理由，法院乃是基于其权威地位而适用它。法官可以直接援引并适用其关于法律规范内容的结论。

如果不将判例、学说（通说）作为法源，那么，在法源性资料（不包括判例、学说）就特定法律问题未提供清晰的法律规范时，法官必须独立进行法律解释与补充的工作。也就是，必须提供实质性间接理由。在此过程中，法官最多将判例、学说（包括通说）作为参考资料，并且只能参考判例、学说中获得特定结论的具体理由（即使是赞同性的援引），进而独立获得结论（即使其结论与通说一致）。简单地引用和遵循判例、学说（通说）的结论的做法，应属于"失职"，是一种"屈从"于上级法院"淫威"的做法，在规范的意义上应予批判。在此种法源观念之下，声称判例具有"事实上的拘束力"，仅仅描述了事实（法官在实际操作中会遵循），却没有陈述规范（法官应否这样做），而这种法源观念意味着应作否定性的评价（最多是中性评价）。

有的学者从法的安定性角度来说明遵循判例的合理性，试图进行肯定性的评价，实际上是要求判例具有形式拘束力，这已经是将其视为法源了。如果又说判例不构成法源，实际上自相矛盾。也就是说，遵循判例不仅是一种"道德义务"，还是法治原则的要求，是一种法律上的义务，只不过，法官受拘束的程度弱于制定法，因而这一法律义务与法院的法律解释及补充的权力之间的关系，需要进一步处理而已。

□ 法源含义的再讨论

为了最终阐明判例、学说（通说）的地位，还是要回到法源的定义。显然，

---

〔1〕［美］弗里德里克·肖尔：《像法律人那样思考：法律推理新论》，雷磊译，中国法制出版社2016年版，第47页。

〔2〕参见［德］卡尔·拉伦茨：《法学方法论》，陈爱娥译，商务印书馆2003年版，第302页。他还说：如果法官"发现先例的可疑之处，应当自为判断"（同页），这一点我当然是赞同的。关于学说，拉伦茨认为，学说对于法的创设、发展有影响，但是缺乏规范性拘束力（同页）。

如果将法律渊源界定为法院必须遵循的、绝对不得违背的法律规范，那么，判例与学说不属于法源。但是，“法源”的定义可以不必如此狭窄。

美国学者弗里德里克·肖尔（Frederick Schauer）对此问题有非常清晰、透彻的阐述。[1] 他说：法官在裁判中应当遵循权威（authority，与“法源”同义），即使法官认为权威（制定法、先例）的内容是不合理的。也就是，法官之所以遵循权威，不是因为它的内容合理、可以使他获得最佳的个案裁判结果，而是因为它们的地位。但是，具有强制性拘束力的权威（他称为“mandatory authority”，“强制性权威”），其拘束力并不完全相同。英国、美国的法院针对本法院先例的态度是：这些先例具有拘束力，但是，法院可以在认为先例极其错误（extremely wrong）或者明显错误（manifestly wrong）的情形下，通过特别论证（special justification）来推翻先例，确立一个新的法律见解。

在德国，如果就特定的法律问题存在通说，法院通常会援引通说的结论，并且无须独立阐述理由。如果法院的法律见解不同，也可以不遵循通说，但是必须承担充分论证的义务。[2] 理论研究中，学者普遍认可司法实践中的做法，但是对于是否因此而将通说称为“法源”，则有不同观点。我认为，德国法院在常规情形下遵循通说，主要是基于其地位，而非内容的合理性。遵循通说与遵循制定法，实质上并无不同，只不过前者的拘束力较弱。具体来说，其拘束强度，类似于英美法院对待本院先例的态度（但是稍弱，因为不遵循通说无须达到法院认为其“极其错误”或者“明显错误”的程度）。

肖尔说，我们可以不把法源的“拘束力”理解为没有任何的选择、逃避的余地，而是也包括这种情形：有义务遵循，但是该义务并非绝对的义务。也就是说，不同法源的拘束力可能有强、弱之分。雷磊教授提出了“法源分量”理论：各类法源均有规范拘束力，但是规范拘束力的大小有别，或者说法源地位高低有别。其中一个方面是，司法裁判中运用实质理由偏离法源的难度有别，某些法源具有严格的拘束力，有的法源的拘束力则可以被废止。[3] 本文赞同这些见解。

认为判例、学说（通说）是一种有拘束力的法源；换句话说，通说就是“法”。

---

〔1〕 参见[美]弗里德里克·肖尔：《像法律人那样思考：法律推理新论》，雷磊译，中国法制出版社2016年版，第68页以下。

〔2〕 参见黄卉：《论法学通说》，载《北大法律评论》2011年第2期。

〔3〕 参见雷磊：《指导性案例法源地位再反思》，载《中国法学》2015年第1期。

当然,这是一种“不成文法”。所谓“不成文法”并不是说它是口耳相传,而是说,尽管它的内容客观存在,并且被某些裁判文书、学术论著所记载,但是,任何人都不能主张:他所撰写的某些具体文字,就是这个“法”的唯一的权威性记载,哪怕是创立通说的作者或者法院。这和制定法有根本的区别。也就是,它处于一种“有权威性内容、无权威性记载”的状态。所以,如何辨别通说,常常有困难。英美法则与此不同,“判例”的拘束力,是指每个单独的判例(其中作为裁判理由的法律见解)的拘束力,并且,就是法官在特定判决中的特定表述。在这个意义上,英美法的判例法,实际是一种成文法。这个问题,本文不拟详论。[1]

我关于判例和学说“应当”具有法源地位的观点,并不是一种“立法论”的主张,而是现行法之下的规范性主张。这里需要回应一种可能的观点:在缺乏制定法依据(某个类似于《瑞士民法典》第 1 条的条文)的情况下,法官何以有权“擅自”增列法源的种类?这个问题涉及宪法以及法哲学上的基本问题,此处无法详论。简要言之,刑法领域有罪刑法定原则,入罪事由须由法律(狭义)规定,[2]而在私法领域,虽然法院同样应当“依法裁判”,但是私法中的“法”(私法的渊源)却不限于制定法。我国法院基于习惯而承认典权,是一个例证。法院可以适用其他来源的法律规范(其他法源),也可以在不存在任何法源性资料时,适用自己通过法律解释与补充而确信的法律规范。鉴于私法的性质、长期的司法实践(可认为构成了宪法惯例)、历史传统、比较法经验等因素,制定法之外还有哪些法源应属于法院自主探索的范围,除非立法机关通过法律有意识地予以限定(比如,《民法总则》第 10 条将习惯列为法源,就排除了法院不承认其为法源的可能性)。前述最高人民法院推出的促进裁判标准统一、法律适用统一的措施,其实质是赋予本院和上级法院过去的“裁判标准”以某种拘束力,使其具有法源性质。无论是否赞同该具体制度,至少应当认为,法官如果认为自己受到制定法外的某种资料的拘束,属于其行使司法权力的一种具体方式,并无宪法上的障碍。

---

[1] 关于通说的形成、确立、辨别等问题,黄卉教授有深入的研究。参见黄卉:《论法学通说》,载《北大法律评论》2011 年第 2 期。

[2] 罪刑法定原则的含义是,法律(狭义)无明文规定不为罪(《刑法》第 3 条),它的含义并不包括“法律没有明文规定不能出罪”。因此,刑法学上关于出罪事由的判例、学说,可以适用本文的结论。

更何况,将判例和学说列为弱拘束力的法源,从某个角度来说,不过是实质性论证义务分配的问题:是否采纳通说仍属于法官可以自由决定的范围;只不过,采纳通说时无须实质性论证,背离通说则需要实质性论证。

就某一个有争议的法律问题,通说之外的其他观点(少数说),其法源地位如何?法官如果阅读并且被某个少数说所说服,可以采纳其中的观点作为自己的实质性间接理由,从而得出与该少数说一致的结论;也可以援引但反驳少数说的见解。少数说显然不是在"受拘束"的意义上被运用,因而不构成法源。与此类似,如果就某个有争议的法律问题,尚不存在通说,只有几种互相争论的见解,那么,法官也可以这样处理。

稍作说明的是,法院与学界之间有相对的独立性,有时会产生分歧,分别形成了司法通说和学界通说。我的看法是,这种情况下,司法通说具有法源地位;如果判例中观点分歧,尚未形成通说但是存在学界通说,学界通说具有法源地位,但是拘束力更弱一些:法官必须考虑学界通说,在采纳时无须实质性论证,但是,背离通说时无须具有"重大理由",不过仍须进行实质性论证。本文探讨的"通说",如涉及后一类情形(有学界通说、无司法通说)时,应作上述修正。

另外,审理特定案件的法官,应如何对待本院以及各上级法院在判例中的法律见解?我国法院系统正在推行的类案检索、统一裁判标准的机制,涉及这一问题。我的大体意见是,这一制度总体来说是有益的(也有不少问题),但是要谨慎处理它与通说(司法通说)的关系。本院和上级法院的法律见解如果与司法通说一致,自然与适用通说无异;如果与司法通说不符(或者不存在司法通说),法官不能将这些见解作为有拘束力的法源来适用(不进行实质性论证而采纳并适用)。

还要稍作说明的是,法官采纳通说,并不意味着应当以注释的方式进行引用。正相反,对于有高度共识的法律观点,法官不需要援引某个具体论著或者判例。反而是在缺乏通说时,法官常有必要对于不同观点进行引证。另外,采纳通说时可以不进行实质性论证,也可以进行论证。论证的方式,可以是对于通说之下的某些理由表示赞成,也可能虽然赞同通说的结论,但是不赞同其他人的某些理由,还可能是增加新的理由。看起来,法官似乎只是被通说的理由(或者部分理由)所说服,才采纳了通说,而不是因为自己受拘束才适用了通说。而"法源"的本义是在后一意义上使用的,这使通说是否被当作"法源"来运用有了疑问。本文赞同法官在适用通说时进行上述论证,但是,对于上述论证过程的妥当理解是:法官叙述了通说并表明自己受拘束之后,进一步补强其理由。因为,法官在适用任何有拘束力的法律资料(包括制定法)时,都可能有两种主观态度:(1)我不赞成某个法律规范的合理性,但是因为我受到拘束,不得不适用它;(2)我受到某个法律规范的拘束,而且我赞同它的合理性。在后一种态度下,法官当然可以对理由作进一步的讨论。实务中显然不应禁止法官这样做。

关于在裁判文书中进行实质性论证的必要性,这里不再详论。简单地说,它是对于法院造法权力的一种程序性约束。法官通过独立的法律解释与补充,获取法源性资料不支持的法律规范,这个工作不仅关系到个案当事人的切身利益,而且是一种建构有普适效力的法律规范的尝试(它会成为判例之一,从而对于通说的形成或者发展产生影响,因此,它是一种潜在的法源性资料)。偏离弱拘束力法源的做法固然是允许的,但它毕竟是对法的安定性的一种损害,因此,必须尽可能地避免法官的恣意,并使其尽可能地具有建设性。而实质性论证的义务,迫使法官将实质理由公开化(尽管客观上不可能做到使其全部公开化),同时,这一义务也迫使法官尽可能慎重地、深入地思考,使其法律见解尽可能成熟。所以,暂且不论法官进行此类工作时应受的实质性约束(应当遵循法学方法),关于法官进行实质性论证的要求,体现了一种程序性的控制。

基于上述观点,在前述洗车费案中,法官在适用《民法总则》第 122 条时,应当通过检索资料而了解到关于非债清偿问题的理论,在判断了其学界通说地位(以及司法判例中缺乏充分讨论)后,采取下面三种做法:(1)直接认可其拘束力(作为法源的效力),即直接引用并适用通说,不阐述实质理由(第二种裁判);(2)认可通说的观点,但是仍然进行实质性论证(第三种裁判);(3)不认可通说的观点,支持某个少数意见或者自己提出新的法律见解,为此,法官需要介绍通说的观点,然后进行实质性的法律解释与补充工作,并得出不同的结论,以反驳通说(第四种裁判)。第一种裁判理由(无视该理论的存在),则是错误的,因为它假定的是,既然法条中未明确提及该消极要件,则原则上应认为不存在该消极要件。实际上,由于通说的存在,原则上应认为存在该消极要件,如果法官认为不存在这一消极要件,反而要进行实质性论证,也就是,采用第四种裁判理由。

由于通说的拘束力并不是绝对的,它并不妨碍法院在有充分理由的情况下,支持某种非主流意见,或者自创某种新的见解。因此,通说的法源地位不会扼杀司法的活力,[1]甚至这还会促使(或者说"迫使")法院更加努力、更有动力对新的法律见解进行充分的论证。

□ 比较法的简要讨论

《瑞士民法典》第1条,是各国法典中关于私法渊源的著名规定。该条分三款:"Ⅰ.凡依本法文字或释义有相应规定的任何法律问题,一律适用本法。Ⅱ.无法从本法得出相应规定时,法官应依据习惯法裁判;如无习惯法时,依据自己如作为立法者应提出的规则裁判。Ⅲ.在前款的情况下,法官应参酌公认的学理和实务惯例。"

需要注意的是,对于《瑞士民法典》第1条第2款后段的规定,有人将其称为"法官法",我认为这是不妥当的。严格来说,它并非法源的规定。所谓法源,一定是指法官可以依照客观方式而获得的资料,而瑞士民法规定,对法官有拘束力的是制定法和习惯法,若两者皆无,则法官并不受任何外在资料的约束,而是自己设定法律规则并且据以裁判。立法者指出的是,在没有制定法、习惯法时,法官处于"无法可依"的状态,此时法官应当如何通过自己的工作(而非诉诸法源),来找到裁判依据。

而第3款,则确立了学说、司法惯例的特殊地位。从字面来看,是"参酌",即应当查找、考量判例、学说(通说),但是,不应受其拘束,而只能在自己行使"准立法权"(第2款)的过程中运用。在理论上以及司法实践,法官被认为对学界通说有"参酌义务",对于判例则有"有限的遵循义务",但是它们还是不被认为是独立法源。[2] 而本文的观点是,判例、学说(通说)应当具有拘束法官

〔1〕 黄茂荣教授认为,如果将判例作为法源,使其具有规范拘束力,那么法院的见解趋于固定或者僵化,难以适应变动不羁之经社活动的需要。参见黄茂荣:《法学方法与现代民法》(第5版),法律出版社2007年版,第12页。我并不赞同这一观点。实际上,促进法律发展(包括促进判例、学说的发展)的"动因",首先来自当事人(及其律师),他们基于切身利益而在法院争讼,为此而让新的社会现实被法院(进而被学者)所了解,他们也竭力提出对自己有利的法律见解,有时会强烈建议法院偏离既有的判例、学说。法官在此刺激之下,不得不进行实质性考量。判例、学说具有拘束力时,也是如此。在当事人并未主张某种偏离通说的法律见解时,期望法官不要不假思索地遵循通说,而是不断反思通说的妥当性,既无必要,在现实中也几乎不可能。

〔2〕 参见李敏:《〈瑞士民法典〉"著名的"第一条——基于法思想、方法论和司法实务的研究》,载《比较法研究》2015年第4期。

的法源地位，法官并非在假定自己作为立法者时应如何确立规则的实质性论证过程中参考，而是直接适用判例、学说（通说）的结论。

□ 判例、学说与法律解释和补充方法的关系

对于法官来说，制定法是具有强制拘束力的法源。如果特定的法律条文存在解释上的疑义，或者存在法律漏洞，法官有权进行法律解释或者漏洞填补。大量的法学方法论著作已经详细地讨论了法律解释与补充的方法——概括言之，法律解释方法主要有文义解释、历史解释、体系解释、目的解释；法律漏洞补充的方法，主要有类推适用、目的性扩张（适用于所谓“开放的漏洞”）与目的性限缩（适用于所谓“隐藏的漏洞”）等。运用法律解释与补充方法的过程，是一个实质性论证的过程（单纯的文义解释除外）。在多个法官、学者运用这些方法而分别得出结论的基础上，通说才得以形成。然而，前面提及：法官原则上应当遵循通说。这似乎意味着，法官不需要（甚至某种程度上不允许）独立运用法律解释与补充的方法。这两个结论之间似乎存在矛盾。

为此，我们需要充分理解判例、学说的内容，才能够认识它与法律解释与补充方法的关系：

第一，假如存在某个可能适用于个案的制定法条文，但尚不存在任何相关的判例、学说——也就是，假定某个法官是第一个面对并思考该问题的人，那么法院只能（也必须）依职权进行制定法解释。假如一方当事人主张存在一个可适用于个案的习惯法，但是判例、学说此前并未就此问题进行过讨论，那么，在判断是否存在习惯法时，法官也只能基于当事人的主张与证明、自己对社会生活的了解（以及其他可得的经验性材料），按照认定“习惯法”的一般判断标准来作出决定。如果法官认为制定法和习惯法可能存在漏洞，但是判例、学说并未讨论过就该事项是否存在漏洞以及（如果存在）应如何填补的问题，法官只能自行运用法律漏洞填补（包括制定法外的法律续造）的方法来作出决定。也就是，在第二类疑难案例之下，法官必须实质性运用法律解释与补充的方法，来获取法律规范。

第二，假如法官并非“第一个吃螃蟹的人”——也就是，如果在法院待处理的案件之前，就特定的法律问题已经存在了有关的判例、学说，并且形成了通说，那么它们对于法官的意义，取决于其具体内容：

其一，解释制定法条文的判例、学说。就某个法律条文的解释上的疑义，

如果存在判例、学说上的通说，法院原则上应当在适用制定法的过程中，叙述并适用该通说关于法条解释的见解。这里，法官实际上适用两类法源：制定法与判例、学说（通说），后者处于辅助地位，两者协力而使法律规范的内容得以确定。法官如果发现这一内容与其实质性判断不一致，应特别注意：拟偏离的内容、拟采取的新见解，是否有悖于制定法的强拘束力（不可废止）。

其二，主张某个习惯法存在与否或者内容为何的判例、学说。待处理的案件如果涉及某个习惯法的适用，法院原则上应在适用习惯法的"名义"下，叙述并采纳通说的结论。这里，法官实际上运用了两类法源：习惯法与判例、学说（通说），后者处于辅助地位（是前者的"证明"）；但是实际上只存在一类法源性资料：判例、学说，因为，在习惯法问题上，判例、学说所处理的基本资料（关于习惯的内容的社会学资料、历史资料等）并非法源性资料。通常来说，偏离关于习惯法的判例、学说不会实际受到强拘束力法源的限制。

其三，补充法律漏洞的判例、学说。法院在适用制定法和习惯法时，对于是否存在法律漏洞以及（在确实存在漏洞时）如何填补该漏洞的问题，应当在填补法律漏洞的"名义"下，叙述并适用通说的见解，若不适用则应充分论证。这里，判例、学说就是唯一有关的法源性资料，偏离时不存在强拘束力法源的限制。

不妨这样表述法官的法律解释与补充工作和通说的关系：通说在不同层次上"替代"了那些原本应当由法官自己独立完成的工作。具体来说，针对一个法律条文，原本应当由法官自己完成的法条解释工作，被相关的通说所替代；原本应当由法官自己确定的习惯法存否及其内容为何的工作，被相关的通说替代；原本应当由法官自己完成的法律漏洞补充的工作，被相关的通说替代。不属于通说的判例、学说，虽然不是法源，但可以达到开阔法官思路、辅助其完成法律论证的功能，分别在上述三个层面上协助法官完成其（常常是很复杂的）工作。

■ 法律疑难的解决

□ 法学方法的运用

疑难案件，就是法官需要进行实质性论证的案件，换一个角度说，就是需要实质性运用法学方法（法教义学方法）的案件。

法教义学是一种主要以探求特定法秩序之下（如中国现行法）法律规范的内容为任务的学问，最重要的部分是制定法的解释和漏洞补充。法教义学的主要工作目标，就是通过法学方法的运用，提供可供法官裁判案件时适用的关于法律规范内容的见解。法学方法是指导法官找法（包括造法）的方法，也对法官构成了限制。学者的法教义学研究，主要目标就是建议法官采纳其法律见解。大体上说，学说、判例就是法教义学的体现形式。[1]

法教义学的首要使命，就是解决法律疑难。如果既有的法源性资料不能提供清晰的法律规范（相应的案件就是第一类疑难案件），但是，通过学术界、司法界的探讨，对这一法律问题已经达成共识，或者虽然有分歧，但已形成一种主流观点（通说），那么，基于上文观点，通说的出现，就是一个新的法源性资料的出现。之前的法律疑难，已经有了权威性的解答。此后，一个新案件如果涉及同一个法律问题，法官检索到的法源性资料，就包括了通说，从而可以获得清晰的法律规范，这个案件，就成了简单案件，除非法官将其作为第二类疑难案件来处理。

法教义学的发展，主要就是不断地解决法律上的疑难，使过去的疑难案件不断地变成简单案件的过程。当然，这种解决不是一劳永逸的。通说可能被越来越多地质疑，并导致其通说地位的丧失，让位于新的通说，或者陷入“战国时代”（众说纷纭，不存在通说）。

在当代，法学方法早已经脱离了“概念法学”思想的统治，更不是美国语境

---

〔1〕“法学”与“法教义学”的含义和相互关系，在我国法学界是一笔“糊涂账”。我这里的界定，很多学者肯定不同意，甚至可能强烈反对其任何学术研究被归入“法教义学”的范围。例如，苏力老师曾经谈到对《医疗机构管理条例》第 33 条的解释，他认为，应当严格按照其文义，医疗机构施行手术时必须同时获得患者及其家属的同意并签字，即便患者（或者其家属）不同意的决定在医学上会导致患者发生重大危险。参见苏力：《医疗的知情同意与个人自由和责任——从肖志军拒签事件切入》，载《中国法学》2008 年第 2 期。实际上，苏力老师的这篇论文相当完整地运用了法教义学上的文义解释、体系解释、比较法解释等方法，其深入的社会科学角度的分析，均可理解为目的解释之下的具体考量。总的来说，有许多学科以法律或者法律活动为研究对象，如哲学、史学、社会学、经济学、心理学，这些学术分支既可以被归于相关学科，也可以被归入广义的“法学”。而其中的一个分支是内部视角的研究，即试图提供法律规范的具体内容（可供法官适用于个案），或者致力于对于既定内容的各个法律规范进行合理的归纳、分类、编排（包括提出在技术上适宜于描述法律规范之内容的概念，如美国学者霍菲尔德的重要工作）。这样一个法学分支，如同“法哲学”“法社会学”一样，需要有一个简洁的名称。在大陆法系的传统中，它就是狭义的法学。今天的汉语词汇中，由于“法学”已经被理解为具有更广泛的含义（如上），似乎只有“法教义学”（不得不说，它的德国色彩太浓厚了）或者“规范法学”可供选择。

下的"法律形式主义"或者"法条主义",它在坚持体系化思考方式的同时,又保持着体系的开放。甚至法教义学的方法本身也在向前发展。脱离了法教义学来探讨现行法,就如同脱离了物理学方法来谈物理学一样,在语义上就是自相矛盾的。

在法教义学方法的运用过程中,实用主义性质的社会效果考量,可以发挥重要的作用。法官在多种可能的法律解释方案之间进行选择时,除了考虑历史、体系等因素,还可以通过预测其对社会生活带来的不同影响来检验各个方案的合理性[所谓事前(*ex ante*)视角]。当然,这种思考方式的运用,需要注意以下问题:一方面,特定规范对社会生活的作用如何(生活事实上的因果关系),需要正确运用社会科学的方法,或者具有敏锐的洞察力;另一方面,在预测了社会后果之后如何评价它们之间的优劣,这是一个价值判断问题,而社会科学本身不能提供价值判断,法官必须作出抉择,且法律原则(法的内部体系)对于这种抉择构成了拘束。例如,社会福利的增进,固然是法律价值之一,但是它并非唯一的法律价值,甚至未必是最重要的——其重要性取决于待处理的法律问题的具体性质。尤其是在宪法职责以及法治原则之下,法官不能不考虑法条的文义、体系(与其他条文的关系等)、历史(立法资料等)等因素,在综合考虑的基础上作出决定。其中包括,法官应当注意到所有可能构成拘束的法律价值,并且在它们之间存在冲突时依照一定的思考过程予以权衡。在此过程中,法官应当尽可能避免个人化的价值取向、偏见的影响,尽管这种影响不可能完全被去除。

还要稍作说明的是,"疑难"案件之间的难度有很大的差别。有的案件只是"有点"疑难,法官可以很快地通过实质性论证而得出可靠的结论;有的案件则非常疑难,法官经过反复斟酌、长篇大论后,对于不得不作出的结论仍然感到说服力不足。与此形成对比的一类案件是,应当适用的法律规范相当复杂,法官一时难以找到全部的重要法源性资料;或者,法官由于对相关的规则不够熟悉,需要一个较长的学习过程,然而,此时尽管作为个体的法官在寻找资料或学习的过程中也常有疑问,但是法源性资料(包括判例、学说)最终提供了清晰的规范,并且与法官的实质性判断一致。这类案件其实只是复杂(可以说它"难"),但并不存在"疑"。

□ "法感"与法源:谁先出场

对于裁判过程的一种相当常见的理解是:法官总是先形成关于裁判结果

的结论,然后才检索法律规范以及进行法律解释上的论证;甚至检索、引用法律规范的目的也不过是对已经产生的结论进行正当化而已。在本文看来,这种对司法过程的理解是错误的。[1]

从实际的心理过程来看,法官是先根据“直觉”而形成结论然后找资料和论证,还是反过来呢?这是因人而异的,也取决于案件的特质(同一个法官,针对不同的案件,思考过程可能不一样)。伦理性较强的案件,法官比较容易根据道德直觉而形成伦理层面的结论;伦理性较弱的案件,法官就未必会(或者未必能够)首先根据直觉而形成判断。如果需要适用的法律规范内容清晰,并且法官比较熟悉,那么法官回忆起法律规范并运用于案件事实的心理过程可以十分迅速,不见得会晚于“法感”的“到达”时间;如果法官对法律规范不熟悉,则更容易基于直觉而先形成某种关于裁判结果的初步认识。如果待处理的法律问题处于一个漫长的法律关系“链条”的末端,比如在较为复杂的民商事案件中,当事人之间的实体法律关系会随着时间推移而不断变化,那么,若非一步一步厘清每一步的权利变动,法官断然无法思考下一步的权利变动,在这类案件中,法官通常无法先对最终的法律关系(它决定了裁判结果)形成判断。

还需要注意的是,法官的“法感”或者直觉,并不必然指的是法律外的评价标准。一个有经验的法官完全可能基于对于法律规范体系的熟知,以及对于法律中包含的价值判断的深刻认识,在并未具体地查找(或者回忆)特定法条的情形下,就基于这种已经内化的法律评价标准(而非个人在日常生活中的道德感或者正义感),得出关于裁判结果的初步结论。[2]

所以,争论思考的先后顺序,实际上是没有意义的。找法过程是一个非常复杂的程序,每个人的心理过程未必相同,也不必强求一致(也就是,不存在关于心理过程的规范性要求)。真正重要的是,找法过程应当是一个逐步展开的、探索性的、实验性的过程;法源性资料、其他对法律解释有意义的资料(比如关于特定法律规范对于社会生活之影响的经验研究)、不同法律解释方法的逐一或者交叉推进、与法律解释有关的因素的逐步发现,都会让法官的法律见解慢慢成熟起来。

---

〔1〕 相同见解,请看雷磊教授的深刻阐述。参见雷磊:《法教义学的基本立场》,载《中外法学》2015年第1期。

〔2〕 参见雷磊:《指导性案例法源地位再反思》,载《中国法学》2015年第1期。

这个过程就类似于论文写作:一个人对一个学术问题感兴趣后,准备写作论文,除了需要问题意识外,他是不是会在找资料、读资料、动笔写之前就已经形成了结论?很有可能,但并不必然。即便先有了结论,那也只是一个初步的设想,在研究和写作的过程中,最初的观点完全可能改变;就算没有改变,研究过程也必然深化对这一观点的认识。而开始研究之前完全没有形成确定的或唯一的结论,也是正常现象。

当然,在找法的不同阶段,"法感"可以发挥重要的作用:法感可以提示法官,法律解释的可能结论是什么(但更重要的是进一步找法);并且,就法源性资料提供的规范,法感可以成为评价工作的起点,它促使法官深入思考法律的规范目的、重新思考已有的阶段性结论、提示某种思考方向等。它是意义非凡的"大胆假设",但是不能取代"小心求证",法官也要有放弃这种"假设"的准备。

在此需要提醒的是,如果你(处于假设的法官视角时)看到案件后总是首先基于法律外的评价标准或者直觉而形成结论,那么你可能需要反思,是不是自己的法律知识不足。因为,在法律知识不足的情况下,你自然不可能从法律规范适用的角度出发思考(你不得不先查找资料、学习),而只可能基于直觉或者法律外的评价标准形成结论。这其实是一种缺憾状态,不是一个训练有素的法律人的应有状态。

直白地说,如果你总是先有结论、后找理由,而且从来不会改变结论,那么,你要么太聪明,要么太固执。可是,固执的人常有,聪明的人不常有。慎之!慎之!

■ 疑难案件的处理:几个例子

最后,我们看几个案例,看看前述观点如何运用。

1. 李萍、龚念诉五月花公司人身伤害赔偿纠纷案[1](案例1)

李萍等人在五月花餐厅就餐,就座于某包房外侧。就餐中,包房内突然发生爆炸,造成1人死亡、数人受伤。爆炸的原因是:一名医生收受了一瓶酒,但实际是伪装成酒盒的爆炸物,该医生当日将"酒盒"带入包房就

〔1〕 载《最高人民法院公报》2002年第2期。

餐,服务员开启盒盖时发生爆炸。犯罪嫌疑人被公安机关抓获。李萍等人请求五月花公司赔偿损失。

《合同法》第60条第2款规定:“当事人应当遵循诚实信用原则,根据合同的性质、目的和交易习惯履行通知、协助、保密等义务。”二审广东省高级人民法院在解释该款规定的附随义务时,认为:“经营者必须根据本行业的性质、特点和条件,随时、谨慎地注意保护消费者的人身、财产安全……五月花餐厅接受顾客自带酒水到餐厅就餐,是行业习惯使然。对顾客带进餐厅的酒类产品,根据我国目前的社会环境,还没有必要、也没有条件要求经营者采取像乘坐飞机一样严格的安全检查措施。由于这个爆炸物的外包装酷似真酒,一般人凭肉眼难以识别。携带这个爆炸物的顾客曾经将其放置在自己家中一段时间都未能发现危险,因此要求服务员在开启酒盒盖时必须作出存在危险的判断,是强人所难。五月花餐厅通过履行合理的谨慎注意义务,不可能识别伪装成酒的爆炸物,因此不存在违约行为。”

《合同法》第60条第2款是一个概括条款,本身缺乏清楚的文义。在该判决之前,关于附随义务之下,餐厅应当对顾客的人身、财产安全尽到何种程度的注意,并无判例、学说上的充分讨论,不存在通说。因此,本案属于疑难案件(第一类)。二审法院通过实质性论证(概括条款的类型化),提出了具体的法律见解。该案判决产生了广泛的影响,获得普遍赞同。

可以设想的是,如果出现了一个案情类似的新案件,法官即可认为,李萍、龚念诉五月花公司案中的上述法律见解已经构成通说,可以直接引用上述见解,无须再像广东省高级人民法院那样进行实质性论证。后续出现的新案件已经不再是疑难案件。

2. 陈小芳、陈卓与被上诉人陈国珍占有物返还纠纷案〔1〕(案例2)

陈国珍在某工地干活时,发现一块废弃的石头,该石头重100斤以上,他怀疑是虎睛石,就给陈小芳打电话,让其帮忙拉走。陈小芳、陈卓开车到场后,三人将石头抬到轿车的后备厢中。陈国珍让陈卓带着石头找人看看是否为虎睛石。陈卓将该石头拉走。当天下午,陈国珍向陈卓索要石头,陈卓称已经以4500元卖掉。后陈国珍多次向陈小芳、陈卓要求返还

〔1〕 河南省南阳市中级人民法院(2015)南民一终字第01163号民事判决书。

争议的石头，二人拒不返还。

本案的一个基础问题是石头的所有权归属。我国制定法上并未明确规定先占是取得动产所有权的原因，但是两审法院均认为，案涉虎睛石在被发现之前为废弃物，属于无主物。陈国珍发现此虎睛石之后，已通过先占的方式取得了所有权。法院虽然没有具体援引文献，但从其措辞来看，显然是通过阅读民法论著而了解该制度。我国民法理论几乎一致承认先占是取得无主动产之所有权的一个原因，其实质应属于习惯法。〔1〕由于存在学界通说（司法上的探讨极少，不存在通说），法律状况清晰。因此，本案并无法律疑难，法官无须进行实质性论证。

3.“极品渣男”案（案例3）

甲、乙是男女朋友关系，某次性行为时避孕措施失败，乙女发生宫外孕，又因为就医不及时导致大出血，乙女最终被迫切除子宫，并产生医疗费若干。甲男却在此时断绝恋爱关系，且拒绝承担任何医疗费。如果乙女诉甲男，法院应如何判决？

本案的棘手之处在于并无任何制定法条文处理此类案件，似乎也没有学说、判例回答这一问题。〔2〕但是，法官在初步作出“无法可依”（实际是没有制定法）的结论（这意味着驳回乙女的诉讼请求）后，应当进行实质性判断：这一结果是否合理？是否与法官所理解的法秩序一致？根据我的个人观点，社会观念显然认为甲男应当承担全部或者部分的医疗费用，并且这一义务，并不仅仅是一种“道义”上的义务，而可以被认为存在于某种习惯法中：首先，恋爱关系中的男方在发生此类情形时，绝大多数情形下会主动负担女方发生的全部或者部分的医疗费（存在长期实践）；并且，假如男方竟然拒绝，女方以及社会舆论会表现出极大的愤慨，甚至可能引发暴力事件（存在法律确信）。这些事

〔1〕关于先占构成习惯法的较为详细的讨论，参见金可可：《论乌木之所有权归属——兼论国家所有权之种类及其限度》，载《东方法学》2015年第3期。

〔2〕在类似案件中，有法院以《侵权责任法》第24条关于公平责任的规定为依据，判决双方分担损失。参见周某诉汪某同居关系纠纷案，浙江省建德市人民法院（2014）杭建民初字第51号民事判决书、吴某某诉余某某同居关系析产纠纷案，贵州省雷山县人民法院（2018）黔2634民初66号民事判决书。此类案型，根本不符合《侵权责任法》第24条的构成要件，并且，法院的裁判结果貌似双方公平分担，实际上对女方极度不利，因为女方除了发生医疗费，而且身心受到重创，有的还留下终身残疾。而男方却只需要承担本次医疗费用的一部分。

实，都足以表明存在习惯法。

上述案例1涉及制定法漏洞的补充，裁判时不存在关于该具体类型的通说，属于疑难案件。案例2、3涉及习惯法的确认与适用，其中，案例2之下，学说上一致认为先占无主物是取得动产所有权的原因，该习惯法存在且内容清晰，故不属于疑难案件；而案例3则是一个疑难案件（关于习惯法存在与否及其内容，并无通说），需要通过实质性讨论来确认。

■ 结　论

如果法官在充分检索了法源性资料后，仍然不能获得清晰的法律规范，或者，虽然获得了清晰的法律规范，但是其内容与法官的实质性判断不一致，那么，这个案件就属于疑难案件。法源的范围，除了制定法、习惯法，还应当包括判例和学说（通说），因此，法官应当检索包括通说在内的各种法源性资料，并受其拘束。在这一方法论视野下，法官“找法”时的资料检索范围扩大了，实质性论证的义务则减轻了。这不会导致法律陷入僵化，因为法官有权偏离通说，只不过需要进行实质性论证。[1]

本文仅是一个粗略的框架，还有待于从法哲学、宪法、司法理论以及法学方法论等角度对其具体内容进行理论拓展，以及对技术细节进行完善。

▣ 阅读指引

◻ 方法论著作

（一）基础

1.［德］克劳斯·阿多迈特等：《写给学生的法理论》，雷磊译，中国政法大学出版社2018年版。

德国学者为德国大学法学院入门学生写作的简明法理论教科书，承担着作为“案头工具”和“通识教育”的双重功能。其中的方法论部分，结合实例对各部门法运用法学方法论解决问题的具体操作给出了可参考的范本。

---

〔1〕 本文的核心观点在理论上颇少创见。较早的深入研究，参见苏永钦：《私法自治中的经济理性》，中国人民大学出版社2004年版，第1页以下。本文的主要目的是对相关理论进行重述，使其更便于理解和操作。

2. [美]弗里德里克·肖尔:《像法律人那样思考:法律推理新论》,雷磊译,中国法制出版社2016年版。

深入、全面地展现了英美法的法律思维和法律方法的特点,考察了不同群体的法律人的思考方式,展示了在现实主义影响下的法官如何处理案件,也回应了现实主义法学对司法裁判提出的诘难。可以与大陆法系的同类著作进行比照,思考法律思维之异同。

(二)进阶

1. [德]卡尔·拉伦茨:《法学方法论》,黄家镇译,商务印书馆2020年版。

德国当代著名的法学方法论著作,是一本有世界性的影响的经典作品。全书分为两部分,第一部分对德国19、20世纪的法哲学和法学方法论进行了批判性的总结与分析,第二部分系统阐述了法学方法论的主要方面,包括法学的一般特征、法条理论、案件事实的形成及其法律判断、制定法的解释、法律续造的方法、法学中的概念和体系等内容。

2. [奥]恩斯特·A.克莱默:《法律方法论》,周万里译,法律出版社2019年版。

相较于经典的法学方法论作品,该书优势在于简洁凝练的同时保持极其完整的体系性;同时在脚注部分会与前人作品相对话,涉及法律解释、法律续造等经典命题时,也会在行文中综述前辈学者的论争。

3. [德]阿图尔·考夫曼:《法律哲学》,刘幸义等译,法律出版社2011年版。

考夫曼教授在此书聚焦于法哲学的实际运用,考察法律哲学如何作用于法学方法、如何影响法律人思维的过程,对于理解疑难案件裁判与法哲学之间的关系大有裨益,同时也能够对裁判方法论背后的法哲学进路具有一定了解。

4. 雷磊:《"法的渊源"意味着什么》,中国政法大学出版社2021年版。

阐述了法源理论的视角、定位与任务,论证了"法的渊源"的性质与类型。对于法源理论的发展及当下面对之困境都有着充分的综述,在此基础之上提出的理论创新也具有启发性。

回 民法领域内的方法论

1. 王泽鉴:《民法思维:请求权基础理论体系》,北京大学出版社2009年版。

汉语学术界内运用法学方法论处理民法中疑难问题的经典著作。讲解了请求权方法的原理与操作方式,并于书末附有多个实例,引用相关判例乃至德国法理论展现对疑难问题应当如何进行分析。

2. 吴香香:《请求权基础:方法、体系与实例》,北京大学出版社2021年版。

我国学者对请求权方法进行研究与运用的成果展现,其结合《民法典》对我国法律体系中的请求权基础进行了系统的梳理。同样,该书也有对于疑难案件进行分析的实例操作,可用于体会法学方法论在民法领域内的运用。

学术论文

1. 孙海波:《疑难案件否定法治吗——依法裁判立场之重申》,载《政治与法律》2017 年第 5 期。
2. 张骐:《中国判例之路中的经验与逻辑——霍姆斯论断的启示》,载《清华法学》2020 年第 6 期。
3. 雷磊:《重构“法的渊源”范畴》,载《中国社会科学》2021 年第 6 期。

其他资源

1. “判例与法治”公众号

孙海波教授主持的公众号,主要关注司法实践与法律方法研究中的前沿问题,也会分享读书的感悟与理解。

2. “燕大元照法学教室”公众号

依托于《燕大法学教室》杂志,侧重对于法学学习、法学案例研究进行讲解。

法人为法律行为的若干问题

张双根

关于作者

张双根

北京大学法学院副教授，博士生导师。中国政法大学法学学士（1992年），中国人民大学法学院法学硕士（1995年），德国柏林洪堡大学法学博士（2003年）。曾在德国弗莱堡大学、汉堡Bucerius Law School、柏林洪堡大学、柏林自由大学、日本新潟大学等从事访问研究。主要研究领域为民商法以及德国、欧盟私法，包括商法总论、公司与企业法、物权法、合同法、民法总论、房地产法等。发表论文30余篇，出版德文专著、中文专著及译著各1部。

2004年开始在北京大学法学院任教，先后讲授商事法律制度、商法总论、商事组织法、企业与公司法、民法总论、民法分论、物权法专题研究、债与合同专题研究、不动产权利制度等课程。

私法自治的制度工具，乃法律行为，故在民法典体系结构中，法律行为制度无疑是民法典总则编的核心制度。法律行为的概念、要件构成与规范效果，学理上是以自然人作为行为主体来建构其理论体系，而立法亦如此，同样以自然人乃行为主体来作为其规范预设。然而，民法世界中的主体，除自然人外，还有法人。[1] 那么，民法典总则编中以自然人作为规范预设的有关法律行为的规范，又该如何适用于以法人作为行为主体的法律行为呢？

这是本文的主题所在。全文分为五个部分：第一部分交代问题意识，第二部分解决两个前提性认识，紧接着辨析法人之意思表示能否拆分为意思要素与表示要素（第三部分），进而在此基础上着眼于法人之法定代表权制度，分析法人对外为法律行为的基本逻辑（第四部分），在最后的“余论”部分简单提及尚需进一步思考的问题。

■ 问题意识

在民法总论教科书中，就法人制度与法律行为制度，一般予以分别阐述，而就法人如何对外为法律行为，亦即二制度间的关联问题，未见现成的答案，或至少未有系统的阐述。但仅此一点，尚不足以使其在学理上主题化。笔者之所以思考法人对外为法律行为问题，实源于两个原因。

□ 法人之意思表示在构造上，能否比照自然人的意思表示规则

凡在总则中规定法律行为制度的民法典，基本上以行为人为自然人作为制度预设前提，几乎不涉及法人。[2] 这一立法模式，虽至目前为止，尚未遭受“此属立法漏洞”之类的指摘，但在学理上至少可引发如下的疑问：

法律行为概念的核心，又在于意思表示（《民法典》第133条关于法律行为

---

〔1〕 在自然人与法人之外，《民法典》更承认“非法人组织”的主体类型。本文限于篇幅，仅讨论法人为法律行为问题，不过其思考路径乃至结论，在一定意义上可运用至对非法人组织对外行为的讨论。

〔2〕 笔者所见的唯一例外，是我国《民法典》第134条第2款，即透过法律行为成立这一独特视角，我国立法者明确其认定法人或者非法人组织内部之决议行为属于一种法律行为的立场。关于该款在本主题内的意义，详见后述正文。

的立法定义)。以自然人为行为人预设的意思表示制度与理论,能否同样适用或准用于法人呢?具言之,法人之意思表示,可否同样拆解为内部意思与外部表示,甚至就其内部意思在要素上进一步拆分呢?进而就法人外部表示行为与内部意思间的不一致现象,适用自然人意思表示瑕疵制度,以建构相应的意思表示不成立、可撤销、无效等效果规范呢?

□ 公司对外担保规则乱象:无头绪之乱?

如果说笔者思考法人对外为法律行为问题的"近因",是学理界所提出的对法人意思表示构成的解析,那么其"远因",则是对公司对外担保规则乱象的观察。公司提供担保的行为,属于法律行为,我国法上公司对外担保规则所存在的乱象,也就或多或少地反映出对法人为法律行为机制在理解上的不透彻。

《公司法》第 16 条[1]第 1 款就公司为他人提供担保设置明确限制,但就违反限制后的法律效果,该款规定付之阙如,由此形成长久的理论争议。换言之,对于违反《公司法》第 16 条第 1 款实施的担保行为,尤其是法定代表人越权签署的担保合同,[2]应如何认定其法律效力,理论上看法分歧。大体来说,一类观点自该款规范的性质入手(所谓的"规范性质识别说"),即以该款规定究竟是效力性强制规定还是管理性强制规定作为推论前提,进而依据该性质判断来认定公司违反该规定为他人提供担保行为的效力;与之相对,另一类观点则认为应将《公司法》第 16 条理解为对公司法定代表人代表权限的法定限制("代表权限制说"),即首先探究法定代表人违反该款规定为他人提供担保的法律行为是否构成越权代表,进而认定其效力。学理上的角力,投射于司法审判,导致出现大量彼此相左的判决结果,使得公司对外担保纠纷成为同案不

---

[1] 近期提交立法审议的《公司法(修订草案)》(2021 年 12 月 20 日),就该条内容未作实质修改,仅调整其条文位置,即由"总则"章移至"有限责任公司"章之"组织机构"节中(修订草案第 71 条),再于"股份有限公司"章中设置"援引适用"法条(修订草案第 123 条)。

[2] 须指出的是,关于公司对外担保的文献,几乎无例外地将其问题情境,设想为公司法定代表人之越权担保行为,这一情境假定虽有简化讨论之效,但遗不全之憾。须知,依《公司法》第 16 条第 1 款之文义,以公司名义为他人签订担保合同的人,并未限定于公司法定代表人,而在公司担保实务中,法定代表人以外的人如某高官、员工甚至公司特别聘任之第三人,持公司的特别授权书,而与担保权人签订担保合同者,此现象所在多有。此一特别授权书在理论上当属代理权之特别授予,且在公司内部之授权源头上有时亦可追溯至法定代表人,从而可纳入法定代表人制度内处理,但这一常被忽略的公司对外担保签约机制或路径的存在,至少可揭示出公司对外担保问题所处的制度坐标,也就是本文下述讨论的落脚点:公司对外签约人的签约权问题。

同判现象的重灾区。为应对审判实践中裁判尺度统一的迫切需要，最高人民法院 2019 年年底即便面临《民法典》即将出台，但在其《九民纪要》中，仍以 7 个条文之多（第 17～23 条），就“公司为他人提供担保”问题，大体按照“代表权限制说”的思路，为各级法院提供审判标准；不过，《九民纪要》仍显露最高人民法院认识未臻彻底的“马脚”，盖其第 17 条一方面确立以债权人善意与否来区分认定法定代表人越权担保行为的效力，另一方面又将债权人非善意情形的担保合同归为无效，而非效力待定，前后间的矛盾，不揭自明也。《民法典》之后，最高人民法院随踵而至各项司法解释，其中《担保制度解释》又不厌其烦地处理公司对外担保问题（第 7～12 条），修正《九民纪要》之不足，再次明确“代表权限制说”的立场。至此，在公司对外代表权的制度框架或制度坐标系中，处理公司对外担保问题，总算是取得了基本的共识。

概括言之，围绕公司对外担保问题，我国法上不惜动用如此之多的规范资源，学术界亦不厌其烦地投入大量的学术精力——即使在《民法典》之后，这一话题仍保持其相当的热度。然而，公司对外担保问题，果真构成一项理论难题？遗憾的是，自比较法角度——至少自笔者所接触的德国法视角——来观察，公司对外担保问题之成为如此的理论热点，似乎是我国法上独有的奇观。国外的公司难道从来就不从事对外提供担保的活动？无须实际调查，仅凭常识就知道这是不可能的事！这至少已反衬出，我国法上公司对外担保问题所存在的乱象，并非剪不断理还乱，而是有头绪可循。可喜的是，目前所取得的共识终于找准了问题坐标系，但可惜的是，此前所耗费的学术精力与规范资源，只能说是在错误的理论轨道上的错误付出。

公司对外代表权的制度坐标系，也就意味着这属于公司法人的对外为法律行为的机制范畴。因此，问题回到起点，就是看似区隔的两项制度，即法人制度与法律行为制度，二者间到底存在怎样的内在制度关联。

■ 两个前提性认识

分析法人对外为法律行为机制，须把握两个前提性认识：其一，自然人为法律行为或意思表示的理论基础与规范逻辑；其二，关于法人性质的学说争议，对法人对外为法律行为之法律机制的建构，有无影响。

□ 自然人为意思表示的基本逻辑

从更为根本、更为体系的角度思考，分析法人为法律行为的问题，首先须认识自然人为意思表示的基本逻辑；明乎此，方能把握《民法典》中法律行为制度的规范逻辑，进而才能判断这些规范内容中哪些可"类比"适用于法人。

行为这个概念，最初只能成立于生物人意义上的人。这是因为，行为乃受意志与思想支配而表现于外部的活动，而只有人类才是具有思想与意志能力的自然主体。人类的行为形态与种类繁多，各具不同的意义与功能。法律行为是法律所调整的人类行为之一种，且与法律所规制的其他种类的人类行为不同，法律行为的核心特征，在于行为人能够按其意志来决定其法律行为的法律效果，故法律行为乃私法领域的专有概念，法律行为乃私法自治之工具的制度逻辑，遂得以成立。

法律行为之核心构成，乃意思表示，二者常同义互指。正因为法律行为中行为人能自主决定其法效，故与其他行为在法律上的构造路径不同，理论上对法律行为或意思表示的关注点，不仅在于其显示于外部的行为，还在于对其内在的意思构造，由此形成所谓的意思表示之复合式概念。具言之，在关于意思表示构成的传统理论中，一方面，意思表示由外部要素与内部要素合而构成；外部要素乃客观方面的要素，即将内心意思表示于外的表示行为，而内部要素则为主观方面的要素，以保证外部表示行为确为行为人内心自由意志的产物，私法"自治"借此方得以贯彻。另一方面，就内部要素，学理上更分解为行为意思、表示意识与法效意思，旨在揭示一项完整且无瑕疵的意思表示，在通常情形下行为人在内心所必须完成的要素与过程。

上述自然人为意思表示的基本理论，在理解上须注意两点：

第一，意思表示之复合式概念，尤其是内部意思的三要素构成理论，在理论渊源上，乃受心理学理论影响而成。[1] 但是，这一将自然科学上的"实然"转化为法律规范领域之"应然"的理论套路，似乎并不那么成功。复合式意思表示概念的提出，旨在处理意思表示瑕疵问题，即以所解析出的内部意思之各要素为标准，来判断有瑕疵的意思表示中，究竟欠缺何种要素，或何种要素存

---

〔1〕 关于意思表示构成要素之学术史及其争议，可参见杨代雄：《法律行为论》，北京大学出版社2021年版，第103页以下。

在瑕疵，进而能较精准地“诊断”意思表示上瑕疵之所在。此一理论追求固可谓良美，但在实际操作中，却不免削足适履之嫌，而在理论上也已不再固守一项意思表示必须具备法效意思与表示意识的立场；纵然是德国法通说上所坚持的行为意思要素，在学理上也同样备受质疑。[1] 退一步说，在笔者看来，即便复合式意思表示概念在诊断意思表示瑕疵上的功能指向具有一定的正当性，但这种“事后诊断”式的进路，也无法转化为“事前规制”性的规范，即在立法上无法也不能按照内部意思三要素的理论模式，确立自然人如何亦步亦趋为其内心意思活动的规范。准此而言，意思表示尤其是内部意思之构成要素理论，其意义甚是有限。

第二，法律行为或意思表示所产生的法律效果，直接归由行为人来承受，而这一效果归属关系之得以成立，在逻辑上还需满足一个前提，即引发法律效果之法律行为，须归属于行为人自己之行为。可见此处存在两重归属关系，前者为效果归属关系，后者则可称为“行为归属关系”。《民法典》“法律行为”章，在规范逻辑上，均以法律行为或意思表示与表意人间的“行为归属关系”不存在疑问，为其规范前提。换言之，在“法律行为”章之各规范中，在判断行为效果之归由表意人承受时，行为与表意人间的归属关系，乃已满足的预设前提。至于如何确定某行为（主要是外部性的表示行为）是否归属于某主体，则是证明规则问题，如在书面形式之法律行为中，以行为人之签名、盖章等来予以确定，而在口头或其他非书面化的法律行为情形，则由口头言辞、身体动作乃至其他情境要素等证据来予以证明。

笔者之所以在此特别指出“行为归属关系”之构成，其意义显然不在于自然人不假手他人实施法律行为之情形（《民法典》“法律行为”章之规范情形），而是彰显于代理制度（《民法典》第七章）。质言之，在代理关系结构中，对外的法律行为只有一个，即代理人与相对人间所达成的代理行为，但该行为在行为与法效之归属上恰恰分离，分属不同的主体，即前者归属于代理人，后者则归由被代理人承受。本是一个法律行为，却同时内含两种不同的归属关系，则各归属关系之构造，也必然不同：在代理行为之效果归属关系上，完全由代理权来承担其归属功能；反之，在判断代理行为与代理人间的行为归属关系上，则仍须遵循行为归属关系的常规逻辑。把握住这个构造逻辑，那么也就能理解

---

〔1〕 具体可参见朱庆育：《民法总论》，北京大学出版社2013年版，第193～194页。

代理制度上的知情归属规则,即就代理行为上所存在的主观状态,也就是对行为内容与交易情境等因素之知情与否的主观状态,对其进行认定与判断时,原则上以代理人作为判断之本位。相应地,即便是采纳前述的意思表示复合式概念,那么在解析代理行为上意思表示之各项构成要素时,也只能以代理人所做出的意思表示作为解析对象。

□ 法人性质之争及其意义

自法人制度产生以来,关于法人之性质,历来存在争议。[1] 尽管我国《民法典》在制定过程中,这一争议并未折射出多少实际的影响,但简要述明法人制度的这一基础性问题,对本文主题的梳理来说,仍有其必要。这是因为,赋予组织以法人资格,其意义恰体现于组织以法人面目参与私法关系,从而也就不可避免地要运用参与私法关系的工具——法律行为。

关于法人性质的理论虽有多种,但自其渊源与脉络上看,最主要的仍是"拟制说"(萨维尼所倡)与"实在说"(以基尔克为代表)。"拟制说"认为,自然人是法律上唯一的主体,法人仅为法律拟制之产物,基于法律拟制而获得主体资格;然该拟制的功能仅在于使其成为主体,并无就法人之行为能力予以进一步拟制的必要,从而经拟制而获得主体资格之法人,在法律地位上相当于无行为能力之自然人,必须借助代理制度才能实施法律行为,以实现其参与私法关系的制度目的。与之相对,在"实在说"论者看来,在自然人之外,法人组织体同样是一种有机体,具有自己的生命规律,具有自己的精神属性,是一种真实存在的私法关系的参与主体;正因为法人有机体具有各种实实在在的组织机关,法人之参与私法关系,法人之对外为法律行为,恰是通过这些组织机关来实现,而无须借助法定代理。

上述对法人性质之学说争议的简要勾勒,已大体呈现法人性质问题的理论脉络。对法人对外为法律行为这一主题来说,由此可把握如下认识:

第一,法人性质之论争,并不影响或触及私法自治原则,不会动摇其作为私法领域之基本原则的地位。无论就法人性质问题持何种学说,其理论主张的展开,均不触动私法自治原则,甚至以私法自治原则作为其论争的框架

---

〔1〕 相关文献梳理,可参见谢鸿飞:《论民法典法人性质的定位——法律历史社会学与法教义学分析》,载《中外法学》2015 年第 6 期。

前提。

第二,既然私法自治之基本原则不变,则作为私法自治之制度工具的法律行为制度,原则上也不应受到法人学说论争的影响。申言之,虽然法律行为理论与制度设计上,乃以意志自由之自然人作为法律行为之主体,而在承认法人之私法主体地位后,法律行为理应同样成为法人私法自治的制度工具,但并不因此而改变甚或破坏法律行为理论原有的构建逻辑。[1] 也正因如此,"法人对外为法律行为",或者更具体地说"甲公司与乙公司间所签订的合同""甲公司对外提供担保的行为"等,这些随处可见、无处不在的表述,才能在私法自治的语境下,获得其表述价值上的正当性。

第三,但"法人对外为法律行为"或"甲公司对外所签订的合同"这样的表述,自严格的法理角度来观察,毕竟是简化或省略后的表述,且如同任何的简称或略述,在其简化与省略过程中,已然过滤掉某些重要信息。要言之,尽管就法人性质存在学说争议,但法人终非"无血肉无灵魂"的存在,进而即使能称"法人行为",那么这一"行为"概念已非可比于由自由意志之自然人所作出的行为,"法人之行为"已在引申义或扩展义上使用"行为"概念;在法人所为之行为乃"法律行为"时(对外所签订的各合同等情形),在理解上亦同样如此。而如何引申或扩展,则恰是上述"拟制说"与"实在说"间尖锐对立的一项焦点。但无论是"拟制说"路径下的"代理说",还是"实在说"理论脉络下的"机关说",均不否认享有独立主体地位之法人,其对外行为之能够实施或做成,均须借助或通过某具体的自然人,因为法人组织体,哪怕是"实在说"理论下的法人,终究是无法感知的存在,也就不可能实施能为他人所感知的"(法律)行为"。准此而言,"拟制说"与"实在说"就此点的争议,无非是将某具体自然人所实施的法律行为如何"归于"或"视为"法人之法律行为,在各自的理论起点下所进行的不同的理论构造;而上述简化表述所过滤掉的信息,也恰恰就是如何"归于"或"视为"法人法律行为的法律技术机制。这一法律技术机制是什么?贴给这两说下的标签,即"代理说"或者"机关说",已然昭示找寻其答案的理论方向了:法律行为的效果归属机制。

---

〔1〕 需注意,本文所论"私法自治",主要限于交易领域,即主体对外的法律行为。私法自治之完整含义,自然也包括作为私法主体之组织体的内部自治。一旦将题域扩及于组织体内部自治,则法人制度无疑会产生对法律行为理论的影响,即在法律行为种类上,新增"决议行为"这一种类的法律行为(《民法典》第134条第2款可兹参照)。

■ 法人之意思表示可否拆分为意思要素与表示要素?

近来在公司意思表示问题的研究上,有一个值得注意的思路或现象,即将公司的意思表示拆分为意思要素与表示要素,并循此思路讨论公司内部的意思或意思决定如何形成、公司内部意思决定的外部性效力、公司意思表示之瑕疵以及公司意思表示不一致等问题。其思路轮廓大体为,类如自然人之意思表示的形成过程,公司之表意机关可比喻为自然人之口与手,发挥对外表示行为之职能;公司之权力机关(意思决定机关)可比喻为自然人之大脑,负责公司意思之形成与决定;公司内部之意思决定与表现于外部的表示行为间不一致,则恰如自然人的"心(大脑)口不一",可适用意思表示瑕疵或不一致规则来处理。如此一来,法人的意思通过内部程序(如股东会、董事会)最后体现为决议,是不同于自然人内心意思的一种"可视化"内部意思;进而对照自然人的意思表示制度,公司内部决议之效力可能具有外部扩张性,即公司内部决议可被理解为交易合同之生效条件甚或缔约时公司合意之构成部分,使其效力可扩张至合同相对人。

这一研究思路看似新奇,实则存有不少可商榷处,故不可不辩:

第一,如同"法人对外之法律行为","公司意思表示"这一表述,能否构成一项专门概念,尤其是具有法教义学意义的概念,堪值怀疑。如上所述,"法人对外为法律行为",进而"公司意思表示",乃不严谨的省略表述,且因省略而过滤掉的信息,也恰恰就是如何法律行为"归于"或"视为"法人的法律技术机制,即一种特别的法律效果上的归属机制。而法人对外法律行为或意思表示的形成或实施过程,只能由具体的自然人来承担与完成,法人或公司法人本身无法直接作用于其中,或者更直接地说,法人或公司法人本身在其中是缺位的。因此,"公司意思表示"这一术语,只能是"在法律效果上归属于公司的意思表示"这一表达的简称。公司法人对该意思表示,也只能通过法效归属关系上的特别机制,施予间接性的作用与影响。准此而言,即使要对"公司之意思表示"进行要素拆分,那么这一拆分作业也只能在实施该意思表示之自然人身上进行,断不可移形换位,将其分拆进而安置在两个主体身上,即一部分要素落在实施意思表示之自然人头上,另一部分要素却安置在背后不可见的法人身上。

第二,拆分公司意思与公司表示的思路,显然是对自然人意思表示形成过程之机械地模仿，进而造成对公司行为逻辑的误解。具言之，一方面，公司法人的机关或其担当人以公司名义所为之意思表示，除效果归属这一层要素外，应构成一个完整的意思表示，其地位类同于普通代理中的代理人所为之“代理行为”。另一方面，就所谓的公司内部意思或“意思决定”，准确理解应指公司内部权力机关（兼括董事会）的决议行为；而决议行为之自身，在法教义学上乃一独立种类的法律行为（《民法典》第134条第2款参照），且属于组织体内部的治理行为范畴。准此而言，所谓的公司内部之“意思决定”与外部之“意思表示”，究其本质来说，应是两个法律行为间的关系，断不可比拟自然人之意思表示结构，将其视为“内部意思”与“外部表示”间的关系。

第三，尽管就复合式意思表示概念存在理论质疑，然即便按照复合式概念的逻辑，一项完整的自然人之意思表示，至少在理论预设上，两要素间应如影随形，否则即构成瑕疵意思表示，其法律效力即受到影响。但细考公司法人之内部决议与公司之外部行为，二者间的关系未必如此：既有无须内部决议且效力不受影响之公司外部行为的情形，其典型表现，就是法定代表人在其职权范围内以公司名义的签约行为；也有仅存在内部决议而无外部性行为的情形，如关于公司分红之股东会决议。而就这些公司法人之内部决议行为与外部行为间看似“断裂”的现象，机械模仿自然人意思表示形成过程来描述法人意思表示的套路，未必能解释得清楚。

第四，联结公司法人内部决议行为与外部法律行为间的技术或制度工具，就是本文前述一再揭示的公司法人法律行为的效果归属机制。在公司法人由其法定代表人实施法律行为的情形中，这一归属机制直接浓缩为公司法定代表人的法定代表权制度。法定代表人在以公司法人名义实施法律行为时，显然意欲由公司法人来直接承受其行为效果，不是由自己来承受；而正是“法定代表权”这一制度工具，使得该行为的效果归属关系，朝着主体（包括公司法人、其法定代表人、行为相对人）所意欲之方向，发生实际的效果归属，进而构成完整的在法效上归属于公司法人的法律行为。准此而论，所谓的公司内部“意思决定”，也就是公司内部之决议行为，若要对该行为发挥其效力影响，则其发挥作用的路径，也只能体现在对法定代表权所施加的影响上，即对法定代表权所施加的限制。至于该法律行为是否存在意思表示上的瑕疵（包括意思与表示间的不一致、错误或胁迫等意思表示瑕疵），乃至知情与否等情形之认定，在判断上应仅针对法定代表人的主观状态与表示行为来进行考察，断不可绕开法定代表人而直接追寻至公司内部的决议机关;换言之,就行为上的意思表示瑕疵问题,所适用的规则应是代理制度的一般性规范。

第五,法人内部意思之"可视化"这一论点,在笔者看来,着实是一种登峰造极化的机械论论调。如果说将公司法人内部的权力机关(股东会)譬之为"意思机关",尚在可接受之范围,那么再前进一步将权力机关之决议视为法人内部意思,且为"可视化"意思,也就真的应了那一句"真理哪怕是向前迈出一小步都会变成谬论"。如上所揭,法人或者公司的内部决议,乃一种独立的法律行为种类,尽管的确是"可视化"的,但其成立、生效、瑕疵及其法律效果,均存在其特殊的规制路径,有别于法律行为或意思表示的一般性规则,更遑论将其仅视为一种"内部意思"。至于公司法人内部决议能否发生外部性"效力",以及如何发生,则一概准诸前述所揭的公司法人法律行为的效果归属机制;一言以蔽之,一切的问题均归集于法定代表人之法定代表权机制上。

准上所言,法人对外为法律行为的核心问题,并不是其内部意思上的构成,而是实际行为人手中所握的权限问题,即行为效果归属机制。机械模仿自然人意思表示来对所谓的"公司意思表示"进行要素拆分,此论大谬也!

■ 法人为法律行为的基本逻辑

本文限于篇幅,仅分析法定代表人以法人名义对外实施法律行为的情形。法人为法律行为的首要路径,乃通过其表意机关,也就是我国法上的法定代表人。之所以是首要路径,是因为法人之表意机关,乃其法定必设机关。无表意机关,则法人无法实施法律行为以建构其私法关系,立法者设置法人制度的意义与目的,也就无从谈起。与其他立法例略有不同,在我国法上,无论是营利法人、非营利法人还是特别法人,一律采取自然人独任式的表意机关制度,即所有种类的法人均以法定代表人为其表意机关(《民法典》第 61 条第 1 款参照)。以下仅围绕其核心问题,即代表权性质、代表权权限范围及其限制问题,来展开分析,且为方便说明,主要以营利法人为申述典型。

□ 代表权的性质

欲明了代表权的法律性质,最好先界定法定代表人的含义。"法定代表人"一语有两层意义:第一层含义是指法人内部所必设的表意机关,近乎通俗意义的"职位"或"头衔",是抽象的指称;第二层含义指向法定代表人之"人"字,即表意机关的具体担当人,且仅限于具体的自然人,如张三为某某公司的法定代表人。代表权性质问题所指向的,应是抽象之表意机关所享有的一般性权限,因此也就成为个案中讨论张三之权限的制度或理论前提。

法定代表人代表权之性质问题,涉及两方面:其一,代表权与代理权的关系。尽管《民法典》明确称法定代表人所享之权限为"代表权",且学理上也一贯使用"代表权",以示其与代理权制度间的区别,但在笔者看来,二者间的区别更多是观念性的,在法教义学上并无多少实质性差异。而且,过于强调二者间的对立,易遮断就代表权问题而参照适用代理权规范的可能性。有鉴于此,本文更倾向于在理论上将代表权定性为一种特别的代理权,即法人的机关代理权。正是基于这一认识,本文方认为,私法主体通过他人实施法律行为者,基本不脱代理制度的范畴。其二,代表权在来源上,为法定性还是意定性。本文取通说立场,采法定性的定位。这是因为,抽象意义的表意机关,乃法人的法定性必设机关,该机关所享之权限,在逻辑上只能源于法律的直接规定;即便法人能通过章程或权力机关对代表权权限予以限制,也只能说明关于代表权权限范围之法律规范的任意法属性,并不能改变代表权来源上的法定性。

□ 代表权权限范围

自比较法上看,就法人表意机关的地位与权限,立法者一般均以明文予以规定。如《德国民法典》第 26 条第 1 款规定,社团法人须设董事会,董事会具有法定代理人之地位,享有诉讼上与诉讼外代理社团法人的权限。反观我国,虽然法定代表人之法律地位在现行法规定中还算清晰,但就其代表权限,无论是《民法典》还是《公司法》等主体特别法,均未设置类如德国民法之规定,从而有待于学理阐释。

本文认为,暂不考虑代表权限制问题,则我国法上法定代表人的代表权权限,应采取与德国民法规定相同的理解,即就法人诉讼上与诉讼外的一切事务,法定代表人当然地享有代表权,即法定代表人享有全面性的代表权权限,如对公司法人来说,在公司所登记之经营范围内,公司法定代表人即拥有全面的代表权。若以权利能力概念来理解,则法定代表人代表权限的范围,应与法人权利能力的范围相一致。

然须切切注意的是,由代表权之法定性与全面性特征,断不能推导出如下结果，即在代表权权限范围内，法定代表人以法人尤其是公司法人名义实施法律行为时，应享有独断的决定权，无须经由公司内部其他机关尤其是权力机关（包括董事会）的批准。外部享有代表权限，并不意味着在法人内部同时拥有对行为内容或事项的决策权。二者间可合可分，且即便是“分”，在理论上亦有不同的“分”法。这就涉及代表权可否限制，以及如何限制的问题。

□ 代表权限制及其方式

对代表权权限范围的限制，依限制路径或方式之不同，可有法定限制、基于法人目的事业之限制、章程甚至权力机关之限制。

1. 基于法律规定的限制

违法或法律所禁止的行为，自然会构成对法定代表人代表权的限制。不过，这类规制法律行为效力的一般性规范，其规制重点不在于代表权，故非本文主题所关注的内容。对于本文来说，对代表权的法定性限制，首先应是法人内部治理结构所产生的限制，即法人内部各机关权限分工原则下对代表权的制约。以公司法人为例，这些法定性限制，主要体现为针对须经公司股东会或董事会批准之公司外部行为的法律规范，其例如《公司法》第 16 条（关于公司对外投资与提供担保）、第 37 条与第 43 条（其中涉及发行债券、增资扩股、合并的内容）、第 121 条（上市公司处置重大资产）。

在此不妨回应本文起首所提出的公司对外提供担保问题。暂不论该款规定就公司对外担保所做之限制是否具有法政策上的正当性，也不考虑该款不成功的表述所产生的疑问，姑且假定对外提供担保为公司章程的必载条款，且以公司名义对外签订担保合同者为公司的法定代表人。对此情形采“代表权限制说”的分析思路，在法教义学上是比较妥适的，其分析结构如下：第一，确定该行为已构成法定代表人的代表行为。第二，若成立代表行为，则进一步分析代表人是否拥有相应的代表权限。第 16 条第 1 款就对外担保事项之权限分工的规定，对公司内部治理关系来说无疑为强行法规范，由此也就不难得出法定代表人就此事项并无独立的决定权，进而其代表行为无法自其法定代表人职位本身获得代表权上的正当性，而是需要获得公司内部相应机关（股东会或董事会）的特别授权（公司权力机关之“决定权保留”）。要言之，在此阶段的分析重点，在于确定法定代表人是否持有公司内部股东会或董事会的特别授权。第三，回到行为相对人（担保接受人）视角，分析其审查义务及其范围。尽管第16条第1款仅是针对公司内部治理事项的规定,对外部第三人并不产生直接的权利或真正的义务,但这一立法宣示的方式,无疑是在提示行为相对人应关注代表人的代表权问题,敦促其谨慎行事,审慎查阅代表人是否拥有相应的特别授权文件,亦即在第16条第1款规定之下,担保接受人应负有不真正义务意义上的查阅义务。若不做此解,则必会反噬该款规定的规范功能;更何况,倘若不使担保接受人不负查阅义务,则其恰当的条文表述,应如《民法典》第61条第3款,须缀以公司章程的相关规定"不得对抗善意相对人",公司承担担保风险的结果才具有其正当性。

准上分析,在法定性限制之下,法定代表人就所限制的公司对外事项,不再享有代表权。法定代表人就此等事项的对外签约,须获得公司内部相应机关的特别授权;若欠缺授权,则构成无权代表。此时的法定代表人,与普通的代理人相较,并无实质性区别。

2. 基于法人目的事业之限制,或基于经营范围的限制

法人乃人为的制度设置,承载着设立人的目的与追求,进而构成法人的目的事业;在我国营利性法人中,其体现即为法人的经营范围。法人的目的事业或经营范围之确定,一般属于成员大会的决议权限,且为法人章程的必备条款,及法人登记中的必须登记事项。法人经由章程所确定的目的事业或经营范围,预先设定了法人所欲从事的活动范围。此一法人活动范围的预定,一方面意味着对代表法人为法律行为之代表人权限的全面授权——只不过在方式上是立法者模拟设立人之共同意志而法定式"授权";另一方面也就划定了代表人为行为的边界,代表人原则上只能在此范围内代表法人为法律行为。法定代表人超越此边界的行为,至少在法人内部已超越其执行或管理权限;至于是否同时构成其外部代表权上的越权行为,在理论上有不同的构造可能。

3. 源于法人章程或权力机关的限制

法人之章程或权力机关(主要是股东会)对表意机关或法定代表人的代表权能否予以限制,比较法上的认识与做法略有不同。如在德国,就章程能否限制表意机关之代表权,立法上区分不同的法人种类,即就社团法人,《德国民法典》第26条第1款第3句规定章程对其可予以限制,且该限制具有对抗第三人之效力;而就股份公司、有限责任公司乃至合作社法人,立法均规定不得限制或此等限制对第三人不具有法律效力。在我国法上,由《民法典》第61条第3款表述可知,法人章程或权力机构显然可以对代表权作出限制;一旦存在此种

限制，则法定代表人在此范围内，也就不享有相应的代表权。

□ 代表权限制对代表行为的效力

对代表权的限制，在逻辑上也就必然会影响代表行为法律效力的构成。就此不妨对应各种限制方式略予分析：

1. 法定限制情形

上述对《公司法》第16条第1款公司对外提供担保之分析已表明，凡针对法定代表人采取“决定权保留”的规范，在结果上均导致法定代表人就所规制之事项，不享有代表权，进而法定代表人未获特别授权而对外所实施之法律行为，即构成无权代表行为。又因代表权在本质上为一种特别的代理权表现（机关代理），该无权代表行为可参照适用无权代理之规则来处理，即构成效力待定之行为，有待法人之追认或否认（《民法典》第171条）。至于行为相对人，就法定代表人之此种无代表权，原则上不成立其主观上善意。

2. 基于目的事业或经营范围之限制情形

此种代表权限制的效果，原则上须区分非营利法人与营利法人而有不同的处理。在营利性法人，依现行法的规定，又区分许可性经营范围与一般性经营范围。超越许可性经营范围的行为，一般会导致无效的结果，或依相应的规制性规范来确定其效力。在学理上极具争议的，则是对超越一般性经营范围所为法律行为效力的认识，其中又牵涉到学说史上“越权理论”的兴衰浮沉。我国立法与理论曾一度近于“越权理论”，视公司等企业法人超越经营范围所订立的合同无效。1999年《合同法》（已失效）第50条始转变立场，渐摆脱“超营无效”规则的桎梏。《民法典》第504条在实质内容上同于原《合同法》第50条，可谓立法者对新立场的再次确认。不过，在理论上仍有待澄清的问题是，究竟该如何看待经营范围的性质，或者说法定代表人超越所登记之经营范围所为之法律行为，在法教义学上究竟该如何定性。

3. 章程或权力机关限制的情形

前已提及，在德国法上股份公司、有限责任公司之表意机关代表权不得予以限制，即公司不得通过章程、权力机关决议的方式，来限制代表权的权限范围。倘若公司仍为此种限制，则该限制（章程中的限制条款、作出限制之决议）对外部第三人不发生任何法律效力，表意机关之行为仍属于有完全代表权的行为，以此来确保行为相对人的交易安全。在表意机关享有如此不受约束之代表权的情况下，又该如何来保障公司的利益呢？德国法提供的救济路径，在于“代表权滥用学说”，即在表意机关违反内部章定约束，而相对人对此又明知或不可能不知道该行为会对公司产生不利益时，则构成“代表权滥用”，公司可借助民法典关于无权代理之规定，来摆脱自己的风险。与之相对，我国法上《民法典》第 61 条第 3 款之规定，因未采取法定代表人代表权不得予以章定限制的原则，故在其限制之法律效果上，显然无法采取如同德国法代表权滥用的学说思路。然而，该款规定中的“限制”到底有哪些表现形式，善意相对人之善意又该如何判断，能否通过改造法人登记的思路将该“限制”登入法人登记之内以达到对抗善意第三人的效果（《民法典》第 65 条之反面解释）等，这些问题均为该款规定的未尽之处，也是有待学理与司法实践共同努力的领域。

■ 余　论

本文在有限篇幅内，旨在梳理法人对外为法律行为的基本逻辑与制度构造，廓清理论研究上的若干误区。粗线条的勾勒，必然会遗留不少仍有讨论价值的问题。如就法定代表人之代表权属性，本文径采机关代理说思路，而就代理本质又有三种不同的学说（本人行为说、代理人行为说以及共同行为说），进而不同的代理学说是否会影响本文的观察，有待进一步思考。此外，本文仅梳理法定代表人为法人实施法律行为的情形，而就意定代理如何适用于法人，尤其是自 2017 年《民法总则》（已失效）起我国法新设置的“职务代理”（《民法典》第 170 条参照）的理论构成如何，同样有待予以体系性的思考。最后，法人与自然人之外的其他主体，也就是包括合伙企业、个人独资企业等在内的“非法人组织”，这类主体又是如何对外为法律行为，能否参照法人为法律行为的路径来予以梳理，在教科书等文献中几乎不曾讨论过，同样值得思考。

▣ 阅读指引

1. 何建：《公司意思表示论》，法律出版社 2019 年版。
2. 杨代雄：《法律行为论》，北京大学出版社 2021 年版。
3. 朱庆育：《民法总论》，北京大学出版社 2013 年版。
4. 冯珏：《法人概念论》，法律出版社 2021 年版。

5. 谢鸿飞:《论民法典法人性质的定位——法律历史社会学与法教义学分析》,载《中外法学》2015 年第 6 期。

6. 蒋大兴:《公司组织意思表示之特殊构造——不完全代表/代理与公司内部决议之外部效力》,载《比较法研究》2020 年第 3 期。

7. 高圣平、范佳慧:《公司法定代表人越权担保效力判断的解释基础——基于最高人民法院裁判分歧的分析和展开》,载《比较法研究》2019 年第 1 期。

8. 邹海林:《公司代表越权担保的制度逻辑解析——以公司法第 16 条第 1 款为中心》,载《法学研究》2019 年第 5 期。

9. 朱广新:《法定代表人的越权代表行为》,载《中外法学》2012 年第 3 期。

行政行为的民法意义

常鹏翱

关于作者

常鹏翱

北京大学法学院教授，博士生导师。郑州大学法学学士（1996年），北京大学法学硕士（2000年），中国社会科学院研究生院法学博士（2003年）；法国巴黎第二大学访问学者（2004年）、瑞士弗来堡大学访问学者（2007年）。主要研究领域为民法基础理论、财产法、民法和行政法的结合研究。

2009年1月开始在北京大学法学院任教，主讲以下课程：（1）初阶讲授类：民法总论、物权法、债权法；（2）高阶研讨类：民法专题研讨。

（说明：原文载于《行政法研究》2019 年第 5 期，题为《行政行为的物权法意义：一种规范分析》，收入本书时，文章的“问题的提出”及“结语”部分有所改动。）

■ 问题的提出

放眼我们的实际生活，社会的运转绝非仅仅依靠私法体系。无论是个人从生到死的生命历程，还是从土地供应到个人购房的行为，都离不开或者避免不了国家行政力量的参与和介入。

以不动产交易为例，从政府供地到个人取得产权证书大概需要经历七个环节，而这所有环节无一例外都受行政干预。第一个环节是征地，征收土地时行政力量直接导致民事权利变动；第二个环节是土地出让，出让行为不仅体现为行政许可，同时还是一种行政协议；第三个环节是开发商进行房屋建设，需要办理建设工程规划许可证；第四个环节是预售商品房，需要办理商品房预售许可证；第五个环节是在主管部门主导的交易平台上进行商品房买卖网签备案，没有备案就无法完成后续的过户登记；第六个环节是作为交房基本前提的房屋竣工验收备案；第七个环节是过户登记，取得房屋产权证书。可以说，从供地到取得房屋所有权的每个环节都离不开行政力量的支撑。

房屋以及土地是现实中最主要的财产类型，而恰恰这种最主要的财产是由行政法和民法携手并进共同加以调整的。如果仅从交易或者民法的立场出发，无法看出全貌；如果仅从行政角度进行切入，没有民事规则加以补充也是偏颇的。

这就引出一个经典问题，那就是如何理解公法与私法的关系。把公法与私法的关系再往前推一步，就会涉及如何认识政治国家和市民社会的问题。政治国家和市民社会的分离是经典命题，不过，我国是否存在这种二元模式，无不疑虑。放眼现实，随着我国供给侧结构性改革的不断深入，政府与市场、国家与社会形成越来越紧密的关联，这就要求我们必须重视行政法与民法的接轨和交错。

以上构成本课程内容的宏观背景。

微观方面的思考主要源于一个行政案件,它涉及什么样的行政行为具有可诉性、如何评判行政诉讼原告是否适格等问题。2013年9月17日,H公司与J银行签订《债权转让协议》,约定J银行将其对Y公司享有的债权转让给H公司。同日,H公司与Y公司签订《抵押协议》,约定Y公司以某房产作为其履行上述债务的抵押担保。同年9月26日,N市房屋产权监理所就案涉房屋向H公司核发《房屋他项所有权证》。2015年2月15日,N市住房和城乡建设局对Y公司与购房人顾某就该房签订的《商品房买卖合同》作出备案登记。

这个案件引起行政部门的高度关注,因其涉及两个部门的权限之争。在我国,土地和房屋分属不同的管理部门,土地由自然资源部门管理,房屋由住建部门管理。随着2015年不动产统一登记的改革,自然资源部门通盘负责不动产登记,此前的房屋登记从住建部门转归自然资源部门,由此便产生争执:住建部门不再负责房屋登记,但要管控房地产市场,现实中住建部门管控房地产市场的主要抓手是网签备案;而在自然资源部门看来,网签备案与不动产登记,特别是与预告登记的功能重叠,是一种叠床架屋的机制。

在前述案件中,法院认为网签备案对当事人权利义务不产生实际影响,所以不属于行政诉讼的受案范围,也就是说网签备案没有可诉性。法院主要有以下几个理由:(1)从网签备案的法律属性看,它不会对当事人的权利义务产生实际影响;(2)从网签备案与房屋权属登记的区别看,它不产生物权变动的效力;(3)网签备案不影响商品房买卖合同的效力;(4)从行政诉讼所承担的职能来看,网签备案缺乏合法性审查的必要性。基于上述理由,法院认定这种行为没有诉的利益。同时,法院还认为,就涉案房屋抵押权的问题,如上诉人H公司认为Y公司未经其同意将案涉房屋转让给顾某,侵犯其抵押权,其可以根据物权法、担保法等规定,通过民事诉讼予以救济。

网签备案这种行政活动是否具有可诉性,抵押权人是否因没有诉的利益而没有原告资格,是引发"行政行为的民法意义"这一主题的根本原因。

针对这一主题,应当首先澄清以下三个基础性问题:第一,这里涉及的行政行为是粗疏意义上的行政行为。即只要是行政机关作出的,无论是行政处分还是行政处分之外的行为(包括其他单方行政行为、行政协议)都归于行政行为。第二,民法范围非常宽泛,这里只限定在民法中财产法领域的物权法。第三,这一主题的切入以规范分析为基础,即从最常见的构成要件和法律效果出发,从法条出发。只要某一法条的构成要件中存在行政行为或者含有行政要素,就会分析这一构成要件导致何种法律效果。这种分析不仅契合通常认知,还存在另外一层意义,即当行政活动在民法中产生实质意义,就会涉及行政法中讲到的人民的公权利,而它作为诉的利益能反射到行政诉讼中。

这一主题主要从三个方面展开:行政行为与物权内容、行政行为与物权特性、行政行为与物权变动。

■ 行政行为与物权内容

作为前置性说明,必须明确的是我国民法采用物权法定原则,这一规定先见于原《物权法》(已失效)第5条,后被《民法典》第116条完全吸收,即物权的种类和内容由法律规定。但是,法律不可能无一遗漏地规定所有的物权内容,必须通过放权或者授权其他规则来补充或者调整物权的内容。比如,住宅用地70年的使用期限并非来自任何法律的规定,而是出自1990年颁布的《城镇国有土地使用权出让和转让暂行条例》(已修改)。因此,当我们理解物权的类型和内容时,不能仅仅以《民法典》物权编的规定为圭臬,同时还要关注下位规则。就实际来看,法律能严格框定的只能是有限的物权种类,不可能穷尽规定各类物权的内容。正因如此,当事人可以约定物权的内容,行政行为也可以规定和发展物权的内容。

□ 明确支配利益

物权的内容首先指向物权人控制和支配标的物的方式方法,如建设用地使用权人能对建设用地进行占有、使用和收益,此即物权人的支配利益,这是作为支配权的物权的必有内容。支配利益的构造决定了物权的种类,如权利人对建设用地的占有、使用、收益的构造,决定了此类物权只能是建设用地使用权而非其他物权,故某种物权包含哪些支配利益,要由法律规定。

法律规定的支配利益必须具体化为特定的利益形态,能设定物权的行政行为有明确物权人支配利益的功能,涉及自然资源使用的行政特许在此方面表现得相当突出。比如,勘查许可证划定了探矿权的区域、期限、工作对象(《矿产资源法实施细则》第16条第1款第1项),采矿许可证划定了采矿权的范围和期限(《矿产资源法实施细则》第30条第1款第1项);又如,取水许可证确定了取水权的期限、水量、用途、水源类型、地点等(《取水许可和水资源费征收管理条例》第 24 条第 1 款)。

作为物权内容的支配利益能给物权人带来积极利益,但要有正当限度,物权人因此依法负担不作为的消极义务,如建设用地使用权人有合理使用土地,不得改变土地用途的义务。这种消极义务是法律根据物权特性对支配利益进行限制的要素,是物权内容的内在构成,它在特定情形下也需要行政行为加以明确。比如,捕捞权人在特定渔场从事捕捞作业是其权利,但同时要负担按照捕捞许可证关于作业类型、场所、时限、渔具数量和捕捞限额的规定进行作业的义务(《渔业法》第 25 条)。又如,狩猎权人在特定场所进行狩猎是其权利,但要遵循按照特许猎捕证、特许捕捉证或狩猎证规定的种类、数量、地点、期限以及工具、方法等限制(《野生动物保护法》第 23 条)。

涉及自然资源的物权之所以会有前述的法律规制手段,是因为自然资源对人类绝对重要,而其又存在生态敏感性,个人使用自然资源的权利范围要受诸多限制,需行政机关通过裁量来决定这些范围。与此相应,在前述物权受妨害时,权利人要维系自己的支配利益,也只能在勘查许可证、采矿许可证、取水许可证等特许事项范围内得以救济。

□ 补足处分权能

作为物权的保有者,物权人还依法有以特定方式处分物权的资格,如出让国有建设用地使用权人能转让或抵押该权利(《城市房地产管理法》第 39 条、第 48 条第 2 款),此即物权自身蕴含的处分权能,也属于物权的内容。

不是所有的物权都有处分权能,出于特定的控制目的,法律在配置某种物权的权能时,会扣减其处分权能,如为了保护国有不可移动文物,其所有权就没有处分权能,即其不得转让、抵押(《文物保护法》第 24 条),国有不可移动文物因此完全丧失商品流通性。比这种限制程度轻一点,法律虽然为某种物权配置了处分权能,但扣减了某种处分权能,如出于方便耕种或者各自需要,承包人之间有权互换同一集体经济组织的土地的承包经营权(《农村土地承包法》第 33 条),即土地承包经营权仍有以互换方式进行转让的处分权能,不过,为了实现土地承包经营权的社会保障功能,防止权利人失去基本的生活保障,该权利不能抵押,即没有以抵押方式显现的处分权能。

前述的处分权能扣减,是法律的刚性调整,没有缓和空间。与此不同,在法律不宜直接扣减处分权能的情形,如土地承包经营权在同一集体经济组织的农户之间转让，是否会损及转让人的利益，需根据具体情况进行判断，法律难以硬性抉择，交由作为集体利益代表的发包人来决定（《农村土地承包法》第34条），更符合实际情况，无疑是一种优化方案。这种规定的出发点仍是土地承包经营权的生活保障功能，但采用了弹性的处分权能扣减机制，它既为权利人的处分自由提供了机会，承包人仍能自行启动土地承包经营权的转让，又适度控制了这种自由，没有发包人的同意，承包人无法完成转让。在这种弹性机制下，发包人的同意起到了补足承包人在转让权利时处分权能不足的作用。

行政行为也有这种作用，在此方面，划拨国有建设用地使用权的转让要经政府批准的制度（《城市房地产管理法》第40条第1款）就相当典型。划拨国有建设用地使用权旨在满足国家治理和社会发展的基本需求（《土地管理法》第54条、《城市房地产管理法》第24条），维护、实现国家利益和社会公共利益的导向色彩非常明显，故权利人无须为取得该权利支付对价。在划拨国有建设用地使用权现实发生后，客观上会有转让的需求，如一国家机关搬离原办公地址，将其交由另一国家机关使用，这种情形符合该权利的功能导向，受让人无须向政府支付使用费。但换一种情形，结果会不同，如一国家机关搬离原办公地址，在城市规划布局中，该地址更适合商业用途，受让人也是企业法人，受让人在取得权利时仍无须支付使用费，就完全偏离了该权利的功能导向。既然划拨国有建设用地使用权有转让的客观需求，而转让又面临着能否维系其功能导向的选择难题，法律就无法通过直接扣减其处分权能来提供通盘的解决机制，只能在个案中交由政府根据具体情况来决定，这就是批准这一弹性机制。通过批准，划拨国有建设用地使用权的处分权能得以补足和强化。

这种作用也体现在不动产登记身上。不动产物权变动的原因事实是法院生效法律文书、政府征收决定、继承等非法律行为的，登记旨在宣示物权变动业已完成的事实，故有宣示登记之称，未经宣示登记，物权没有处分权能，不能流通。之所以如此，是因为未经宣示登记的不动产物权虽然实际产生，但缺失登记这一法定的公示形式，允许其在市场上自由流通，会导致登记系统难以覆盖所有的不动产物权，出现信息缺口，这会撼动登记作为不动产物权归属和内容根据的法律定位。为了避免这种现象的发生，限制这些物权的处分权能，就成为首选之策。在此情况下，要想补足物权的处分权能，只能由权利人向登记机构申请宣示登记。与上述的政府批准机制不同，用宣示登记来补足处分权能的主导权在权利人手中，只要物权变动确已发生，针对权利人的申请，登记机构就应办理登记,没有裁量的空间。

□ 形成物上之债

基于物权的法律地位,权利人还往往对特定人负担积极的行为义务,最常见是地役权人等物权人因取得物权而负担支付使用费等义务,这种义务通常源自地役权合同等基础行为,属于相对性的债务,不应归为绝对性的物权内容。但其非常重要,会影响物权的存续,如地役权人不按约定支付使用费是地役权合同解除的事由之一,一旦合同解除,地役权就消灭。在当事人就该义务达成一致后,还想强化其稳定性,减少可能增加的交易成本,如在地役权随基础权利转移后,供役地人无需再与受让人就费用支付再行商讨,将该义务连同地役权一并记载于不动产登记簿,就是可行的途径。在完成登记后,借助登记的公示机制,这样的债务不仅约束地役权合同的双方,还会约束地役权的受让人,结果就是它与地役权一起依附于需役地,成为物上之债。这意味着,地役权人前述义务等物上之债与地役权等物权相伴而生,对地役权人等物权人的利益状况形成约束,可归为地役权等物权的内容。

这样的义务为数甚多,单就地役权来看,为了能提高需役地效益,当事人会在地役权合同约定必要的义务,如供役地人在供役地上铺设必要设施的义务等,不一而足。原国土资源部《不动产登记簿使用和填写说明》指出,不动产登记簿粘附地役权合同的,其地役权登记信息页中的“地役权内容”栏目可以略写。此外,共有人处分共有不动产的协议产生的是债务,它也能载入登记簿[《不动产登记操作规范(试行)》第 2.1.3 条]。不动产登记簿对这些义务的再现,为它们成为物上之债奠定了基础。

比较法的经验显示,在不动产登记簿记载这些债务,有对抗第三人的效力指向,如《德国民法典》第 1010 条规定,土地共有人的管理和使用约定在记入登记簿后,能约束份额的受让人。与此不同,我国尚未明确这些义务在登记后的法律效力,这样的登记除了浪费行政运作成本,别无其他意义。

■ 行政行为与物权特性

在法律未予以扣减时,财产权均有处分权能,这是其一般特性,作为民事财产权的物权同样如此,但在特定情形,行政行为会限制处分权能。在民事财产权中,物权之所以区别于债权,在于其同时具备支配权和绝对权的特性,前者是说物权人无须假借他人之力,即可实现对标的物的控制;后者是说物权能排斥不特定的第三人,这与债权的请求权和相对权特性形成鲜明反差。不过,这种区别仅具有一般意义,基于特殊的目的考量,相对性的债权也会反映出绝对性的一面,出现所谓的债权物权化现象,能约束标的物受让人的承租权就是典型。与此同理,因为外在的约束,物权的支配权和绝对权特性会受到程度不同的限制,而行政行为在这样的外在约束中占据着十分重要的位置。就此而言,行政行为有限制物权特性的作用。

□ 对财产权特性的限制

对处分权能的限制,意味着权利人的处分自由不能得以实现,兹事体大,非有正当依据不可。作为行政强制措施的查封、扣押能满足这样的基本要求,它们是行政机关在行政管理过程中,为制止违法行为、防止证据损毁、避免危害发生、控制危险扩大等情形,对相关标的物实施的暂时性控制行为(《行政强制法》第2条第2款、第9条第2~3项),与其功能相应,被查封、扣押的物权的处分权能也要暂时受到限制,在查封、扣押期间内,该物权不能转让或抵押(《城市房地产管理法》第38条第2项、《公安机关办理刑事案件适用查封、冻结措施有关规定》第16条)。

预告登记也有这样的作用,它旨在保全债权人以取得不动产物权为目的的请求权,为此,作为该请求权指向的标的物的物权被暂时剥夺处分权能。虽然作用相同,但预告登记与查封、扣押的差异颇大。预告登记不是行政强制措施,由登记机构根据当事人的申请而作出,必须记载于登记簿,正是借助登记簿的公示信息,债权请求权得以向社会公众开放,进而产生前述的作用。而且,预告登记是为了债权人个体利益而作出的,债权人完全可以放弃该利益,进而使预告登记丧失其效力,恢复物权的处分权能,登记机构也能为标的物的处分办理转移登记、抵押登记(《不动产登记暂行条例实施细则》第85条第2款)。查封、扣押是行政强制措施,由行政机关在行政管理过程中主动作出,对不动产的查封无须记载于登记簿,在不动产的显著位置张贴查封公告也能发生剥夺处分权能的后果,而且,除非查封解除,否则不存在查封期间恢复物权处分权能的情形。

在实践中,与预告登记类似的是房屋买卖合同的网签备案。网签备案源自商品房预售合同登记备案(《城市房地产管理法》第45条第2款),它是一种管理措施,目的在于监督检查、宏观调控。其后的制度发展扩大了登记备案的适用范围,商品房现售合同和存量房买卖合同也被纳入其中,并发展成网签备案的形式。网签备案要求买卖双方在主管部门的专门网络系统中签订合同,并把该信息记载于包括房屋物理状态、交易与权利状况等信息的楼盘表之中。作为主管部门监管房屋交易和进行市场调控的重要手段,网签备案的买卖合同往往成为房屋所有权转移登记的必需材料,没有这样的合同,房屋所有权无法转移。而且,房屋买卖合同一经网签备案,该房屋不能再成为其他网签备案的买卖合同的标的物,也不能办理抵押登记,客观上起到防止一房数卖的作用。这种实践效果表明,在网签备案后,房屋所有人无法再次处分房屋,房屋所有权的处分权能因此受限。

网签备案是针对房屋买卖所设置的行政措施,根本不在不动产登记的范畴,其运作机制使它限制了房屋所有权的处分权能,进而在实现购房人的债权方面具有保障作用,这样的作用完全出自实践操作机制,没有任何法律规范可作为援引根据。可以说,登记备案的这种功能完全是其在行政操作中衍生的附带功能,若运作机制发生根本改变,登记备案不再与房屋所有权转移登记有任何关联,该功能也将随之消失。与此相比,预告登记的功能出自法律规定,不因实际运作机制的改变而改变。就此而言,在二者功能重叠的情况下,预告登记应优于网签备案而得适用。但实际情况恰恰相反,网签备案处于交易之始,只要当事人在主管部门的专门网络系统中订立房屋买卖合同,只要在网签备案完成后当事人不申请撤回网签备案,房屋所有权的处分权能就受到了限制,所有权人无法再行转让或抵押该房屋,既然如此,买受人当然也就无须再借助预告登记来保障自己的债权。

□ 对支配权特性的限制

基于支配权的特性,物权人对标的物享有支配利益,在特定场合,行政行为会限制物权人的支配利益。比如,出于保全证据等实际需要,行政机关会通过“死封”“死扣”的方式来查封、扣押标的物,也即对标的物进行实际控制,使物权人暂时失去对标的物的占有、使用、收益等支配利益。又如,因抢险、救灾等紧急需要,政府部门依照法律规定的权限和程序可以征用他人的财物,在征用期间,被征用财物的权利人的支配利益受到限制。

□ 对绝对权特性的限制

作为绝对权，物权理应排斥任意第三人的干涉，物权人能对干涉之人主张返还原物、排除妨害、消除危险等物权请求权，这是绝对性的首要内核。把这种特性放在相邻关系，邻人建筑影响自己建筑日照的，受害方有权要求排除妨害，就是其建筑物所有权绝对性的表现。不过，在邻人建筑满足《城乡规划法》等相关要求，得到了规划许可，而规划许可的基础是经过社会公众参与，并由代表多元利益的特定机构审批确定的城市规划，且规划许可在作出时，通过听证程序听取了利害关系人的利益诉求，并实质性地权衡了多元利益，即使邻人建筑产生妨碍日照的结果，也不构成侵害，受害方不能行使排除妨害的请求权。之所以如此，是因为规划许可的基础和程序已在最大程度上照料了受害方的利益，其有机会参与其中并表达诉求，还有机会通过行政复议和行政诉讼针对规划许可获得进一步的救济，只要规划许可确定发生效力，受害方就要受此约束，结果就是不能行使排除妨害请求权。

■ 行政行为与物权变动

物权变动包括设立、变更、转让、消灭等形态，它们描述了物权不同的运动轨迹，这些轨迹展示了物权动态化的过程，其必有始有终。物权变动之始源自各种原因事实，它们是物权变动的启动器，在不考虑债权行为与物权行为区分的前提下，它们多为买卖合同、抵押合同这样的体现当事人创意的法律行为，但也不乏征收等行政行为，即便在法律行为作为原因事实的场合，也会有行政行为的介入，如前述的划拨国有建设用地使用权的转让需经政府批准。物权变动之终，表明原因事实达到其应有的效果，受制于物权的绝对权特性，为了体现这种效果，用特定的公示机制将其展示出来，就相当必要，由行政机关主导的登记在此方面大显身手。概括说来，行政行为会在原因事实和公示机制方面发挥作用，影响物权变动。

□ 在原因事实层面的作用

在引起物权变动的原因事实层面，行政行为主要发挥两种作用，一是独力充当原因事实，二是参与并控制原因事实的形成。

1. 独力充当原因事实的行政权力

在依法律行为的物权变动，买卖合同是最常见的原因事实，出卖人据此向买受人负担转移标的物所有权等债务，在出卖人适当履行义务，完成不动产登记或动产交付的公示后，所有权转移给买受人。与此类似，在国有土地上房屋征收补偿过程中，被征收人选择房屋产权调换方式，与征收部门达成补偿协议，明确约定调换房屋的具体位置、面积、交房日期等内容，被征收人由此对征收部门享有相应的请求权(《国有土地上房屋征收与补偿条例》第 25 条)，该行政协议构成调换房屋所有权转移的原因行为，在完成转移登记后，由被征收人取得房屋所有权。

若双方不能如期达成补偿协议，征收部门依法可按照征收补偿方案作出补偿决定，这是行政机关的单方行为，并非行政协议，但它属于补偿协议的延伸，由征收部门行使行政职权确定补偿协议的具体内容(《国有土地上房屋征收与补偿条例》第 26 条)，其中要保留被征收人对补偿方式的选择权。在补偿决定明确调换房屋的具体位置、面积、交房日期等必要内容的情况下，只要被征收人选择房屋产权调换方式，该决定与补偿协议一样，也是调换房屋所有权转移的原因事实。

补偿协议和补偿决定是征收过程中的行政行为，是被征收人取得调换房屋所有权的原因事实。作为由多个行政行为组成的法律机制，征收是政府为了公共利益的需要，强制购买他人财产的制度。说其强制，是说征收不遵循意思自治原则，不遵循要约承诺这样的合同成立规则，由政府根据法定程序进行(《土地管理法》第 45～46 条、《国有土地上房屋征收与补偿条例》第 10～13 条)。说其购买，是说政府强制取得他人财产时，应以财产的市场价格补偿被征收人，如被征收房屋价值的补偿，不得低于房屋征收决定公告之日被征收房屋类似房地产的市场价格(《国有土地上房屋征收与补偿条例》第 19 条第 1 款)，要以足额补偿为原则，而且，征收的买卖属性决定了，其法律效果是被征收人的财产权转移到政府，与此对应的不动产登记是转移登记，而非表明权利第一次取得的首次登记。

在实践中，征收主要针对集体土地、国有土地上的房屋等不动产而进行，征收决定生效导致不动产物权变动。判断征收决定是否生效的前提，是政府作出了适格的征收决定，这不仅表明征收决定已现实发生，还表明它符合法定的形式和内容，如采用书面形式、载明补偿内容，否则就是无效或不生效的行政行为。虽然具备该前提,但征收决定尚未公告的,说明它完全在政府的控制之中,政府有权根据实际情况撤回该决定,使其不发生效力,故而,征收决定不因作出而即时生效。征收决定还要公告,在公告后,征收决定产生信息溢出效应,不仅对被征收人形成负担,还为其他社会公众所周知,为了维护政府信誉和保护社会预期,政府必须受征收决定的约束,不得自由撤回。这样一来,公告成了征收决定生效的标志,这一点为我国司法实践普遍确认。在公告后,即便被征收人对征收决定不服,在行政复议或行政诉讼期间,仍不改变该决定生效的事实。

这意味着,虽然通常都说征收和补偿是唇齿相依关系,有征收必有补偿,无补偿即无征收,但实际补偿并非征收决定能否生效的约束条件,不是征收决定生效的标志,从而形成先完成征收、后实际补偿的模式,即先由政府取得不动产物权,再通过发放补偿款、提供安置房等方式来实际补偿被征收人的损失。这种模式固然有便于推进征收的好处,但缺陷是不利于保护处于弱势地位的被征收人,从而产生突出的社会矛盾。要解决这样的矛盾,不妨从征收与补偿的关系入手,像德国那样,把被征收人获得实际补偿作为征收决定作出和生效的要件,或者像中国台湾地区一样,实际补偿虽然不影响征收决定及公告,但补偿费发放完毕是征收完成的时点,只有把补偿作为征收的内置环节,使其能影响征收决定的效力,进而影响不动产物权变动,才能有效提升被征收人在政府强势介入下的自我保护能力,才能充分保护被征收人的利益。

需要注意的是,法律规定了政府在特定条件下收回土地使用权的情形(《土地管理法》第58条第1款第1~2项、《城市房地产管理法》第20条),它们均出于公共利益的目的,要由政府依法为之,属于征收的范畴,可称为"征收性收回",其遵循前述的征收规范,自不待言。与此不同,为了规范土地使用,防止土地闲置,政府依法无偿收回国有建设用地使用权人闲置土地的行政行为(《土地管理法》第37条第1款、《城市房地产管理法》第26条),并非征收,但它也能导致不动产物权变动。根据原国土资源部《闲置土地处置办法》第4条、第14条第2项,在收回闲置国有建设用地的权力配置方面,决定主体是县级以上政府,组织实施主体是市、县国土资源主管部门,即国土资源主管部门下达《收回国有建设用地使用权决定书》前,先要向相关政府请示,政府批准收回后,国土资源主管部门再下达《收回建设用地使用权决定书》,产生使用权人不再享有建设用地使用权的结果。

根据原国家土地管理局《〈关于对"中华人民共和国城镇国有土地使用权出让和转让暂行条例"第十七条有关内容请求解释〉的复函》,闲置土地设有抵押权的,收回该土地将导致抵押权消灭。闲置土地的使用权是抵押权的客体,在客体不复存在时,抵押权理应随之消灭,就此而言,该复函有其道理。不过,这一结论的前提是否成立,还颇值探讨。

收回的效果看上去是使用权人不再享有建设用地使用权,但不能由此就说该权利消灭,因为在使用权人丧失权利的同时,政府取得该权利,能将它转让给他人,如根据《闲置土地处置办法》第 19 条第 1 项,政府可依据国家土地供应政策,确定新的国有建设用地使用权人开发利用。也就是说,收回只是让使用权人丧失权利,权利自身并不因此消灭,而是转移至政府之手,既然如此,负载其上的抵押权自然也不消灭。其实,作为物权的抵押权根植于抵押财产,只要抵押财产存在,抵押权就能存续,至于抵押财产权利人发生变更,不影响抵押权的存续。

还要看到,法律之所以设置收回闲置土地制度,是为了提升土地利用效率,督促权利人实现土地的使用价值,防止土地资源的浪费。但使用权人对土地的利用,不局限于按照建设用地使用权的目的实际利用土地,如开发建设,还能表现为以其为标的设立抵押权,以实现其价值。一旦使用权人闲置土地,就落入收回制度的适用范围,产生政府合法取得使用权人的建设用地使用权的效果。至于使用权人抵押土地使用权实现该权利价值的行为,超越了收回制度的功能领域,不能根据收回制度来决定抵押权的法律命运,还要再加判断。就被收回的土地使用权的抵押权而言,其消灭事由要么是意思自治,即抵押权人放弃权利,要么是法律规定,如主债权消灭。意思自治和法律规定之外的其他事由不足以消灭抵押权。上述复函就属于这样的事由,闲置土地使用权的抵押权不因此而消灭,该土地也不能作为储备土地。

收回是行使公权力的行为,这不仅意味着其主体是政府,还表明政府是为了特定的公共管制所实施的职权行为,正是该行为导致相对人失去其不动产物权。在我国法律表达中,还有这样一类收回,它看上去是政府实施的行为,但基础是不动产权利已然消灭的事实,如土地使用权因期限届满、目的落空而消灭(《土地管理法》第 58 条第 1 款第 2 ~ 4 项),政府在此情形下收回土地使用权,不过是其作为土地所有权代表主体行使所有权,恢复所有权圆满状态的表现,与公权力无关,故这类收回不是行政行为,不产生物权变动的后果。

此外，作为行政处罚的没收也是导致物权变动的原因事实，在此不赘。

2. 参与控制原因事实的行政行为

在当事人形成合同等初步的原因事实后，基于特定的控制目标，法律会授权行政机关介入，以便审核这些原因事实能否引起物权变动，批准后才能导致物权变动，故而，行政行为在此不仅起到衡量评判初步原因事实的作用，还是原因事实的必要部分，成为物权变动的关键要素。

在此方面，除了前述的划拨国有建设用地使用权的转让，政府对宅基地的审批（《土地管理法》第 62 条第 3 款）也是适例。宅基地专门为满足农民生活居住的基本需要而设，农民取得宅基地使用权是无偿的，为了防止这种福利泛滥化，法律进行了严格限定，如主体身份限定、一户一宅、不得超占等。此外，宅基地还受制于国家对土地利用的空间管制，这些外在的约束只能依靠政府审批来控制。在原来的实践操作中，多由农民直接向乡镇政府申请宅基地，在审核后再由县级政府批准，政府审批实际上独力作为宅基地使用权取得的原因事实，这种做法忽视了宅基地所有权归农民集体所有的现实，集体在此过程中失语，不利于宅基地初始配置的公平性。基于此，目前正在进行的宅基地制度改革强化了集体的作用，在此背景下，农民取得宅基地使用权的初步原因事实，应是集体与农民之间达成的宅基地配置协议，政府审批则是后续的控制措施，它们共同作用，推向农民取得宅基地使用权的效果。

在农村四荒地经营权的取得中，行政审批发挥着同样作用（《农村土地承包法》第 52 条第 1 款）。对于四荒地，政府向来持治理开发的立场，并将四荒地治理开发视为提高植被覆盖率，防治水土流失和土地荒漠化，改善生态环境和农业生产条件，促进农民脱贫致富和农业可持续发展的一项重大战略措施。在此背景下，虽然四荒地的承包要由承包人与代表集体利益的发包人通过意思自治的方式来发动，但仅此还不足够，政府的批准不可或缺。国务院办公厅 1996 年《关于治理开发农村“四荒”资源进一步加强水土保持工作的通知》、1999 年《关于进一步做好治理开发农村“四荒”资源工作的通知》对此有明确的表述。这样一来，就四荒地经营权的设立而言，承包合同不足以成为独立的、全部的原因事实，行政审批也要后续介入，发挥着关卡式的决定作用。

前述这些行政行为针对的初步原因事实均为法律行为，在原因事实是诸如建造房屋等形成新物的事实行为时，行为的合法性被当作所有权取得的限定条件，行政行为也因此参与原因事实并起着实质控制性作用。比如，在建造房屋时，未按照《城乡规划法》等规定取得建设工程规划许可或者未按照规划许可进行建造，即为违法建造，建造人不能取得所有权；同时，因为缺失房屋符合规划的材料，也无法办理房屋所有权首次登记(《不动产登记暂行条例实施细则》第35条)。

《民法典》第231条的文义指出，合法建造行为能产生房屋所有权，对它进行反面解释，结论正如前述，就是违法建筑没有所有权。这种理解在形式上没有问题，但仔细推敲会发现，该条是引致条款，引入《城乡规划法》等非私法领域有关建造的管制规范，将其当成确认建造行为能否产生房屋所有权的标准，给出了正面的回答，即符合这些管制要求的建造行为是产生房屋所有权的原因事实，这样就能配合管制，不至于出现建造行为符合管制要求，但不能产生房屋所有权的私法结果。至于违法建造行为能否作为产生房屋所有权的原因事实，并不在该条的指向范围，否则，就会出现管制规范尚为违法建造留有改进空间，如限期改正或没收违法收入(《城乡规划法》第64～65条)，民法却将其排除出产生房屋所有权的原因事实行列，导致在法律衔接和评价上出现明显错位。故而，不宜对《民法典》第231条进行前述的反面解释。

问题由此而来，《城乡规划法》等管制规范针对建造行为来设置要求，并对违背该行为者施以处罚等不利益的后果，但不涉及所建房屋的权属，确定所有权的任务仍落在民法，在民法也无具体规范时，当然要由法官加以裁量。在裁量时，法律秩序一致性，也即不同法律之间的无缝衔接以及评价一致，肯定是考虑要素，以是否能维系和符合管制规范的目的为标准，来决定违法建造能否产生房屋所有权，那么，着眼于法律严格禁止该行为的管制要求，否定违法建筑的所有权，由此配合管制规范来遏制违法建造行为，就是这种思路下的产物。

然而，把眼光转换到现实，不难看出，即便在民法上否定了违法建筑的所有权，但只要主管部门不能按照前述的管制规范及时拆除或没收违法建筑，并对建造人予以罚款等行政处罚，建造人仍能控制违法建筑并实际收益，就不能实际消除违法建造所产生的副作用，违法建造行为仍会络绎不绝地发生。据此换个思路，若主管部门确实能依法及时查处违法建造，那么，在建造行为完成之际，就应是违法建筑被拆除或没收之时，在此情况下，肯定违法建筑的所有权，也只是给了建造人以所有权人的空名。显然，遏制违法建造的关键，在于主管部门能否严格适用管制规范来及时查处，至于在民法中是否赋予违法建筑以所有权，与此并没有关联作用。

其实，规划许可等行政许可的功能，主要在于确保房屋不违背城乡发展空间布局，不影响社会公众对公共空间应有的公共利用，不危及社会公众的人身及财产安全，这是《城乡规范法》等管制规范通过这些许可所预设的目标，经过这些许可的建造相当于打了预防针，不会发生与前述功能相悖的副作用。不过，未打预防针的违法建造是否会产生这样的副作用，只有经过专业部门科学评估才能确定，不能一概而论，现实中有不少“先上车（建造），后补票（许可）”或“边建边批（许可）”的违法建造方式，最终所建房屋符合管制规范的预设目标，因而也办理了房屋所有权首次登记。就此而言，不考虑实际情况，完全否定违法建筑作为所有权客体的资格，明显过于严苛。而且，即便违法建筑的确违背管制规范的目标，通过拆除或没收等行政处罚，就足以消除副作用，并能达到惩治和警诫的效果，既然如此，再否定违法建筑的所有权，不仅没有实益，也不符合比例原则。

还要看到，肯定违法建筑的所有权，能妥当解决诸如侵害违法建筑的责任承担、违法建筑致人损害的责任承担、违法建造行政处罚相对人的认定等系列问题，而这些问题恰恰是否定违法建筑所有权的思路所带来的，或者是其不能稳妥解决的。

概言之，违法建筑不因建造行为未经行政许可就不能负载所有权，在目前的法律规范中，尽管违法建筑不能办理所有权首次登记，但基于事实行为发生物权变动的规则，建造人在房屋建成后就取得所有权。换言之，在建造这样的引起物权变动的原因事实中，行政行为不能起到参与其中并发挥实质控制的作用。当然，这样说不表明违法建筑与合法建筑的法律地位完全相同，正如前文所言，在不动产登记制度中否定违法建筑所有权的登记能力，杜绝其通过转移登记的方式进行市场流通，已经有助于主管部门顺利通过拆迁或没收等行政处罚来实现管制规范的目标。

□ 在公示机制层面的作用

《民法典》在设计物权变动规范时，就是否需要公示以及公示发生何种作用上，采用了两元化的模式，登记这一行政行为在这些模式中发挥着不同作用。

第一，设权模式，即不公示，物权不变动，典型的如买卖合同导致房屋所有权转移的情形，不办理转移登记，所有权不能转移。这种模式的基础在于，物权是绝对权，不动产登记能表现其绝对性，在物权变动时，为了维持物权的绝对性，在不动产登记簿连续记载就成必要，登记在此是强制的。

第二，对抗模式，即不公示，物权能够变动，但不得对抗第三人，典型的如土地承包经营权的转让、地役权的设立、动产抵押权的设立，只要双方达成转让协议，不办理登记，物权发生变动，但不得对抗第三人。采用这种模式的原因在于物权变动因种类不同而有差异，如土地承包经营权的转让发生在农村地区，农村更是熟人社会，即便不登记，该转让也能为人所知，而动产抵押权的设立，则考虑到与同为交通工具的民用航空器以及船舶抵押权设立规范的协调，不过，节省当事人的交易成本是它们的共性原因。与设权模式的登记相比，对抗模式下的登记是自愿的，法律不强制当事人必须申请登记。

在此要注意的是，在机动车所有权转移时，机动车登记也有对抗第三人的效力，它与不动产登记、动产抵押登记一样也为行政机关所主导，但机动车登记的定位仅是行政管理措施，目的在于机动车监管，它虽然起到一定的对抗作用，但也只是行政监管的附随产物，作用在于促进行政监管，对抗功能十分有限，这与不动产登记和动产抵押登记主要在于承担物权公示的功能有显著差异。

另外一个需要特别注意的是动产和权利担保登记。《民法典》相比以前在动产担保方面有一些微妙的变化，原先动产和权利担保登记主要是分散登记机制，但《民法典》进行改革，转向统一登记。不过这种登记是自主登记而非强制登记，登记机构就权利的真实性不作审查，因此这种登记行为是否可以归属于行政行为还有待实践发展。

■ 结　语

概括而言，行政行为会在物权法中产生相应的后果，既可能在物权内容、物权特性方面，也可能在物权变动领域。无论从哪个方面来看，当行政行为对当事人的利益产生影响，就意味着这种利益涉及行政法中的权利，这种行为就具有可诉性。一个行政行为具有可诉性，并不意味着原告就一定能够胜诉，还要看原告是否具有诉的利益。

通过梳理行政行为与物权之间的关联，基于对《行政诉讼法》第 2 条的理解，可以得出以下两个结论：涉及物权效果的行政行为对相对人利益有影响，应具有可诉性；可诉行政行为影响其利益的相对人是适格的原告。

基于这种认识，回过头来再看最初的案子，网签备案并非不具有可诉性，而是原告不适格，其没有相应诉的利益。可见，即便行政法学界和行政实务审判界多认为网签备案不会改变当事人之间的实体权利义务关系，但是在实践运行过程中，我们清楚地看到这种行为会影响当事人之间的实体权利义务关系，因而这种行为原则上就应当具有可诉性。至于在个案中原告是否具有诉的利益，这是另外层面的问题。进而言之，通过整体梳理行政行为对物权产生的影响，从而就实践中大量存在的与物权紧密相关的行政行为是否具有可诉性得出适当的结论。

▣ 阅读指引

著作

1. [德]鲍尔、施蒂尔纳：《德国物权法》（上册），张双根译，法律出版社2004年版。
2. [德]鲍尔、施蒂尔纳：《德国物权法》（下册），申卫星、王洪亮译，法律出版社2006年版。

“当代德国法学名著”之一，是了解德国物权法基础理论和制度的首选。

3. [德]哈特穆特·毛雷尔：《行政法学总论》，高家伟译，法律出版社2000年版。

“当代德国法学名著”之一，是了解德国行政法学基础理论和制度的首选。

立法资料

黄薇主编：《中华人民共和国民法典释义》，法律出版社2020年版。

分上中下三册，由全国人民代表大会常务委员会法制工作委员会民法室主任主编，对于把握民法典条文的规范目的和立法背景具有重要的参考价值。

网站

最高人民法院网：https://www.court.gov.cn。

最高人民法院官方网站，是了解司法政策、司法解释、指导案例的不二之选。

微信公众号

1. 中国民商法律网

中国人民大学主办的微信公众号，旨在为关注中国法治进程、学术发展的人士提供民商法前沿信息，主要推送与民商法理论研究相关的学术成果，内容丰富。

2. 法学学术前沿、北大法律信息网

两个公众号都紧跟法学学术前沿，涉及法学的多个学科，内容极为丰富，推送及时。

3. 最高人民法院司法案例研究院

国家法官学院（最高人民法院法官国际交流中心、最高人民法院司法案例研究院）主办的微信公众号，发布重要司法案例信息，掌握司法实务的最新动向。

4. 天同诉讼圈、金杜研究院等

北京天同律师事务所以及金杜律师事务所的研究公众号，推送律师界对于法律问题的认识和见解，涉及司法实务、律师办案、商事仲裁等多项内容。

北 大 法 学 高 阶

民法典草案中合同法的主要问题

刘 凯 湘

关于作者

刘凯湘

北京大学法学院教授，博士生导师。西南政法大学法学学士（1984年）；北京大学民商法学专业法学硕士（1987年）、法学博士（2001年）；美国范德堡大学（Vanderbilt University）富布赖特高级访问学者（2005～2006年）。主要研究领域为民商法，包括物权法、合同法、公司法、合伙法、信托法等。

1999年开始在北京大学法学院任教，从事民商法教学30多年，主持民法总论、债权法课程改革方案，讲授民法总论、债权法、物权法、商法总论、合同法、公司法等课程，曾获北京市中青年教师教学观摩竞赛一等奖、北京市中青年骨干教师、全国商业系统优秀教师、北京大学教学优秀奖等，被北京大学法学院学生会连续5届评为十佳教师，民法总论课程被评为“北京高等学校优质本科课程”，本人被评为“北京高等学校优秀专业课主讲教师”，2014年获“北京市高等学校教学名师”荣誉称号。

（说明：本次高阶讲座进行时，《民法典草案》合同编正在编纂与征求意见中，为保持讲座的原貌，此次出版时本文仍为当时环境下的讲授。但所幸的是，绝大部分内容与后来《民法典》正式颁布的内容是一致的。）

自2017年《民法总则》颁布以来，民法典分则部分的编纂工作一直在紧张地进行中，目前已经进入最后阶段。现在的《民法典（草案二次审议稿）》加上总则编共1260条，由总则、物权、合同、人格权、婚姻家庭、继承和侵权责任7编组成，其中合同编520个条文，大约占全部条文的42%，在《民法典》中具有极其重要的地位。相比于1999年的《合同法》，此次《民法典》合同编法条编纂主要有四类情形：第一类是原封不动地照搬1999年《合同法》的条文，这一类型占据合同编的主要内容；第二类是此次《民法典》编纂完全新创的规则，仅占小部分的比例，比如典型合同分编的"保理合同"；第三类是法律化的司法解释原则或者规则，比如预约合同；第四类是在原有的合同法律和司法解释的基础上进行调整后的条文。此次内容的主题就是关于目前《民法典》合同编编纂过程当中出现的主要问题与争论，包括了立法机关的主要考虑、学者观点的分歧以及未来立法可能采取的方案。所有法律规则都是"双刃剑"，没有一个绝对正确的答案，未来都有可改进的余地。

■ 宏观层面的体例结构问题

□ 债法总论与合同编总则的关系问题

目前整个《民法典》是总分结构，1个总则编加上6个分编，每一编内大体上又是一个总分结构。《民法典合同编（草案二次审议稿）》（以下简称合同编草案）就是这样一个结构，其共有三个分编：第一分编"通则"，第二分编"典型合同"（有名合同），第三分编"准合同"。本文的内容主要是关于合同编通则部分的理论与规则问题。

事实上，从20世纪90年代末期《民法典》起草工作开始就存在一个很大的争论——我们要不要保留债法编。按照传统大陆法系的典型民法典体例，尤其是德国模式的五编制，民法典首先是总则编，其次是分则编，分则编由两个调整财产关系的法组成，物权法和债法，也就是所谓的"物债二元结构"，最后是人身身份关系的亲属法和继承法。绝大部分的大陆法系民法典都是依照这样的五编制结构进行设计的。

我们国家《民法典》的总体立法框架也采取的是总分结构，问题在于分则部分应该分为几编。我国《民法典》所作出的重大创新之一在于人格权独立成编，当然在这一过程中也曾遭遇许多的争议，出现完全针锋相对的观点。当然最后立法机关还是采纳了人格权编独立成编的观点，这也彰显了中国在世界新形势之下重视对人格的尊重和保障，是难得的立法成就。

然而《民法典》的债法编如何处理？以《德国民法典》为例，债法编首先是债法总则，其次是债法分则，债法分则部分又分成两大板块，一个是意定之债（合同之债），另一个是法定之债。法定之债除了损害赔偿之债或者侵权行为之债，还有不当得利之债和无因管理之债。有了债法总则以后，不管是意定之债，还是法定之债，它们有关债的共性问题的规范就有了安身之处，包括债的成立、债的效力、债的履行、债的担保、债的移转和债的消灭等。然而我们国家从一开始就未对二者做统一处理。首先我国在1999年的时候就已经将债法中最重要的一部分内容，即合同之债进行单独立法，颁布了单行法《合同法》；2009年又专门将侵权行为之债独立出来，颁布《侵权责任法》，至此继合同之债后，又一重要法定之债独立成法了。而不当得利与无因管理之债则因为体量太小难以单独成立一部法律。

《民法典》里合同法和侵权责任法独立成编后，第一个问题是有关债法的共性的东西怎么处理？又不可能另起一编单独规定债法总则的内容，那么债法总则究竟是放在合同编部分的前面位置还是侵权责任编？这似乎都不太合适，于是最终决定取消债法总则。然而没有了关于合同之债、侵权行为之债、不当得利之债、无因管理之债和单方允诺之债共性问题的规范，又会带来其他很严重的问题，最终只好通过合同编的总则分编来代行大部分债法总则功能。这是体例结构的第一个问题。

第二个问题是合同之债和侵权行为之债各自成编以后，不当得利之债和无因管理之债应当如何放置？目前《民法典草案》的解决方式是折中，即在合同编里设置了一个第三分编，叫作“准合同”，于是现在的合同编草案一共有三个分编，第一分编“通则”，第二分编“典型合同”和第三分编“准合同”。

第三个问题，合同编通则里，唯有第五章“合同的保全”是新增加的一章内容，但是这一表述本身存在一些问题，合同怎么能保全？首先，这一用语容易与诉讼法上的诉讼保全、证据保全相混淆；其次，我们一般讲的都是“债的保全”，但《民法典》里没有债法编。是不是就应当改成“合同权利的保全”？全国人大法工委认为，其他章节都是合同的订立、合同的效力、合同的履行、合同的变更和转让、合同的权利义务终止，这里突然出现一个“债的保全”，似乎与上面不是很协调，使用“合同的保全”一词大家也能够大概明白其中的意思，民法领域的人都会知道，非民法领域的人不知道也没关系，所以最终还是决定表述为“合同的保全”。除此之外，第四章内容为“合同的履行”，这是只有意定之债才会涉及的问题，法定之债不存在违约责任，所以也基本上是依据第四章的履行规则来代行债法总则功能。以上是债法总则与合同编总则的关系问题。

□ 合同编与民法总则编的关系问题

民法典六个分编中，合同编与总则编的关系最为紧密，同时也最为复杂。总则编“民事法律行为”一章基本上与合同相对应，因为合同是最重要的法律行为，但这样一来合同编通则里很多东西就会与总则编重复，法律行为就是如此。

总则编内容的设计对整个分编有很大影响，现在的合同编草案里面存在大量的引致条款。有些问题总则编虽然已经规定了，但合同编里面又不能只字不提，于是只能规定这个问题参照本法总则编的第几条。这就是引致条款。

以意思表示解释为例。从民法角度来讲，法律行为的核心要素是意思表示，总则编里面专门有一章“民事法律行为”，第二节是“意思表示”，其中规定了意思表示的解释规则。但意思表示解释主要运用在合同场合，其他场合较少使用，因此尽管总则编已经作出了规定，合同编里也不可能不规定合同解释。由于总则编中已经规定了，合同编只能参照。例如，总则第 142 条规定，对有相对人的意思表示的解释（有相对人的意思表示主要是合同），应当按照所使用的词句，结合相关条款、行为的性质和目的、习惯以及诚信原则，确定意思表示的含义。合同编草案第 257 条则规定，“当事人对合同条款的理解有争议的，应当依照总则编第一百四十二条第一款的规定，确定争议条款的含义”。除意思表示解释的规则以外，合同编草案里类似这样的引致条款大约还有十几条。

□ “准合同”分编的设置

合同之债与侵权行为之债独立成编后，剩下的不当得利之债和无因管理之债因为没有地方安置，成了“流浪汉”。试想，如果直接将其放在合同编里的结果会是怎样，不当得利和无因管理成了合同？合同有意思表示，所以对行为人行为能力有要求，然而不当得利不需要意思表示，无因管理也是如此，成为无因管理关系中的债权人，不需要意思表示，也不必具有行为能力，这是它们与合同的根本性区别。但即便是取消债编以后，对这两种制度也不能不进行规定。它们在总则编里无处安身，所以最后也只能被规定在合同编，但立法者做了一个技术处理，在合同编内设置了一个第三分编“准合同”。除了立法技术上的考虑，还因为它们本身与合同制度具有相对密切的联系。不当得利中，给付型不当得利之债可能因合同而产生。例如，债权人以受清偿的目的将债务清偿的收据交付给债务人，然而债务人之后并未清偿债务，此时会产生怎样的后果？目前《民法典草案》的处理方式是在没有规定债编情况下所能够作出的最合理选择，大家都能够明白“准合同”表达的意思，像合同又不像合同，是合同又不是合同。除了“准合同”，法律规定中还有很多有关“准”的法律概念，尤其是在民法中，比如“准物权”“准无因管理”。

□ 四种新增的典型合同

当初《合同法》规定了 15 种典型合同，这次《民法典草案》合同编编纂过程中，很多学者、律师和法官建议要增加典型合同的类型，但是问题在于增加哪些种类的合同，最初草案增加了 7 种合同类型，后来因有些合同类型争议太大，最后确定增加 4 种，典型合同由 15 种变成了 19 种。

第一是保证合同。《民法典》于 2021 年施行，1995 年颁布的《担保法》将被废除，其中有关物的担保内容早就已经被 2007 年的《物权法》所替代，只有剩下的定金担保和保证担保制度目前还在适用。《民法典》出台以后，《担保法》会被废止，合同编新增保证合同类型没有任何问题。《担保法》虽然也对保证合同作出了规定，但从实践来看，有些规则已经过时，需要作出修改。担保法司法解释已经创设了很多重要的规则。比如保证方式没有约定或约定不明时，是应当推定为一般保证还是连带责任保证？此次《民法典草案》采纳学者意见，将《担保法》推定连带责任保证的规定修改为推定一般保证，以减轻保证人的责任，特别是在无偿保证的情形下，连带责任保证对于保证人而言责任过重。

第二是保理合同，其是此次新增加 4 种有名合同中最饱受争议的一种合同类型。保理合同纯粹是商事合同，以营利为目的，发生在保理公司与债权债务人之间，很多规则涉及债权让与问题，然而合同编通则中的债权让与规则基本上能够为保理这种业务提供规则支撑。保理合同进入典型合同行列的，主要原因是法院方面表示有关保理合同的纠纷太多，需要专门的规则。保理作为一种债权融资方式，主要运用于资本市场，当前我国保理业务发展迅速，业务量大，每年保理行业涉及的金额达 2 万亿元人民币。法院方面认为，保理纠纷太多，必须有明确的规则，至少有司法解释。但问题是没有合同名称就无从出台司法解释，所以保理合同最终还是被保留了下来，尽管争议较大。

第三是合伙合同。合伙既包括民事合伙，也包括商事合伙。商事合伙主要由我国 1997 年的《合伙企业法》调整，但如果当事人之间不成立合伙企业，不登记成为非法人组织，甚至不以营利为目的，可能就会面临民事合伙规则缺失的问题，所以合伙合同作为此次新增加的典型合同之一没有太大争议。

第四是物业服务合同。随着我国城市化进程的加快和人们居住方式的变化，物业服务合同得到了广泛适用，但其中仍然存在较多的争议问题。例如，业主大会、业主委员会是否具备诉讼主体资格，能否代表全体业主，这些问题目前还没有得到解决。尽管物业服务合同还存在一些具体规则上的争议，需要交由未来的司法解释去解决，但物业服务合同作为典型合同加以规范是必要的。

合同编通则中的主要问题

接下来介绍的内容是民法典合同编通则分编编纂过程中，立法和学术上争议较大的问题和条款，相对已经成熟的、没有大的争议的制度在这里不作详细展开。合同编通则分编第一章“一般规定”的主要内容是关于合同法的调整对象、基本原则、相对性原理，从第二章开始涉及具体的合同规则，包括合同的订立、合同的效力、合同的履行、合同的变更和转让、合同的权利义务终止、违约责任，现在又新增了一章，即合同的保全。本部分内容首先介绍的是合同订立制度中的主要争议和问题。

合同订立制度的主要问题

1. 预约规则

《合同法》没有关于预约的规则，存在法律空白。这次合同编草案主要借鉴了最高人民法院《关于审理买卖合同纠纷案件适用法律问题的解释》(2012年)有关预约的制度成果,新增了预约规则,但具体如何表述存在一些争议。

首先是概念问题,是“预约”还是“预约合同”。合同编草案第287条规定,“当事人约定在将来一定期限内订立合同的认购书、订购书、预订书等,构成预约合同”。可见,合同编使用的是“预约合同”一词,很多学者写文章也使用这一表述。但我们知道“约”的本义是合同,“约”就是“契约”,即合同,对应的概念是“本约”,那么“预约合同”的表述就显得重复。但也有学者认为,虽然“预约”是约定俗成的表达,但仅说预约会误以为其不是一个合同,而可能是预约饭局、牌局,无法凸显预约的法律后果,因此必须再加上“合同”二字。虽然这么理解有一定的道理,但从法律的角度而言,“预约”与“本约”对应,但我们不会用“本约合同”的概念。

其次,违反预约的法律后果是什么?合同编草案第287条规定,“当事人一方不履行预约合同约定的订立合同义务的,对方可以请求其承担预约合同的违约责任,”这是一条比较抽象和含混的规定。当然它首先明确了违反预约也是违约行为,不履行将来订立合同的义务也是需要承担法律后果的,但它没有解决的问题是,究竟应当承担什么样的违约责任,能不能强制当事人履行订立合同的义务?一般而言,有约定按照约定,预约本身约定违约责任的,如当事人约定了任何一方反悔,到期不与对方订立合同的,应当承担赔偿10万元的违约金责任,则按照双方约定承担责任。但更多的时候是当事人之间没有约定,则应当如何承担违约责任?

合同不能强制订立,因为涉及人身自由,即使法院如此判决了也无法强制执行。还有另外两条解决路径:一条是按照缔约过错责任的方式承担责任,即因一方违反诚信原则导致合同不成立、不生效、被撤销和无效等情形,应当承担缔约过错责任。但问题在于,缔约过错责任是以赔偿实际损失为原则,而违约责任包括了预期利益、间接损失,归根结底这是一个关于缔约过错责任能不能突破实际损失赔偿,扩大到间接损失、可得利益,以及违反预约的违约责任是否包含本约项下的违约责任的问题。另一条是守约方应当举证证明其所遭受的损失。目前草案对以上两条路径都没有采纳,只规定了笼统的违约责任,只能等待将来司法解释作出进一步进行说明。

2. 格式条款规则

合同编草案的格式条款规则在《合同法》第39~41条的基础上作出了小

幅改动。就整体而言这次的调整值得肯定,但有些改动却不太合理。

第一,在《合同法》的基础上,增加了“重大利害关系”的表述。合同编草案第288条规定,提供格式条款的一方应当采取合理的方式提请对方注意免除或者减轻其责任等与对方有重大利害关系的条款。然而这种“重大利害关系”的表述过于含混,容易为格式合同制度的推行带来很大的不稳定性。格式合同作为一种高效、快速、便捷的交易方式和公权力介入合同的重要方式,在“重大利害关系”语义下,过分强调弱者保护,容易造成行政权力与司法权力的过度介入。

第二,合同编草案第288条后半部分规定,提供格式条款的一方未履行说明义务,致使对方没有注意或者理解,对方可以主张该条款不成为合同的组成部分。该部分内容是本次《民法典》编纂的新增内容,其立法本意值得肯定,但关于未履行说明义务的法律后果具体是什么仍存在争议。《合同法》没有规定法律后果,现在草案直接规定“不成为合同的组成部分”,那么当事人最终可以主张无效还是撤销?立法者不直接规定合同无效,而在《合同法》之后的最高人民法院《关于适用〈中华人民共和国合同法〉若干问题的解释(二)》[以下简称《合同法司法解释(二)》]规定其可以撤销,所以法律后果具体是什么,目前还没有明确的答案。总的来说,增加所谓“重大利害关系”没有充分依据,也不符合逻辑;增加法律后果虽然正确,但后果又规定得不太明确。

3. 悬赏广告规则

之前有关悬赏广告的司法解释已经有了,但规则不多,只有一个条款。学理上存在的争议是,悬赏广告是合同行为还是单方行为?对于这一问题的争论其实意义不大,无论是单方行为还是双方行为,关键是要把悬赏广告的规则说清楚,从而为行为人提供一个债权请求权的依据——悬赏人应当按照悬赏广告的允诺对提供服务、完成指定工作的人支付报酬。因此,悬赏广告规则即使只有一个条文问题也不大。

4. 缔约过错责任

目前合同编草案有关缔约过错责任规则的条文共2个,后面一条虽然也算在缔约过错责任的规则内,但其实并不是。

第一,我们通常称缔约过错责任为“缔约过失责任”,但是“过失”的表述并不科学,民法上对于行为人主观心理状态的界分十分明确,主观上的过错包括故意和过失。过失是有特定含义的。“缔约过失责任”应该是排除了故意的主观状态，但事实上《合同法》第42条所规定的，包括现在合同编草案所规定的承担缔约过错责任的情形都属于故意，“假借订立合同，恶意进行磋商”“故意隐瞒与订立合同有关的重要事实或者提供虚假情况”，这些明显都是故意，不是过失。

第二，所谓的第二条缔约过失责任条款，其实与合同没有关系，与缔约过失责任也无关。合同编草案第293条也就是原来的《合同法》第43条规定，当事人在订立合同过程中知悉的商业秘密或者其他应当保密的信息，不得泄露或者不正当地使用；给对方造成损失的，应当承担损害赔偿责任。谈判中如果一方泄露了商业秘密，完全可以按照侵害商业秘密，以承担侵权责任方式进行处理，不需要通过合同法的规定。但是目前看来暂时还无法删除这条规定，主要理由是：这是在合同订立中而不是通过其他途径或环节掌握的商业秘密，通过这个条款可以强调缔约过程中掌握的商业秘密不可由当事人任意使用，以及形成责任竞合，当事人可以按照侵权责任法或合同法，两种途径寻求救济，也就是缔约过错责任处理。

□ 合同效力制度中的主要问题

1. 关于报批义务对合同效力的影响

我国法律、行政法规规定某些合同需要经过报批手续，所谓的报批就是审批或批准，审批以后合同才能生效，这类合同如果未经审批效力如何？有的学者主张无效，实际上是不生效或者未生效，这两者存在区别。合同编草案第294条规定：“法律、行政法规规定应当办理批准等手续生效的，依照其规定。未办理批准等手续的，该合同不生效，但是不影响合同中履行报批等义务条款以及相关条款的效力。应当办理申请批准等手续的当事人未履行该义务的，对方可以请求其承担违反该义务的责任。”

如果法律、行政法规规定了某种合同必须经过有关部门的审批才能生效，则在未获批准前合同肯定是不生效或者处于未生效的状态，但不应是无效，因为合同无效基本上不可能再进行补正，比如违反法律、行政法规的强制性规定和公序良俗无效的合同无效，无法再进行补正。未生效的意思是目前不具有约束力，合同一旦经过批准就可以具有约束力，所以叫作“不生效”。

问题在于，合同约定或者法律规定当事人一方履行报批义务的，因当事人过失忘记报批或报批对他不利从而故意拖延，另一方应当如何救济？法院能不能判决义务人强制履行报批义务或者对方可不可以自行办理报批手续？现在的规则只提出应当办理审批手续的当事人未履行义务的，对方可以请求其承担违反该义务的责任，到底是什么责任没有表述清楚，目前只能解释为缔约过错责任，违反诚信原则。当然，也有人认为"承担违反该义务的责任"包括另一方自行办理报批手续，但从条文的字面意思来看无法得出这个结论，只能通过扩大解释、造法性质的解释，才能得出这一结论。

2. 表见代表效力规则

合同编草案第 296 条基本上也是从《合同法》上照搬而来的，原来《合同法》第 50 条规定："法人或者其他组织的法定代表人、负责人超越权限订立的合同，除相对人知道或者应当知道其超越权限的以外，该代表行为有效。"此种情形称为越权行为的有效规则，所使用的表述是"该代表行为有效"。但现在合同编草案第 296 条将该表述替换成"该合同对法人或者非法人组织发生效力"。

"该代表行为有效"应当如何理解，合同效力有没有效不规定清楚，仅规定代表行为有效并不能必然得出合同有效的结论。而现在的合同编草案规定的是，"该合同对法人或者非法人组织发生效力"，其对相对人是不是同样发生效力，法条也没有规定。《合同法》没有明确规定合同效力状态，现在的合同编草案想解决这个问题，却又只规定对法人或非法人组织发生效力。其实解决的办法很简单，直接规定合同有效就可以了，没有必要在司法解释中规定合同有效。只对一方当事人发生效力不会是合同，合同对双方当事人都具有约束力。所以说现在的条文表述不如原来《合同法》，原来的表述至少可以从代表行为有效推导出合同也有效，所以还是应当还是回到原来《合同法》的规定，"该代表行为有效"的表述没有问题。[1]

□ 合同履行制度中的主要问题

1. 关于质量标准的适用

合同编的一部分条文来自对《合同法》的调整和改造，但这些改造有的是合理的，有的则不尽合理。《合同法》第 62 条第 1 项规定，"当事人就有关合同

---

〔1〕 2020 年颁布的《民法典》第 504 条在原《合同法》第 50 条的基础上，保留"该代表行为有效"，并增加"订立的合同对法人或者非法人组织发生效力"的表述，可以理解成是原《合同法》与合同编草案的结合版本。

内容约定不明确,依照本法第六十一条规定仍不能确定的,适用下列规定:(一)质量要求不明确的,按照国家标准、行业标准履行;没有国家标准、行业标准的,按照通常标准或者符合合同目的的特定标准履行"。这是关于合同质量标准约定不明时的处理方法。现在的合同编草案规定,"质量要求不明确的,按照强制性国家标准履行;没有强制性国家标准的,按照推荐性国家标准履行;没有推荐性国家标准的,按照行业标准履行;没有国家标准、行业标准的,按照通常标准或者符合合同目的的特定标准履行"。也就是说,原来是约定不明按照国家标准、行业标准履行,现在对国家标准与行业标准做出区分,先适用国家标准,再适用行业标准。并且对国家标准作进一步区分,分为强制性国家标准和推荐性国家标准履行,只有在以上都没有规定时,才适用通常标准或者符合合同目的的特定标准。《合同法》第62条第1款的表述本身就存在一些问题,现在这个问题不但没有解决反而变得更严重。

不管是产品质量标准还是服务质量标准,一般来说国家标准是最低标准,行业标准、企业标准是更为严格的标准。按照目前的顺序,质量标准约定不明的,国家标准排在第一位,这样一来就对产品服务提供方非常有利,因为国家标准是最低标准且比较保守。而某些行业发展迅速,产品日新月异,早就采取了更新更高的行业标准。按照现在的质量标准推定规则,可以说对产品服务使用者来说非常不利。因此我主张不要进行排序,不能说约定不明时低标准优先。

2. 快递物流交付时间规则

合同编草案第303条规定,"通过互联网等信息网络订立的电子合同的标的为交付商品并采用快递物流方式交付的,收货人的签收时间为交付时间"。这个条文规定得很好,与我国快递业快速发展的时代背景相适应。但如何确定收货人的范围是一个问题。绝大部分的快递交付发生在物业和所在工作单位,尤其是物业,业主不可能每天待在家里,所以很多快递都是家人、单位代为签收,那么能不能进一步明确将所在单位或者所在物业的签收视为收货人的签收?因为交付时间会涉及所有权移转,特别是风险负担的问题,交付前的风险由出卖人承担,交付以后的风险则是由买受人承担。

3. 合同选择之债制度

合同选择之债制度是新规则,《合同法》没有规定,但草案的表述目前也存在一些争议。合同编草案第306条规定,"债务标的有多项而债务人只需履行其中一项的，债务人享有选择权，但是法律另有规定、当事人另有约定或者另有交易习惯的除外。享有选择权的当事人在约定期限内或者履行期限届满未作选择，经催告后在合理期限内仍未选择的，选择权转移至对方”。选择之债具体应当怎么理解？

例如，合同约定买受人支付100万元的货款，出卖人交付50吨的A级大米或者80吨的B级大米，出卖人履行其中任何一项都算完成交货义务，不存在违约。那么选择权归属哪一方？一般认为归属于债务人，但我一直对这个通说表示怀疑。当然这里有一个前提，法律、当事人和交易习惯没有另外的规定。假设7月1日当事人订立合同，约定出卖人一个月后发货，7月15日出卖人通知买受人B级大米缺货，改发50吨A级大米，依据目前草案第306条的规定，出卖人的选择有效。反过来说，假设买受人在7月15日告知出卖人，要求购买80吨B级大米，出卖人以选择权应当归属于己方而拒绝。那么为什么情况转换过来后，选择之债就不能变成单一之债了呢？按照我的理解，如果没有规定或约定哪一方享有选择权，履行期届满以前，任何一方应当都能作出选择，把选择之债变成单一之债。只有在履行期限届满，任何一方都没有作出选择的时候，债务人才享有选择权，而不是笼统地规定选择权归债务人，债务人选择权的合理性就在这个地方。

4. 情势变更制度

情势变更是一项非常重要的制度，原来的《合同法》没有规定，此次民法典合同编草案在《合同法司法解释（二）》第26条的基础上确认了情势变更规则，相比于之前的司法解释，民法典合同编草案的规定更为科学和严谨。

《合同法司法解释（二）》第26条规定，“合同成立以后客观情况发生了当事人在订立合同时无法预见的、非不可抗力造成的不属于商业风险的重大变化，继续履行合同对于一方当事人明显不公平或者不能实现合同目的，当事人请求人民法院变更或者解除合同的，人民法院应当根据公平原则，并结合案件的实际情况确定是否变更或者解除”。合同编草案第322条规定，“合同成立后，订立合同的基础条件发生了当事人在订立合同时无法预见的、不属于商业风险的重大变化，继续履行合同对于当事人一方明显不公平的，受不利影响的当事人可以请求与对方重新协商；在合理期限内协商不成的，当事人可以请求人民法院或者仲裁机构变更或者解除合同。人民法院或者仲裁机构应当结合案件的实际情况，根据公平原则确定变更或者解除合同”。

新的表述在原来司法解释的基础上,作出了几点删改。第一,删除了“非不可抗力造成的”,原因在于情势变更与不可抗力无关,如果涉及不可抗力,则可以直接适用不可抗力规则。第二,将“客观情况”修改为“订立合同的基础条件”,一是因为并非发生的重大变化都是客观情况,且“客观情况”表述并非法律用语,二是借鉴了英美法订约基础落空的理论。第三,删除了“不能实现合同目的”的表述,该条件对于当事人而言过于严格,因此只需要达到“继续履行合同对于当事人一方明显不公平的”的程度就可以。如果确实造成合同目的无法实现,当事人一方可以直接行使法定解除权,无须借助情势变更规则。第四,新增了当事人协商规则,“受不利影响的当事人可以请求与对方重新协商”。订立合同的基础条件发生重大变化后,遭受明显不公平的一方首先应当与对方重新协商,而不是立即请求法院变更或者解除,这是从合同法鼓励交易、不轻易毁坏一桩买卖的理念作出的新规定。如果没有经过协商程序,直接请求法院或者仲裁机构变更或解除,法院或者仲裁机构不予支持。协商后无法达成一致,这时当事人依然可以请求法院或仲裁机构变更或解除合同,最终结果一样。

□ 合同保全制度的主要问题

合同保全涉及的规则较为复杂,独立成章非常有必要,尽管具体规则还存在争议,但仍然有许多地方值得肯定。

第一,与原来的《合同法》第 73 条相比,合同编草案第 325 条扩大了代位权的客体范围。《合同法》下债权人行使代位权要求两个债权都要到期,债权人对债务人的债权到期和债务人对次债务人(现在用“相对人”代替)的债权到期,而现在合同编草案规定债权人对债务人没有到期的债权也可以行使代位权。

第二,合同编草案明确了行使代位权后的法律后果,保留司法解释中取消入库规则的规定。取消入库规则是一个很好的改动,这次被保留下来非常值得肯定,入库规则的存在对于代位权制度价值的实现具有破坏性影响,如果真有入库规则存在,代位权制度的设计基本上形同虚设。取消入库,债权人可以直接接受相对人的清偿,并同时消灭两个债务。否则,按照入库规则,债权人历经千辛万苦赢得了代位权之诉,相对人却把钱款还给了债务人,也就是入了债务人的库,那接下来这笔钱的去向就无法由债权人控制了。

第三,增加了撤销权之诉的法定情形。原来的撤销权适用对象只有三种情形:放弃到期债权、无偿转让财产和以明显不合理的低价转让财产;现在合同编草案在此基础上又增加了放弃未到期债权、放弃债权的担保、恶意延长债务的履行期限、以明显不合理的高价购进财产四种撤销之诉的法定情形,这都是通过增加债务人责任财产的方式来保障债权人的利益。

□ 合同变更与转让规则的主要问题

1. 合同从权利的转让规则

目前草案中关于从权利的转让规则存在争议,而且反对的声音比较多。合同编草案第 337 条第 1 款规定,"债权人转让债权的,受让人取得与债权有关的从权利,但是该从权利专属于债权人自身的除外"。并在《合同法》的基础上新增了第 2 款,"受让人取得从权利不因该从权利未履行转移登记手续或者未转移占有而受到影响",这容易与物权公示公信原则相违背。比如当事人为 1000 万元的债权设置了不动产抵押担保并办理了抵押登记,此时贷款人甲是合同项下的债权人、抵押合同和物权登记下的抵押权人。现在甲把债权让与给乙但没有办理抵押权过户登记。根据从权利的转让规则,乙因为受让主债权而自动取得了一个需要登记的从权利,而且是一个不动产担保物权,这与物权法上的登记要件主义不相符合。

那么法律这么规定的合理之处何在?还是上面的例子,如果法律没有规定从权利转让规则,乙因为来不及或者忘记而没有办理不动产抵押登记,最后主债权到期,债务人不能清偿债务,抵押人(有可能是第三人)就可以主张乙不是抵押权人,这样对受让的债权人乙不公平。可以看到,目前合同法总体的趋势主要是扩大和强化对债权的保护,按照对债权有利的原则进行规定和解释,甚至不惜违背物权法规定的不动产物权登记的要件主义,也因此遇到了较多反对意见。是否可以采取一种更为缓和的方式,规定没有经过登记的从权利如不动产抵押权转让,就只能在当事人之间发生效力,而不能对抗第三人。

2. 债务加入规则

债务加入是此次合同编新增加的规则,填补了以往的法律空白,但由于加入规则比较复杂,目前合同编只是给出了一个基本规则,还没有来得及具体细化。合同编草案第 344 条规定,"第三人与债务人约定加入债务并通知债权人或者向债权人表示愿意加入债务,债权人在合理期限内未明确表示拒绝的,债权人可以请求第三人在其愿意承担的债务范围内和债务人承担连带债务”。

问题在于债务加入要不要经过债权人的同意？假设乙欠甲公司1000万元，丙给甲发送一个承诺函：乙欠贵公司1000万元，本人愿意和乙一起向贵公司承担连带清偿责任，这就是债务加入，乙与丙一起成为甲的共同债务人，而不是一个主债务人、一个从债务人或保证人。但这需不需要经过债权人的同意？理论上，甲原来只有一个债务人乙，现在增加了一个债务人丙一起清偿债务，这对债权人来说应当是一件好事，他不应当反对。然而商业考量与我们平常想象的并不是一回事。以债务免除为例，债务人欠债权人1000万元，债权人直接通知债务人表示愿意将这1000万元债务免除，然而债务最终是否能够免除还得经过债务人的同意，债务人不同意就无法免除。可是天底下会有有便宜不捡的债务人吗？其实债务人可能是出于各种考虑而未必愿意免除自己的债务，比如有的债务人为了保持黄金负债率的比例（约为25%），1000万元债务免除以后可能就只有10%的负债率，所以债务人不愿意免除。因此英美法上规定债务免除必须是双方行为，而不能是单方行为。债务加入也是如此，没有债权人的同意第三人不能随意加入。

现在合同编草案第344条规定的是“债权人在合理期限内未明确表示拒绝的，债权人可以请求第三人在其愿意承担的债务范围内和债务人承担连带债务”，就解释论上而言，债权人可以拒绝，换句话说，债务加入需要债权人的同意。这个“同意”可以推定出来，只要债权人没有明确表示拒绝那就意味着同意，如果不同意必须明确予以表示；债权人同意不需要明确表示，不反对就可以视为同意，此时的第三人不能以当时债权人没有明确表示认可为由进行抗辩，主张自己没有加入债务。

□ 合同终止制度的主要问题

最后是合同编新增的合同僵局的解决规则，也就是关于违约方的解除权制度。这是一条新的规则，虽然有不少争议，但不妨碍这是一个很好的制度。

原来《合同法》都是规定守约方享有法定解除权，比如第94条规定，除了不可抗力导致合同目的无法实现，其他情形都是一方违约，守约方享有合同解除权。但是英美法以及越来越多大陆法系国家开始逐渐接受违约方在特定情况也享有解除权，为什么会出现这种情形？这是因为，有时候按照约定或法律规定，一方当事人确实构成了违约，对方虽然享有解除权，但却迟迟不行使权利，等着看市场行情、是涨是跌、国家政策、管理团队变化等，再决定是否行使解除权，此种行为违背了诚信原则，造成双方利益的严重失衡。

违约方解除权和守约方解除权在性质上确实有所不同。守约方的解除权是形成权，通过单方意思表示就能发生法律关系变更的效果，合同解除通知到达对方时合同就解除了，对方如果有异议可以寻求司法途径解决。但是违约方的解除权不是典型意义上的形成权，其是一个形成诉权，因此不能仅通知对方当事人，而必须通过形成权之诉、解除权之诉才能解除合同。

▣ 阅读指引

1. 崔建远：《合同法》(第4版)，北京大学出版社2021年版。

崔建远教授以解释论为主，辅之以立法论，在该书中系统地叙述了合同法的全部内容，阐释了合同法的基本原理，并且反映了《民法典》的精神及规定，吸收了最新的科研成果。特别是该书通过“拓展”、“探讨”、“辨析”、“反思”、“评论”、“思考”及个别的案例分析供给素材，有助于读者消化和理解。

2. 王利明：《合同法总则研究》，中国人民大学出版社2018年版。

该书对合同法总则的基本原理与规则适用予以了深入而全面的分析与探讨，本书的特色在于一方面对中国合同法立法的变迁、规则的设计进行了权威的梳理，另一方面对诸多的学理与实务中争议的问题予以了辨析与澄清。

3. 韩世远：《合同法总论》(第4版)，法律出版社2018年版。

合同法领域的扛鼎之作，对合同法的原理与规则进行了详尽的讨论与解释，尤其突出的是该书运用各种图标、数据等方式对合同法的原理与规则进行阐释，生动而科学，别具一格。

4. [德]迪特尔·梅迪库斯：《德国债法总论》，杜景林、卢谌译，法律出版社2004年版。

该书对于中国大陆的法学研习者了解德国民法特别是债法是最好的教材之一，通过该书不仅可以了解德国民法典中债法的主要内容，包括法定之债与意定之债，而且能够了解德国民法典的体例特征及其原因、债法的立法结构以及债法理论的发展沿革。

5. 尹田：《法国现代合同法：契约自由与社会公正的冲突与平衡》，法律出版社2009年版。

该书不仅对法国合同法的立法层面包括法国民法典中的合同制度等进行了系统的梳理与讨论，而且对当代法国民法学界有关合同法的最新理论与学说予以了深入的介绍与评析，对于了解除德国之外大陆法系合同法的理论与规则是不可多得的著作。

知识产权制度的正当性探讨

张　平

关于作者

张　平

北京大学法学院雅虎—方正讲席教授、北京大学互联网法律中心主任（2004年），兼任北京大学知识产权学院常务副院长（2009年）。美国华盛顿大学法学院访问学者（1998年），日本东京知识产权研究所客座研究员（2001年），美国斯坦福大学法学院访问学者（2017～2018年）。深圳鹏城实验室人工智能中心双聘专家（2019年），北京大学人工智能研究院双聘教授（2020年）。

从教30余年，承担的课程有：（1）法学本科课程：知识产权法；（2）二学位课程计算机法、专利法、商标法、著作权法；（3）硕士研究生课程：专利法专题、商标法专题、著作权法专题、网络法律评论、高新技术知识产权保护专题、国际知识产权保护专题、知识产权实务；（4）博士研究生课程：知识产权法哲学、知识产权法专题研究。此外还开设艺术法课程。

（说明：本文部分内容在讲座过后曾发表在《中国法律评论》2019年第3期。）

■ 引 言

今天我们来讨论一下知识产权法的基本问题：知识产权制度的正当性。我承担的知识产权学科博士生“知识产权法哲学”这门课程，是北京大学（以下简称北大）知识产权法专业博士生的必修课之一。这门课选择了澳大利亚学者彼得·德霍斯（Peter Drahos）教授的《知识产权哲学》[1]这部著作为必读教材，同时，也给出了另外两位美国学者的相关著作作为参考阅读资料，一位是贾斯汀·休斯（Justin Hughes）教授的《知识产权哲学》[2]，另一位是罗伯特·莫杰斯（Robert P. Merges）教授的《知识产权的合理性》[3]。这三位教授都曾被邀请到北大做过专题演讲和国际会议发言，对知识产权制度的正当性问题都有独到的研究。在《知识产权法哲学》的著作选读中我还要求同学们阅读《大学》和《道德经》两部著作。读《大学》是要求博士生们知道自己是谁，大学里的法学博士应该有什么样的责任。读《道德经》是要求博士生们思考我们从哪里来到哪里去的问题。通过对西方哲学观点和东方哲学观点的比较，或许能够找到一些解决现实问题的答案。

对知识产权制度正当性的思考贯穿在知识产权制度诞生之后的各个时期，一般是经济学家和社会学家从创新与竞争的角度对知识产权制度的整体社会代价进行评估，多数学者得出的结论并不乐观，[4]如知识产权制度对后进国家整体科技创新促进作用的有限性、对全球公平市场竞争的破坏性等。知识产权制度给一个国家带来的整体利益以及国家为知识产权制度所付出的成

---

〔1〕 Peter Drahos, *A Philosophy of Intellectual Property* 1996, Dartmouth Publishing Company, ANU eText, 2016.

〔2〕 Justin Hughes, *The Philosophy of Intellectual Property*, 77 Georgetown Law Journal (1988).

〔3〕 Robert P. Merges, *Justifying Intellectual Property*, Harvard University Press, 2001.

〔4〕 参见英国知识产权委员会《知识产权与发展政策的整合》的报告（Integrating Intellectual Property Rights and Development Policy, Report of the Commission on Intellectual Property Rights, London September 2002, 网址为：http://www.iprcommission.org/graphic/documents/final_report.htm）。

本代价是一个非常复杂的验证过程，经济学家至今还没有在理论上找到知识产权制度正当性的基础，而仅仅是发达国家的经验验证。而在法学领域，很少有法学学者自废武功，怀疑过知识产权制度，或者理性观察这一制度的利弊两面性。知识产权制度诞生于工业时代市场经济发展初期，国家通过授予知识产权垄断权确实起到了激励市场竞争的动力，但是随着科技的发展，各国对知识产权保护的立场也发生了变化，[1]基因技术应用过程中，开始出现限制知识产权的趋势，[2]计算机软件的发展，开始了自由软件运动（排斥专利权和限制著作权），[3]而今天世界上多数软件创新成果主要选择了开源模式（放弃一部分知识产权的保护）。互联网—物联网—人工智能技术的研发更是挑战现有知识产权制度，反知识产权的观点也时有提出（自由软件的倡导者 Richard Matthew Stallman 提出了反版权 copylefy 理论），限制知识产权的观点则更加普遍，《反垄断法》对知识产权的规制作用越来越强。

本文选读著作采用的彼得·德霍斯（Peter Drahos）教授的英文原文 *A Philosophy of Intellectual Property* 以及周林翻译的《知识财产法哲学》两个版本。通过阅读该著作，再次重温洛克、黑格尔、马克思三位哲学家的财产理论，以及运用这些理论对知识产权制度正当性的解读。同时，也比较卢梭、康德、边沁等哲学家的观点对知识产权制度进行剖析以及讨论本书作者对知识产权制度正当性论证的观点，最后给出我个人对知识产权制度的一些基本认识。

在研读该书时，希望同学们对整个知识产权制度有全面的了解和深度的实践观察，而不应当仅对文献本身进行研究和观点引证。理论源于对实践的全面把握和提升，没有对制度规范的熟悉，没有对案例实践的剖析，很难在哲学层面上进行讨论。

---

〔1〕 2014 年，德国马克斯·普朗克创新与竞争研究所在其《专利保护宣言——TRIPs 协议下的规制主权》中亦指出："当世界上的专利制度发展到当今形态时，WTO 成员能够在享有高度自治权的情况下进行专利制度的设计。但在过去的数十年里，这种自治权一直在被削弱。今天，成员面对由多边、区域、双边协议构成的法律和机构体系，这些条约正变得越来越复杂并对成员国的规制主权设置了越来越多的限制。"《专利保护宣言——TRIPs 协议下的规制主权》由德国马克斯·普朗克创新与竞争研究所所长 Reto Hilty 主持拟定，张文韬、肖冰译，林秀芹校。资料来源：2015 年 7 月 15 日，人民大学主办的中国视野下的"专利保护宣言"研讨会。

〔2〕 Brower v. US Court Reverses Gene Patent Ruling for BRCA1 and BRCA2, 12(9) The Lancet Oncology 835 (2011).

〔3〕 Byfield B., *FREE Software!*, New Internationalist, 2006. Lawrence Lessig, Code, 1999, https://lessig.org/, March 3rd, 2022.

为什么要研究知识产权哲学问题

沈家本先生说:“不明学理,则经验者无以会其通;不习经验,则学理亦无从证其是。”讨论知识产权制度的正当性在于厘清其学理,验证其经验,探寻其制度设立的社会必然性、价值普适性和实践有益性。

知识产权制度经历了几百年的发展历史,始终都是以实用主义为纲领,以经验主义为方法论证其制度的正当性,于是便有现在多数人看到的结论:知识产权制度是一项鼓励创新创造的激励保障制度,发达国家利用这个制度实现了科技、经济、文化的腾飞,为那些正在发展中的国家作出了榜样。但这样的实证经验结论却一直受到诘问:知识产权制度真的是那么辉煌闪烁吗?工业时代的激励机制在互联网时代还会那么有效吗?

法律制度不仅仅是规则框架本身,体系化的规则要建立在坚实的理论基础之上,才能够使制度持续、有效地发挥作用。卢梭说:“强力并不产生权利。”[1]法律的神圣性并不全部来自国家的强制力,法律之所以能够有效实施并且对社会生活发生作用,很大一部分原因是来自其自身的正当性和公众对其价值的认同,人们越来越“将正当性作为法律之为法律的标志或特征,将法律实施的动力归之于法律本身的正当性”[2]。对于知识产权法来说,这一点也尤为重要,因为知识产权并不像生命权、健康权那样,是人类社会中应该享有的自然权利,而是随着社会发展、应社会需求创设出来的“法定”权利,对其正当性的探索、对其获得社会认同进而发挥作用更具重要意义。同时,基于权利和义务相统一原则,创设新的权利,同时就意味着增添新义务,从这个角度来说,思考知识产权的正当性基础也十分必要。对制度理论基础的研究不仅是一个学理问题,还会影响法律实践中整个体系的构建和法律的执行。

探讨制度的正当性,就要追溯到某种权利存在的正当性,即从此种法律制度框架之外寻找权利存在的前提。从知识产权制度本身中无法找到其正当存在的前提,需要从法律之外更高的角度来审视,所以从根本上来说,对权利正当性的思考是哲学性的思考。从哲学的原理探讨知识产权问题,同样离不开

---

〔1〕 [美]E.博登海默:《法理学:法律哲学与法律方法》,邓正来译,中国政法大学出版社2017年版。

〔2〕 周永坤:《论法律的强制性与正当性》,载《法学》1998年第7期。

哲学上的三个基本问题:你是谁?你从哪里来?要到哪里去?亦即,我们要思考知识产权制度如何诞生,为什么在那样的时代诞生,诞生之后它如何运行以及对社会产生了何种作用,并且反思制度应当朝何方向发展。

虽然对制度正当性的哲学性思考如此重要,但是当我们回看知识产权制度的理论发展史,这种哲学性的反思并不是随着知识产权制度的出现而开始的。一般认为,现代知识产权成文法是从 1624 年《英国垄断法》开始,而国王特权证书在此之前已有700 多年的历史。然而,对于知识产权哲学问题的研究直到近现代才出现。很重要的一个原因是知识产权制度是建立在实用主义和经验主义之上的,西方发达国家在建立知识产权制度时,更多的是对制度进行诠释,缺少哲学上的思考,更不用说中国在国际化进程中、在经济相对落后和科技水平不高的情况下构建了我国的知识产权制度。但是当社会发展到今天,随着技术的变革和互联网时代的到来,知识产权制度面临许多挑战:秉持着自由、开放、共享的互联网精神与独占、有偿使用、直接利益变现的知识产权精神格格不入,资本主体的进入、新型客体的出现,新的保护模式以及商业化的运作模式,特别是涉及国家之间的贸易摩擦等,无论是中国的知识产权制度还是世界知识产权制度,都陷入了一种利益寻租的状态。层迭不休的疑问和争论,都使我们不得不追根溯源,反思知识产权的制度基础,以及对当下新的社会环境和技术环境下知识产权的发展进行深入探索和思考。

■ 为什么选择该书

西方研究知识产权哲学问题比较早的是美国学者贾斯汀·休斯教授,他在 1988 年发表了一篇文章:*The Philosophy of Intellectual Property*,提出了知识产权的正当性可以从财产理论和人格理论来解释。到了 1996 年,澳大利亚学者彼得·德霍斯教授出版了他的著作:*A Philosophy of Intellectual Property*,实际上是质疑了财产论和人格论对知识产权制度正当性的支持。2011 年,美国学者罗伯特·莫杰斯发表了 *Justifying Intellectual Property*,2016 年 6 月 17 日上午,我专门邀请他来北大开讲座,为北京大学法学院的博士研究生做了“论知识产权的正当性”的专题讨论课,专门讨论了他在这部著作中的观点。他强调,在新技术时代,自由和开放获取知识更为重要。从 1988 年到 1996 年,再到 2011 年,西方三位学者对知识产权制度正当性的讨论经历了两个阶段,以彼得·德霍斯教授的研究为标志,开始了对知识产权制度的反思。德霍斯教授的主要观点是知识产权限制主义,他不是知识产权强保护主义者,这也符合我的学术观点,同时这也是选择这本书的理由之一,我希望传递这样的一种学术信息。

为什么知识产权制度在经历了几百年的实践后才开始讨论其正当性问题?

这个制度诞生之初,更多地采用的是实用主义和经验主义的理论。中国的知识产权制度的建立就是这样的基础。1978 年、1979 年中国开始筹备加入《世界知识产权公约》、制定《专利法》的时候,并不知道这个制度的合理性和正当性在哪里,出于实用主义,也就是说我们要改革开放,要跟国际进行科技合作,必须要制定《专利法》。所以中国当时是从客观需要的角度出发建立了专利制度。同时,我们也简单进行了发达国家的经验验证,看到有了知识产权制度的国家,其科技、经济、文化都很强盛,那这个制度一定是一个好制度,尽管在制定《专利法》和《著作权法》的时候遭到过一些反对意见,基于实用主义和经验主义,在改革开放招商引资的推动下,我国仍基本全部接受了知识产权国际保护规则,在后面的实践中,逐渐发现一些制度问题才开始进行深层次的思考。在此也提请博士生同学们注意,只有在对某一项法律制度有了深入了解之后,才能再去反思它的正当性问题。不能以为博士研究生要研究理论就忽视实践问题,只有具备相当多的实践积累,才有能力进行反思。包括该书作者在内的许多研究知识产权正当性的学者都谙熟于具体的法律制度。

首先这本书的主旨是在抽象物上创设财产权(知识产权)的正当性的研究要基于有形财产或者普通财产,从历史和哲学的观点来论述它的正当性,结论是知识产权自身不是目标,并不像有形财产论那样,基于自然权利产生的本身就是一个正义的目标。他认为知识产权是为了实现其他更重要目标的一种手段,所以他最后得出了工具论。

顺便提一下,现在很多学者不用抽象物而用无形物或者无形财产的概念,作者在书中也对无形物和抽象物做了区分,我理解作者所说的无形物更具有客观属性,无形的并不一定都是经过人的思维抽象和提炼,当融入人的思维抽象以后,才能使这种抽象物有可能受到法律的保护,如果使用无形物概念可能会扩大知识产权保护的范围,比如作者所说的"上帝的旨意""上帝的精神"也是无形的,但这不是本书所要讨论的问题,所以作者更愿意使用"抽象物"概念,讨论在其上设立财产权的正当性。

作者引证了三位思想家,第一位是洛克,第二位是黑格尔,第三位是马克思。很多人也会画一个问号,为什么作者会引用马克思的观点做论证? 尽管西方主张言论自由,但是美国的学者不允许谈论马克思主义学说,也许是作者是澳大利亚学者的原因。

这三位思想家都给作者一些启发,作者也指出了他们理论的局限。

洛克的"劳动财产理论"

在论证财产权的正当性方面,洛克是引证率最高的学者。他在《政府论》(下篇)第五章"论财产"中论述了劳动财产论在财产正当性这一问题上的意义。

洛克首先提出一种假设:每个人都拥有对其自己人身的财产。这可以推导出:个人的劳动属于个人,并进而产生了财产起源的条件:只要他使任何东西脱离自然所提供的和那个东西所处的状态,他就已经掺进了他的劳动,在这上面掺加他自己所有的某些东西,因而使它成为他的财产[1]。据此,洛克指出,"因为劳动是劳动者无可争议的所有物,那么对于这一有所增益的东西,除他以外就没有人能够享有权利","因为正是劳动使一切东西具有不同的价值",所以"凡是他的勤劳所及,以改变自然使其所处的原来状态的一切东西,都是属于他的"。[2] 此外,洛克也为其劳动财产论设立了两个条件:"至少还留有足够的同样好的东西给其他人所共有"和"个人不能取得超过他所能够享用的份额的公有物"。[3] 一言以蔽之,只要个人对某一公有物掺进了他的劳动,同时满足足够多并同样好的条件和非浪费条件,他就对该共有物享有财产权。

贾斯汀·休斯认为这一理论能够被用来论证知识产权制度的正当性。[4] 第一,思想源于公有领域,新思想是从某种纯精神的公有领域采撷而来,所谓创造只不过是将已经存在的思想搬运到人类能够利用它的现实世界。在思想

---

〔1〕 [英]洛克:《政府论》(下篇),叶启芳等译,商务印书馆 1964 年版,第 1995 页。
〔2〕 [英]洛克:《政府论》(下篇),叶启芳等译,商务印书馆 1964 年版,第 1995 页。
〔3〕 [英]洛克:《政府论》(下篇),叶启芳等译,商务印书馆 1964 年版,第 1995 页。
〔4〕 Hughes J., *The Philosophy of Intellectual Property*, 77 Geo. L. J. 287(1988).

的公有领域，任何人都能够自由利用所有思想而不需要经过其他任何人的同意。第二，知识产品需要劳动才能产生，从构思到实施成为成品，需要投入一定的体力和脑力劳动。第三，思想财产化并没有违背足够多并同样好的条件。思想之上的财产权不会完全排斥其他人利用思想，一个思想能够导致更多思想的产生，思想的公有领域基于使用而得以扩张。第四，思想的财产化并没有违背非浪费条件。浪费是指所耗费的劳动没有对社会或个人产生任何目前的或者未来的价值。就知识产权而言，不存在浪费问题，因为思想不会变质。

诺齐克对于这一论证提出了尖锐的反驳："为什么使一个人的劳动与某物联结，就使这个人成为这一物品的所有者呢？也许是因为一个人对他的劳动有所有权，所以他也就对一个原先无主的、但现在渗透了他的劳动的某物有所有权，所有权扩大到了其他东西。但为什么不把我有所有权的东西这样地联结于我没有的东西——与其以一种得到我没有的东西的方式，不如以一种丧失我拥有的东西的方式去做此联结呢？如果我有一罐番茄汁，我把它倒入大海以使其分子均匀地溶于整个大海，我就因此而拥有这个大海吗？或者我只是愚蠢地浪费了我的番茄汁？"[1]诺齐克所举的例子虽然极端，却不无道理：个人有所有权的东西渗透进其他东西，并不必然导致个人对后者拥有所有权。

至于两个例外条件，对于足够多并同样好的要求，虽然从思想总量上来看，其是不断积累不断扩张的，似乎不会存在短缺的情况，但是在某个特定的历史时期，人类的认识能力却是有限的，思想的数量和供给要受到该历史时期中科学文化水平的制约。"人类的能力限定了能够被利用的抽象物。……与人类社会充满信息的观点相反，情况也许是，在历史的不同时期，人类社会可能会面临抽象物供给的短缺。在出现短缺的情况下，那些对抽象物主张财产权的人就没有给其他人留下足够多并同样好的东西。"[2]而且，虽然知识产品不会被消耗，每个人都能受益，但是知识产品之上的财产权却可能使其他人的境况变得更差。而对于非浪费限制，所耗费的劳动没有对社会或个人产生任何目前的或未来的价值是一种浪费，[3]所耗费的劳动未能发挥最大的效用也是一种浪费。抽象物不会被浪费掉，但它们所带来的机会却会被浪费掉。

---

〔1〕［美］诺齐克：《无政府、国家与乌托邦》，何怀宏译，中国社会科学出版社1991年版。
〔2〕［澳］彼得·德霍斯：《知识财产法哲学》，周林译，商务印书馆2008年版，第81页。
〔3〕杨才然、高伟：《洛克的知识产权正义论》，载《电子知识产权》2008年第1期。

有另外一种对洛克理论的解读是“价值增加理论”[1]。这种观点认为，由于劳动产生了对他人有价值的某件东西，所以劳动者应该获得对该物的所有权。这种理解不需要以自我所有权为基础，而只是因为劳动产生了该物上的价值。

这种理论同样有问题，事实上从劳动者对他在物之上增加的价值享有所有权，无法得出他对整个物享有所有权的结论，除非价值增加理论认同自我的所有权。无论共有物的价值是如何微不足道，它毕竟属于人类共同所有，通过在其上增加价值来主张对整个物的所有权，从而排除其他人原本对该物所拥有的共有权利，实质上无异于强盗的逻辑。而且，劳动与对象价值的增加并不必然是正相关的，产品的价值还可能取决于其他因素。所以洛克的劳动财产理论似乎并不能很好地解释知识产权的构建。

虽然劳动财产理论对知识产权制度有深远影响，但是我们仍然应当带着批判的目光去阅读和思考。劳动财产理论并不能完全解释现代知识产权法制度的所有制度创设。比如，劳动财产理论视野下的自然权利没有设立终止期，但是知识产权从一开始就被看作随时可以由现行法塑造、限制并取消的权利。知识产权制度是社会历史发展的一个中间产物，并不会永久存续，可能会随着商业模式和市场竞争的发展而消亡。此外，如果以劳动财产理论为基础考虑知识产权问题，必然将注意力主要集中于是否付出劳动这一问题上，这就会导致不断增设许多知识产权的新客体，[2]比如，对数据库、功能基因、商业模式的保护。就目前的知识产权制度来说，其越来越倾向于保护投资者的利益（拟制人的利益），这与劳动财产理论不相符合。

“自然权利论”在解释知识产权制度设计上也有许多不足，专利权、商标权取得的“先申请原则”足以说明“有劳动不当然产生权利”。

黑格尔的“人格权”理论

与洛克不同，黑格尔的兴趣不在于为社会某一具体的规范性结构而辩护，他认为，“人作为直接概念，并从而作为本质上单一的东西，具有自然的实

[1] Hughes J., *The Philosophy of Intellectual Property*, 77 Geo. L. J. 287 (1988).
[2] [澳]彼得·德霍斯:《知识财产法哲学》，周林译，商务印书馆 2008 年版，第 80 页。

存”[1],其目标是要解释在个体自由发展过程中社会所发挥的作用。[2] 因此,在黑格尔看来,知识产权的正当性不需要通过与有体财产的类比来加以论证,这种类比可能会歪曲与意志有关的人格和心理特征在黑格尔心目中的地位。[3] “智能、学识、艺术技能甚至教会里的东西及发明等,都可以成为契约的标的,成为‘物’”[4],但这种有着内在精神的东西只有通过“物质化”才能完成物化,成为人所控制的东西。“我把某物置于我自己外部力量的支配之下,这样就构成占有;同样,我由于自然需要、冲动和人性而把物变为我的东西,这一特殊方面就是占有的特殊利益。”[5]因此,人有权把他的意志体现在任何物中,因而使该物成为我的东西。人具有这种权利作为他的实体性目的,因为物在其自身中不具有这种目的,而是从我意志中获得它的灵魂。这就是人对一切物据为己有的绝对权利。[6]

黑格尔的上述分析论证表明,知识产权存在的合理性在于保护那些体现作家或艺术家“意志”的作品不被侵占或者篡改,或者在于造就有助于创造性治理得以发挥的社会经济条件,从而有利于人类生活的繁荣。贾斯汀·休斯由此而推导出:作者和发明者应当被允许出售或传播其作品的复制品而从公众那里获得尊重、荣誉、羡慕和金钱,但是禁止其放弃阻止他人歪曲作品或篡改其身份的权利。这种理论下,强调劳动成果的思想性质和权利人的本质特征,从而区别了智力成果的创作人权利和成果所有人的权利,即将知识产权的财产权利和人身权利清楚地划分。财产权可以转移,而人身权则与人不可分割,永远属于他本人所有、不能转移。人格论更强调智力成果创作人的精神权利,这必然导致在知识产权保护上追求维护绝对“权利”,如“秋菊”一样,为了讨一个说法,不惜付出巨大代价。实际上,这不符合知识产权保护的现实情况,商人(经济人)通常持有知识产权,他们更注重财产(property)和利益(profit)的保护而不是权利(rights)的保护。在这一点上,美国富兰克林·皮尔兹法律中心(Franklin Pierce Law Center)的 Hennessy 教授曾经在北大的课堂上讲到:大陆法系和英美法系的版权保护差异有观念上的不同,大陆法系国家

[1] [德]黑格尔:《法哲学原理》,范扬、张企泰译,商务印书馆 1961 年版,第 99 页。
[2] [澳]彼得·德霍斯:《知识财产法哲学》,周林译,商务印书馆 2008 年版,第 111 页。
[3] Hughes J., *The Philosophy of Intellectual Property*, 77 Geo. L. J. 1988, p. 77 – 287.
[4] [德]黑格尔:《法哲学原理》,范扬、张企泰译,商务印书馆 1961 年版,第 99 页。
[5] [德]黑格尔:《法哲学原理》,范扬、张企泰译,商务印书馆 1961 年版,第 99 页。
[6] [德]黑格尔:《法哲学原理》,范扬、张企泰译,商务印书馆 1961 年版,第 99 页。

的版权法强调对精神权利的保护,英美法系国家的版权法强调经济权利的保护,形象地说,对于大陆法系国家的作者来说,拥有一部作品首先意味着他拥有一个"权利",而英美法系的作者认为他拥有一笔"财产",这种差异的直接表示是:"copyright = right"还是"copyright = money"。能够看出,在市场高度发达的美国,版权基本上属于规模巨大的文化公司拥有,文化产业的发展更倾向于将版权控制在投资人手中。

所以,人格权理论最多能解释著作权里人身权不可继承不可转让的规定,无法解释知识产权产业化、证券化现象,特别是在职业研发、职业写手的产业链中,原创者关注的是财产权而非人身权,这已经成为一种文创产业的发展趋势,名人工作室产生出来的作品不一定是名人所写,署名权的意义从人身权演变成一种标识权。

马克思的"阶级理论"

马克思处于专利回流的时代,即专利制度已经实施了一段时间,发挥作用的同时也暴露出很多问题,所以在一些国家被放弃。马克思认为财产是权力的工具,法律不是社会生活和历史中的独立力量,而是生产关系和生产力的结果,[1]统治阶级用法律来保护自身的利益,其中财产法就是很好的工具之一。所以在他看来,进行智力劳动的工人和其他工人并没有什么不同,知识财产法不是被用来促进个人进行创造性工作的,而是被统治者用来确保已经取得的统治利益,并且把对它们的控制扩大到生产资料的一个重要部分——抽象物。[2] 德霍斯教授由此认为,知识财产在近几十年里迅速扩张,属于重大上层建筑变革,这种扩张过程说明,至少有些国家通过信息的生产和传播为其生存和发展获取极大的利益。[3]

除此以外,马克思还认为知识财产具有一种明显的意识形态的作用。鼓励和奖赏有创造力的无产者只不过是在构建一个意识形态的神话,目的是掩盖在资本主义生产方式中对创造性劳动的剥削。[4]

---

〔1〕［澳］彼得・德霍斯:《知识财产法哲学》,周林译,商务印书馆2008年版,第144页。
〔2〕［澳］彼得・德霍斯:《知识财产法哲学》,周林译,商务印书馆2008年版,第147页。
〔3〕［澳］彼得・德霍斯:《知识财产法哲学》,周林译,商务印书馆2008年版,第146页。
〔4〕［澳］彼得・德霍斯:《知识财产法哲学》,周林译,商务印书馆2008年版,第148页。

德霍斯教授在《知识财产法哲学》一书中评价，马克思的理论可以为研究复杂现象提供一种方法，他对资本主义商品本质的分析和对个体资本家行为的分析，以及对这种行为如何促进资本主义经济增长的理解，都是有意义的。通过运用马克思的理论，可以看到知识产权的主要任务就是将抽象物和创造性劳动纳入资本主义商品的生产中。资产阶级集中财富，同样也集中知识财产。

当代知识产权制度的实践验证了马克思的这种分析。以专利制度为例，发明人是知识财产——也可以说是一种资本主义商品——的生产者，但是发明人的权利并没有在专利权中加以体现，[1]专利权的拥有和行使完全是发明人雇主的事情，雇主作为专利权人是投资者也可以说是“资本家”，发明人给专利权人作出的贡献的回报是通过劳动合同约定以及雇主奖励来体现的。专利制度主要保护的是投资人的利益，通过给投资人垄断权的激励促进投资人进行创新投入。

■ 德霍斯的“工具论”

上面分析的洛克、黑格尔的理论，虽然论证路径不同，但是都是基于自然权利来论证，认为人们对于自己创作的物品当然享有权利，享有绝对的财产权。这种将自然权利作为其中心内容的理论也被称作独占论。[2]独占论概括起来有三个主要特征：首先，独占论赋予财产权以一种基础的不可动摇的地位；其次，独占论在财产权的取得上鼓吹某种最初联系，即认为一个人如果最先与某一具有经济价值的客体或产生经济利益的活动发生联系，其对该客体或活动就享有财产权，这种最初联系的通常表现形式是占有；最后，独占论持一种消极共有信念。独占主义者认为，财产首先以消极公有物的形态存在，并未被他人所拥有，而是对所有人开放，任何人都可通过一定行为使其成为私有。[3]

所以在独占论下，对知识财产的保护是具有天然的正义性的，这种道德优

---

〔1〕 我国专利法对发明人奖励的强行规定是对专利权人的义务要求，并不是给发明人以任何专利权的内容，这一规定也存有许多争议。

〔2〕 Devlin P. , *The Judge*, Oxford University Press, 1979.

〔3〕 [澳]彼得·德霍斯：《知识财产法哲学》，周林译，商务印书馆 2008 年版，第 277 ~ 280 页。

势推动了知识产权的不断扩张,这种扩张威胁到消极自由的核心价值。由于抽象物在性质上可以被众多的人同时获取,与其他消极权利相比,知识产权对他人生活的干涉因而要大得多。所以抽象物上的财产权,一方面是消极权利,另一方面它同时在干涉他人行为。[1] 这种能够影响他人行为的权利会创造一种人身依附关系,而这种依附关系会产生权力。抽象物上财产权的扩张,会扩大依赖关系的范围,产生更强的威胁权力,财产机制允许权利人使用这种因人身依赖产生的威胁权利,就会导致分配不公。[2]

针对独占论可能产生的威胁,德霍斯提出了工具论。工具论以功利主义为基础,强调法律和财产权都是一种工具,视财产为"达到目的的一种手段"[3]。德霍斯主张,财产应该服务于道德价值,而不是道德价值的基础。根据工具主义理论,财产不能作为一种基本价值或权利,因为这样将导致工具论向独占论的方向发展。[4] 至于财产应服务于什么样的道德价值,完全是一个选择问题。工具论并不要求其支持者支持某种特定的道德理论或价值,它只是排斥将财产作为一种自然权利的观念,而不是排斥自然权利观念本身。除此之外,工具论质疑主观权利。德霍斯认为,将财产权作为主观权利在某些情况下会对公民的自由产生负面影响,而将知识产权作为主观权利则存在很大的危险性。因为知识产权是以一种抑制自由的特权的形式存在的,特权所有者总是倾向于寻求扩张其特权。知识产权一旦与主观权利相联系,就会为寻求特权者提供扩张和制造威胁他人自由的特权的机会。[5] 同时,根据工具论的解释,知识产权作为一种抑制自由的特权,总是伴随义务,这种义务主要体现在,特权的形式不得违背设立这种特权的目的本身,这种义务使设立特权的目的得以实现的可能性最大化,符合工具论的基本逻辑。

德霍斯教授认为,财产权本身就是一种权力机制。当个体拥有足够多的财产时,就拥有了足够强的控制能力。知识财产作为抽象物,既是资本的一种形式,也是获得其他资本的一种手段。知识产权制度允许财产所有者拥有并利用这些基于对资本依赖关系而产生的威慑权力,而社会则面临着权力集中

---

〔1〕 魏森:《知识产权工具主义理论及其启示》,载《江汉论坛》2008 年第 8 期。

〔2〕 [澳]彼得·德霍斯:《知识财产法哲学》,周林译,商务印书馆 2008 年版,第 227 页。

〔3〕 [美]约翰·G. 斯普兰克林:《美国财产法精解》,钟书峰译,北京大学出版社 2009 年版。

〔4〕 [澳]彼得·德霍斯:《知识财产法哲学》,周林译,商务印书馆 2008 年版,第 295 页。

〔5〕 [澳]彼得·德霍斯:《知识财产法哲学》,周林译,商务印书馆 2008 年版,第 299 页。

在少数者手中的威胁。

德霍斯还认为,理性自利的商人会利用知识产权,有计划地对付市场,形成知识财产小集团,对立法者、司法者进行游说;[1]那些异常活跃的所谓专利联盟、知识产权保护协会、品牌委员会之类的机构恰恰验证了德霍斯的观点,从那些知识产权强大的企业进入中国市场之后的所作所为也略见一斑。德霍斯还认为,知识产权还给了市场主体机会,其可以利用策略阻止竞争者进入市场或挟持要价等,最终将使知识产权人的个体利益与集体利益分道扬镳。[2]以苹果与高通在全球的专利纠纷来看,诉讼并不是为了确认财产权,也不是为了获取对创新劳动的认可,而是一种市场阻却行为,知识产权诉讼主体往往不追求一个公平正义的判决结果,诉讼只是市场竞争的手段,高压之下寻求高额和解费用,阻止竞争对手、实现自身利益最大化是最终目的。

德霍斯教授所揭示的危险还没有被社会完全认识,在我国目前的主流意识中,知识产权制度的负面作用刚刚显露,还没有引起重视。

边沁的“功利主义”理论

前述的“工具论”用到极致状态就走到了“功利主义”的道路上。

功利理论在解释知识产权制度正当性上比较有说服力。WTO/TRIPs 协议第 7 条指出:知识产权的保护,目的在于“促进技术的革新、技术的转让与技术的传播,以有利于社会以及经济福利的方式去促进技术的生产者与使用者互利,并促进权利与义务的平衡”。这就是典型基于功利主义的表达。

功利主义把社会福祉或者个体的幸福看作最终的价值,任何人、任何行为以及任何事物在价值上的高低,完全取决于他们在多大程度上有利于增进这一最终价值。[3] 边沁认为,功利主义即“根据每一种行为本身是能够增加还是减少与其利益相关的当事人的幸福这样一种趋向,来决定赞成还是反对这种行为”[4]。

---

〔1〕 [澳]彼得・德霍斯:《知识财产法哲学》,周林译,商务印书馆 2008 年版,第 196 页。

〔2〕 [澳]彼得・德霍斯:《知识财产法哲学》,周林译,商务印书馆 2008 年版,第 191 页。

〔3〕 何勤华主编:《西方法律思想史》,复旦大学出版社 2005 年版,第 184 页。

〔4〕 [美]E. 博登海默:《法理学:法律哲学和法律方法》,邓正来译,中国政法大学出版社 2004 年版,第 109 页。

基于此,知识产权功利主义理论可以表达为:为了增加社会的整体福利,通过知识产权制度,授予权利人排他性的权利,以此激励文学艺术的创作和发明创造的产生,并实现个人利益和公共利益的平衡。

■ 卢梭的"社会公意"理论——社会契约论

卢梭认为使财产权得以成立的基础是社会公意。他认为:真正的社会契约是人民自由协议的产物,是政治共同体与它的各个成员之间的约定,国家是由社会契约产生的,个人与国家的关系就是社会契约的关系。人们在订立社会契约时,都把自由全部地奉献出来,都把自己的全部权利毫无保留地转让给整个集体;对每个人来说,转让的条件都是同等的、等价的,所以人们在交出权利的同时就可以从这个集体"获得自己本身所转让给他的同样的权利,所以人们就得到了自己所丧失的全部的等价物,以及更大的力量来保存自己的所有"。[1] 因此,社会契约的本质便在于:"每个人都以其自身及其全部的力量共同置于公意的最高指导之下"[2],这种公意就是参与订立契约的全体人民的共同意志。由此可见,在卢梭看来,传统财产权的先占、个人需要和劳动等因素只是形成个人对物的占有这一事实,只有在人们进入国家状态之后,因人们基于社会契约一致同意以国家力量来保卫财富占有者的占有,并且互相尊重这种占有,才能使这种事实占有变为国家确认的所有权。

社会契约论能够为知识产权制度提供理论支持:社会通过国家赋予作者独占权,以获得精神与物质利益;与之相应,社会公众则能通过有偿使用知识产权的成果而获得其中利益,也能通过合理使用原则无偿使用公共领域的部分成果。根据约定,也可以要求知识产权经过一定法律保护期后进入公共领域,就成为人类的共同财富,任何人都可以无偿自由使用。这是权利人和国家之间的一种约定。以专利权为例,对发明人来讲,公开技术获得专利垄断权,可以补偿发明创造活动中支出的劳动和费用,还可以获得更大利益回报。对社会而言,它增加了新的科技知识,而新增的知识将为科技进步准备良好条件。专利权届满后,发明便成为社会的公共财富,公众可自由使用。[3] 这些看

[1] [法]卢梭、洛克:《社会契约论》,赵建兵等译,华中科技大学出版社2016年版。
[2] [法]卢梭、洛克:《社会契约论》,赵建兵等译,华中科技大学出版社2016年版。
[3] 张平:《知识产权制度基本理论之讨论》,载《科技与法律》2011年第4期。

起来与前述“自然权利论”格格不入的规定只有用“契约论”才能得以圆满解释。“社会契约”可以灵活解释一切知识产权制度设计的规则，给立法者以足够空间。

卢梭的社会公意理论为财产权包括知识产权的合理性提供基础，但片面强调社会公意作为财产权形成的依据，而忽视或轻视了其他因素的作用。契约是双方谈判、妥协的产物，而在社会契约论下，代表公意的国家是强势一方，会存在“干预行政”的风险和公权力滥用的可能。

■ 康德的“自由意志”理论

康德在《法的形而上学原理》一书中阐述了他的财产“自由意志”理论，该理论由几组对应的概念构成：(1)所有权概念与占有事实。康德将占有分为两种形态，“即作为感性的占有（可以由感官领悟的占有）和理性的占有（可以由理智来领悟的占有）。同一个事物，对于前者，可以理解为实物的占有；对于后者，则可以理解为对同一对象的纯粹法律的占有”。[1] 在他看来，单纯是感官的占有，尚不足以称为所有权意义上的“我的”。只有在不以肢体或个人力量来实现对物的占有，而是在观念上将某物视为“我的”情况下，且在物与人的事实分离亦不能改变人与物的关系的情况下，才能称为所有权。(2)所有权目的与自由意志。康德认为，为了所有权的目的，主体必须将某物作为一个对象占有，即将该物视为己有，这个属于所有人意志选择的外在对象，“其本身在客观上必须是没有一位主人的（作为无主物）”。[2] “我通过正式的表示，宣布我占有某个对象，并用我自由意志的行动，去阻止任何人把它当作他自己的东西来使用。”[3]可以认为，某物要成为权利上“我的”所有物，主体须在主观意志上有将该物作为自己独占物的要求；同时，某物要作为“我的”财产而不受他人侵犯时，主体须是该物真正的占有者或所有者。(3)所有权内容与共同意志。康德提出“外在获得”（所有权取得）的原则：“无论是什么东西，只要我根据外在自由法则把该物置于我的强力之下，并把它作为我自由意志活动的对象，我有能力依照实践理论的公设去使用它，而且，我依照可能联合起来的共同意志的

[1] ［德］康德：《法的形而上学原理——权利的科学》，商务印书馆1991年版，第164页。
[2] ［德］康德：《法的形而上学原理——权利的科学》，商务印书馆1991年版，第164页。
[3] ［德］康德：《法的形而上学原理——权利的科学》，商务印书馆1991年版，第164页。

观念,决意把一物变成我的,那么,此物就是我的。"[1]由此,康德得出结论:所有权包含双重意志内容——个人意志的占有和共同意志的占有。当一个人并不直接占有、控制某物却还能够反对他人对该物的占有、控制的时候,这是由于共同意志在发挥作用。所有权真正的奥秘不在于物主对物的自由支配,而是物主在自由支配时所具有的不可侵犯性。(4)所有权效力与体现共同意志的普遍法则。康德分析了物主存在的两种意志内容:一是通过言行宣布某种外在的东西是"我的",其他人有责任不得动用物主对其行使了意志的特定对象;二是包含物主作出承诺,即不侵犯其他人占有的外在地属于他人的对象。"所以只有那种公共的、集体的和权威的意志才能约束每一个人,因为它能够为所有人提供安全的保证。"[2]

康德的财产"自由意志"理论是以有形物与所有权为研究对象的,但其关于自由意志和财产权利的学说,为现代知识财产及其权利制度的确立提供了有力的哲学依据。据此我们可以说:虽然知识产品具有非物质性,知识产权权利主体不能够在客观上对它实行外在地占有,但这并不妨碍主体对客体实行"纯粹法律的占有"[3];知识产品是创造者意志选择的"外在对象",创造者是这一客体的占有者或者所有者,有权将其作为"我的"财产而不受他人干扰;知识产品成为知识财产,并非取决于创造者对其自由支配,而在于全体社会成员对这种知识财产状态予以承认的"共同意志"。这一理论也是完全建立在"社会契约"的基础之上的,将财产权的设立完全依赖于契约的建立,从法理上还有待进一步论证。但是,互联网时代的开源许可证广泛应用并大获成功的事实,足以说明契约比法定权利更为有效和灵活。

■ 市场机制下的产业政策论[4]

我认为,前述的劳动论、人格权论、工具论、契约论等在知识产权制度的整个发展史上都有理论贡献,但又都有不足,而诞生于市场经济、服务于市场经

[1] [德]康德:《法的形而上学原理——权利的科学》,商务印书馆1991年版,第164页。
[2] [德]康德:《法的形而上学原理——权利的科学》,商务印书馆1991年版,第164页。
[3] 吴汉东:《法哲学家对知识产权法的哲学解读》,载《法商研究》2002年第5期。
[4] 张平:《论知识产权制度的"产业政策原则"》,载《北京大学学报(哲学社会科学版)》2012年第3期。

济、成功于市场经济的知识产权制度,主导其轨迹的还是市场经济机制下那一只"无形的手",这在知识产权修法中体现得最为淋漓尽致。市场主体对知识产权最有垄断需求,他们在立法中的诉求越来越多,博弈的结果是大企业推动国家知识产权立法(美国版权法中的"米老鼠"条款)、创设司法案例、影响国家产业政策。知识产权制度实施成功的国家都是以大企业拥有强势的知识产权收益为标志。在市场经济中,市场竞争主导商品的分配,国家通过制定政策,保持市场主体良性的竞争,带动整个产业的发展,使社会整体受益。知识产权制度的工具性正好可以起到为国家产业发展进行灵活调整的政策作用,由此,以工具论为基础的知识产权制度成为产业政策工具,反之,"产业政策论"也成为知识产权制度设立及校正的一种理论。

产业政策论将知识产权的保护视为促进技术和经济进步的手段,强调国家经济利益和社会收益的综合效果。以产业发展为宗旨,将知识产权设计为市场经济下的"私权",可以有效激励市场主体参与竞争,但它不是简单地保护"私权",更重要的是在维护"私权"的同时促进产业发展和谋取国家利益。正是因为产业政策论强调的是国家目标,才会有知识产权制度设计中的诸多公共利益考虑、权利限制条款等违背"私权"神圣的"不合情理"的规定。依据产业政策论设计的知识产权制度的基本出发点是国家整体利益,发明人的个人利益降低到次要地位。以专利制度为例,专利法就是一种产业发展工具,它与其他民事权利的保护制度有着本质的不同。它不是简单地保护"私权"的创造者,更重要的是通过维护拥有"私权"的市场主体的垄断利益,激励市场主体投资进而调节国家的产业方向。因此,每一个国家都会根据本国产业发展水平,在不同的历史时期,对不同技术领域给予适当的专利保护,在专利保护的对象、专利保护期限、权利要求的解释等方面设立不同的制度规定。同样,在著作权领域,"私权"的保护更是偏向文化产业中的大企业。美国版权法尤为明显,在美国,影视、音像、图书等雇佣作品的版权原则上都归于雇主,这样减少了许可交易的成本,也降低了版权侵权的诉讼风险。美国自 20 世纪 80 年代开始放开对软件专利和商业方法专利之后,又开放了对人类基因的专利保护,而在 20 多年之后当美国企业完全掌握了这些领域的基础专利后又开始限缩这些领域的专利申请。可见,脱离对一国特定历史时期产业发展的分析,很难理解知识产权制度的演进逻辑。

■ 结　语

知识产权制度一直被寄予激励知识创新、促进科技进步、推动经济发展等这些崇高的目标。但是综观现实,知识产权所承载的那些神圣使命可能已被抛之脑后。现实中,知识产权寻租成为一种新的盈利模式,从知识产权创造伊始,直到后面的权利应用给整个社会带来巨大的管理成本,目前我国知识产权授权机关和执法机关案件暴增,不堪重负,行政和司法都在为市场主体相互消耗"买单",知识产权正成为一种阻止创新与竞争的手段。

与此同时,互联网时代也面临着反知识产权的境况。在各大产业集团为代表的知识产权权利人群体的游说下,更多的信息产品进入了受知识产权保护的客体范围,权利的类型不断扩张、保护力度不断加强,特别是惩罚性赔偿标准的提升,给那些寻租诉讼者以更大的激励。倡导共享经济和信息自由的学者认为,知识产权已成为限制思想自由传播的阻力,在现实中造成了垄断,妨碍了对思考能力加以行使的自由和对现有思想进行改进的自由,影响了社会的进步。[1] 美国法官波斯纳在其博文中反思专利权和著作权是否过度使用时指出:"软件领域专利过度保护带来的问题是最有利的说明。这是一个充满发明的、先进的、有活力的产业。但是在药品领域中存在的专利保护必要性在软件这里消失了。现在,大部分的软件创新是由一段代码来体现,软件创新逐渐变得支离破碎,不是一个整体,而是很多个零件,以至于某个软件设备(手机、平板电脑等)或许有成千上万件理论上可以申请专利的独立零件(一段软件代码或者一组硬件)。结果就是庞大的专利灌丛,给市场主体创造了无数的机会提出侵权诉讼、质疑专利的有效性"。"当专利保护给发明者提供的更多是一种与竞争的隔离,而非发明人需要的充分激励,那么结果将是市场价格高于生产效率,引起资源分配的扭曲;并将出现大量浪费性的专利竞赛,这里说浪费性,是因为重复的劳动无法激励发明(尽管这些竞赛提升了发明的速

---

〔1〕 代表学者有美国的劳伦斯·莱西格(Lawrence Lessig)教授,其是"创作共享协议"(Creative Commons)的创始人。

度)"。[1]

知识产权制度实施的结果可能增加社会福利,也有可能削弱和减少社会福利,因此,在制度设计时必须考虑将知识产权保护水平设计在一个合理、适度的界限上,知识产权不是一般意义上的财产权,抑或说不是一个纯粹的"私权"。在互联网开放创新的环境下,知识产权的"私权"会面临更多的限制,基于开源软件理念的开放许可就打破了传统知识产权"一对一"的许可模式,基于封闭的工业时代诞生的知识产权制度在开放的互联网时代面临根本变革是大势所趋。

▣ 阅读指引

1. Peter Drahos, *A Philosophy of Intellectual Property1996* ,Dartmouth Publishing Company, 2016 Published by ANU eText.

彼得·德霍斯是澳大利亚国立大学教授、大律师,伦敦大学商法中心讲座教授。《知识产权哲学》是他的代表性学术著作之一,重新反思在抽象物上设立财产权的正当性。提出知识财产本身不是制度目标,而是为实现其他更为重要的目标而采取的一种手段,提出知识产权制度工具论,主张知识产权保护应当受到限制。另著有《信息封建主义》《知识的全球化管理》,一以贯之其学术观点。在《信息封建主义》这部著作中,他提出,抽象物权益的不平等分配形成一系列制度"鸿沟",TRIPs 协议是美国以贸易制裁威胁发展中国家的结果,在信息全球化的时候,知识产权制度扮演了一个不是特别良好的形象。在《知识的全球化管理》一书中,他对 45 个国家专利局的运行进行了考证,结论是以"市场为导向"的专利机构以及资源分配的不平等,可能造成信息分配的不公平,知识产权制度会导致强者更强,弱者更弱。

2017 年 5 月 15 日,北京大学本科生基干课《知识产权法》课堂曾邀请彼得·德霍斯教授做过专门讲座,题目是:21 世纪的绿色、环保、低碳、可持续和创新的经济模式——知识产权扮演何种角色?(Economies of the 21st Century – Circular, Green, Low Carbon, Sustainable and Innovative: What Role for Intellectual Property Rights?)德霍斯教授质疑知识产权制度在新世纪时代的正当性,其核心观点:在国际环境高度复杂、资源瓶颈严峻的时代,发展中国家如何才能实现其创新目标?

---

〔1〕 参见波斯纳法官博客:Becker – Posner blog, Do patent and copyright law restrict competition and creativity excessively? http://www.becker – posner – blog.com/2012/09/do – patent – and – copyright – law – restrict – competition – and – creativity – excessively – posner.html。

（有关彼得·德霍斯教授的学术信息详见 https://www.anu.edu.au/fellows/pdrahos。）

2. Justin Hugh, *The Philosophy of Intellectual Property*, 77 Georgetown Law Journal 1988, http://justinhughes.net/writings-files/a-HUGHES%20Philosophy%20of%20IP.pdf.
贾斯汀·休斯是美国加州洛杉矶洛约拉·马里蒙特大学的杰出法学教授，2009 年到 2013 年在奥巴马政府担任过商务部的知识产权事务高级顾问，其间他作为两项多边条约，即《北京视听表演条约》（2012 年）和《马拉喀什盲人条约》（2013 年）的美国首席谈判代表。休斯教授是西方研究知识产权哲学问题比较早的学者，此文发表于 1988 年，他提出知识产权制度的正当性可以用劳动理论或人格理论来证明。

3. Robert P. Merges, *Justifying Intellectual Property*, Harvard University Press, 2011.

4. Annabelle Lever, *New Frontiers in the Philosophyof Intellectual Property*, Cambridge University Press, 2012.

5. [美]威廉·M. 兰德斯、[美]理查德·A. 波斯纳：《知识产权法的经济结构》，金海军译，北京大学出版社 2005 年版。

6. 吴汉东：《无形财产权基本问题研究》，中国人民大学出版社 2013 年版。

7. 冯象：《知识产权的终结——"中国模式"之外的挑战》，李一达译，载《文化纵横》2012 年第 3 期。

8. 周翼：《挑战知识产权：自由软件运动的经济学研究》，格致出版社、上海人民出版社 2010 年版。

9. 周翼：《从马克思主义视角看知识产权问题》，载《马克思主义研究》2007 年第 11 期。

10. 南怀瑾：《原本大学微言》，世界知识出版社 1988 年版。

审判权、诉权的配置与民事诉讼法体系的构建

潘 剑 锋

潘剑锋

北京大学法学院教授、博士生导师，享受国务院政府津贴。最高人民检察院专家咨询委员会委员、中国共产党北京市委员会法律顾问、中国共产党福建省委委员会和省政府法律顾问、中国法学会民事诉讼法学研究会常务副会长、教育部高等学校法学类专业教学指导委员会副主任委员等。

学术研究方向为民事诉讼法学、司法制度和仲裁法学。

在《中国法学》《法学研究》《中外法学》《法制日报》等刊物或报纸上发表法学学术论文和法学教育论文50余篇。

■ 引子 为何选择该论题

□ 该问题属于民事诉讼法学的基本问题

通过对民事诉讼法学三十余年的研究,我提炼出了贯穿于民事诉讼整个系统的两条灵魂主线:一条主线是服务于民事纠纷的解决,考虑相关的诉讼主体在民事诉讼中发挥什么作用。民事诉讼领域的核心主体是代表国家行使审判权的法院和为了解决纠纷而参加诉讼的当事人,因此在构建民事诉讼体系时需要考虑的一条主线就是当事人和法院在民事诉讼中各自要实施哪些行为。从法律层面来看,即法律规定当事人享有哪些权利,法院承担哪些职责。但从民事纠纷的解决原理来看,实际上需要回应的问题是:民事诉讼中服务于纠纷解决的各类事项究竟应当由当事人发挥主导作用予以解决,还是由法院发挥主导作用予以解决?举例来说,解决纠纷需要首先明确当事人诉讼请求的具体内容,而诉讼请求当然是由当事人提出的。但纠纷的解决需要依托法院作出判决或裁定,而裁判的作出只能由法院实施。从当事人诉讼请求的提出到法院裁判的作出,整个诉讼程序是法院审理案件、解决纠纷的过程,是当事人表达自己诉求并希望得到法院支持的过程。

诉讼中,无论是当事人为了支撑自己的主张抑或法院为了作出公正裁判,都需要运用证据,这就引出了另一个问题:证据如何进入诉讼中以及如何被予以运用并作为裁判依据?谁来实施相关的活动?证据应当由当事人提出抑或由法院提出?在多数情况下,证据由当事人依据《民事诉讼法》的规定提出,但法院也有权进行证据调取;如果当事人提交证据确有困难,可以向法院提出申请。因此证据问题比诉讼请求的提出和裁判的作出都更显复杂:证据的提出和收集是由当事人负担还是法院负担不像诉讼请求的提出或者裁判的作出那样容易分工。但如果回溯源头,即使是诉讼请求的提出或裁判的作出的分工,大家也可以作出进一步的思考:诉讼请求的提出是否不受法院审判权的影响?其实在某些特定情形下,当事人诉讼请求的提出会受到法院审判权的影响。例如,在合同纠纷中,原告起诉要求被告承担违约责任,但法院在审理过程中发现这个合同实际上是无效的,其就可以向当事人进行释明,当事人可以根据法院的释明变更诉讼请求,此时即为对当事人的诉讼请求产生影响。那么裁判是否会受到当事人意思表示的影响呢？我国的民事裁判都是以法院名义作出的，形式上是法院的事，但在域外国家，判决有若干种类，其中有一种叫作合意判决，即根据双方当事人的合意进行审理所作出的判决。由此可见，在民事诉讼领域有一条非常重要的核心主线贯穿于全过程，这就是审判权与诉权的权能分配。

此外，在民事诉讼体系的构成中还需要解决另一个问题：纠纷解决的相关事项需要在诉讼的哪个阶段予以安排？如前所述，诉讼请求应当在诉讼开始时提出，裁判应当在诉讼即将结束时作出，而证据则在整个诉讼过程中均可能提出。简言之，纠纷解决的相关活动和事项应当在哪个阶段完成，是民事诉讼体系的第二条灵魂主线。该问题不是本文讲授的重点，我们在这简单地提示一下。

基于上述考虑，民事诉讼程序和制度在设计时应当考虑什么主体在什么阶段应当做什么事，从而相对应地赋予相关制度应有的功能，以期通过科学的制度功能实现相关的诉讼目的，此乃民事诉讼体系的"门槛"。若想真正掌握民事诉讼体系，这两条主线务必特别清晰：一是法院以审判权作为基础的相关职责职权；二是当事人以诉权作为基础的相关诉讼权利义务。

□ 对该问题的掌握有利于从体系和原理层面掌握民事诉讼制度

该论题的提出也与《民事诉讼法》的修改和再修改相关，最近国内在讨论对《民事诉讼法》进行再次修改。自 1982 年试行法典和 1991 年正式法典颁行之后，《民事诉讼法》仅在 2012 年进行了全面修改，而其他三次修改均为局部调整。我认为修法过程缺乏对整个制度体系关联性的考虑和安排。而联系各制度的纽带就是审判权与诉权的设置。

2007 年修改《民事诉讼法》时主要包括三方面内容：一是解决"执行难"；二是化解"再审难"；三是删除民事诉讼法典中有关企业法人破产程序的规定，因为当时已经颁行了专门的《企业破产法》。当时我提出应当将再审程序的修改与相关管辖联系起来，比如可以考虑设立相对意义上的专门再审法院、再审应当实行两审终审制等。但相关决策者对这些建议不予接受，而之所以不接受的原因并非认为建议本身不合理，而是认为相关建议不是本次修法的内容范围。这实际上等于没有认识到制度之间的相关性。一项制度的变化，基于审判权、诉权设置的关联性，相关制度也应当发生一定的变化，这才是正常的。

制度与制度之间存在千丝万缕的密切联系，一项制度在发生变化时很可能会自然地波及另外一项制度，因此要特别重视制度的系统性和内在关联。特别是对于法学博士生而言，在学习和理解知识时一定要保有系统论的视角，要从宏观层面了解自己学科的体系结构及其与相关联法律制度的体系关系，明晰不同制度之间的相互关系。考虑审判权、诉权的合理设置，就为大家提供了这样的一个视角。

此外，还需要重视对原理性问题的掌握，如某项制度的设立初衷是什么？该项制度的预设功能是什么？该功能在实践中会产生什么法律后果？这种法律后果的出现能否契合整个法律制度的目的？只有这样才能做到“知其然并知其所以然”。理解审判权、诉权的合理设置，对掌握相关原理是十分有益的。

□ 有利于对民事诉讼法学的其他基础问题进行更为深入的思考

我一直觉得博士生必须要有很强的思考力，老师们跟学生谈论文写作或对某个问题进行讨论，大多都会强调一定要有问题意识，要具备进一步深入思考的能力。在对知识的掌握和运用上进行深度思考是很有必要的，要善于发现事物的本质属性，即通过分析去发现该制度本质上的性质。本质性思考是对现象从各角度进行分析并不断逼近本质，然后会有一些表象出现，其后要对事物进行精准描述，这是最重要的。简言之，不需要“花里胡哨”或歪曲描述，准确是第一要义。

第二要义是简明，这能够体现出一个人对问题认识的深度，认识得越深刻才可能表达得越简明；反之，如果认识不深刻而进行描述则很可能是表象。认识得很深刻才能抓住本质性的、最核心的东西，所以要对事物的描述准确、简明。所谓读书“要把书读厚”，是指能够对书本里相关问题进行阐释和说明；而读到后来“要把书读薄”，意思是把书中的问题概括出来、提炼出来，把核心内容准确简明地表达出来。

第三要义涉及对相关概念的区分。对于有一定联系的概念要注意二者之间的区别以及关系，提炼其中的共性与个性。例如，在研习民事诉讼法时，要了解不同制度、不同程序的功能有何差异。很典型的就是再审中适用一审、二审，与通常意义上的一审、二审究竟有什么区别，现有立法对该问题缺乏明确的界分，这就引发了很多问题和实践困惑。自然科学没弄明白可能会受到自然的惩罚，社会科学亦同理。每种事物都有其自身的运行规律和发展轨迹，如果违反，必然会给社会生活带来困境，因为违反了社会发展的基本原理和根本规律。我常常会举一个例子：民事案件进行再审时，可能适用一审程序，也可能适用二审程序，如果适用一审程序进行再审之后，当事人对再审的一审判决不服提起上诉，之后作出的就是二审判决，那么这个二审判决能否申请再审？答案是肯定的。那么此时申请再审的，案件属于初次再审抑或再次再审？这个问题的回答有陷阱，因为初次再审和再次再审最后产生的后果不一样，包括相关的救济机制也不相同。还有，再审的时候可以适用二审程序，那么适用二审程序再审时能否发回重审？一般意义上的二审程序当然可以发回，法院都是这么回答的。但仔细琢磨一下，此时发回重审真的合适吗？已经存在一个二审的生效判决，原先发回重审时只有一个一审的未生效判决，那么如何处理二审的生效判决？发回一审重审，重审的时候能否改变二审的判决？答案是否定的，因为二审法院是上级法院，下级法院不能改变上级法院的裁判，这就是客观存在的障碍。再审将二审的生效判决撤销也会引发一些问题，撤销已生效的判决必须经过审理和裁判，不能未经当事人参与就予以撤销。由此可见，如果违反了第一个原理之后仍然将错就错，就会违反第二个原理，再继续下去就可能会违反第三个原理，此乃制度的内在联系所引发的“连锁反应”。

审判权、诉权的设置问题，对理解民事诉讼基本问题、了解基本原理，指引对问题的进一步深入思考，都有积极的意义。

今天的论题涉及的都是民事诉讼领域比较基础也比较重要的具体制度，能够反映民事诉讼中最核心的内容，能够凸显民事诉讼中最基本的原理。通过对这些内容的认知和对相关原理的阐释，能够对整个民事诉讼体系有一个较好的把握，这恰是我今天选题的原因所在。接下来讨论的很多问题，都是对相关概念的准确理解、相关原理的深入阐释，以及对制度与制度、制度与程序、程序与程序之间的关系进行说明，以期使大家明晰未来设立制度时应当从哪些角度思考和认识相关问题。

■ 民事审判权的内涵解读

□ 民事审判权的概念

在解读基本概念时要找寻关键词，审判权是国家权力，在“三权分立”的国家属于司法权。我国的司法权包括法院的审判权和检察机关的检察权，检察机关行使相关的检察权也属于司法权,但在西方国家,司法权就等于审判权。

在作用层面,民事审判权是国家用来处理民事纠纷的一种权力;在形式层面,其源于国家宪法和法律的规定;在本质属性层面,民事审判权是民众赋予国家通过法院来行使的一种权力,反映了主权在民的理念。

需要注意的是,审判权和诉权对构筑民事诉讼体系共同发挥作用,二者的总体目标和总体方向是一致的,但在具体制度设计上有时会发生冲突或矛盾。审判权应当为诉权提供保障,审判权应当为诉权的有效行使"保驾护航"。

□ 民事审判权的特征

对民事审判权之特征的了解,有助于理解民事审判权的真正含义。

第一,民事审判权的主体具有唯一性和特定性,即民事审判权的主体只能是法院。法院在民事诉讼领域代表国家行使审判权,因此若想有效发挥审判权的预设功能,需要思考代表法院的法官应当具备哪些素质?代表法院行使审判权的具体审判机构和审判组织应当如何构成?法官选任是一个很大的论题,法官的选任、法官的职权保障会涉及法官身份的保障,会涉及法官终身制、高薪制和某些法官在社会生活中的一些特权。比如在一些国家,现任法官可以走机场专门的贵宾通道。我曾写过一篇有关法官高薪制的小文章,提到法官职业的重要性、作为行使审判权的法官应当具备的基本素质以及高薪对保障法官公正审判的意义。如何保障作为审判权行使唯一代表的法官质量,是一个值得重视的问题,它对审判权与诉权的分配同样会产生影响。

第二,民事审判权的对象具有特定性。民事审判权主要在民事纠纷领域发挥功能。评判某个法院是不是优秀法院,主要看民事审判权、行政审判权、刑事审判权的行使水平和质量如何。法治要现代化,现代化有若干个标准,其中一个标准是专业化,越专业化就越现代化,让专业的人干专业的事。所以法院的首要任务是代表国家依法行使审判权,而具体到民事领域就是民事审判权,民事审判权的作用最主要在于解决纠纷。我个人不主张在法院审判权有效行使、高质量行使之外过分宣传法院的其他方面的业绩,以免法院出现职能定位的偏离。

第三,民事审判权的启动具有被动性。司法权的被动性是很突出的特点,如果违反了被动性,司法就可能会出现问题。为什么违反被动性就会出问题?这与民事诉讼或民事司法的公正价值密切相连。被动意味着当事人有诉求自主决定是否通过司法手段去解决，如果司法主动出击，会产生什么后果呢？比如某法院的一位庭长送法上门进行宣传，发现某个妇女生活比较窘迫，以及处于无法维继的状态，询问后得知该妇女离婚了，该妇女的丈夫原本说好支付抚养费最终却分文没给。庭长就向其解释，依据相关法律规定其前夫应当支付抚养费，妇女表示不知道如何操作，庭长说可以写起诉状。妇女问写完后怎么办？庭长说可以到法院去起诉。妇女问去哪儿的法院？庭长说就到我们那个法庭就行。我说的这个案件，后来妇女胜诉了，但大家想想她能不胜诉吗？法庭能判她败诉吗？

第四，民事审判权的运行具有程序性。大家无论学习程序法还是实体法都要了解程序，程序在社会生活中的意义很大。我们国家不管在政治生活还是日常生活中都很重视程序。程序是前后相继、环环相扣的，如果程序一开始就是法院宣判结果，那么当事人请求还不清楚，该怎么判呢？所以要先了解请求，然后查相关事实，先查什么后查什么都有阶段性。我们过去旁听的一个人身侵权案件中，当时庭上的一位法官紧张过度，原告举证展示了受伤之后看病、误工、营养费等损失分别是多少。然后法官问被告对这些证据是否承认，被告说承认不承认都没有意义。法官问原因，被告提出原告受伤又不是自己造成的，这时法官才突然想起来还未查清被告对原告是否实施了殴打行为，何谈损失数额的认定。

第五，民事审判权的行使具有独立性。这个问题现在有不同的表述，可以讨论。

第六，民事审判权对双方当事人的作用具有中立性。司法的被动性与中立性有密切联系，如果主动则会对中立性会产生不良影响，此处的中立既包括实质中立，也包括形式中立。

第七，民事审判权解决民事纠纷的结果具有终局性。“司法最终解决原则”包含两层含义：一是各类无法解决的纠纷都可进入司法渠道，即司法救济时纠纷解决的最后一道防线；二是指司法解决完就到此为止。终局性问题涉及再审制度完善，大家可以根据审判权的这一特点，对我国再审制度的完善做进一步的思考。

第八，民事审判权的行使具有亲历性，其要求裁判者应该亲自参加案件的审理活动。亲历性涉及审判委员会存在的问题，结合当前科学技术发展的情况，涉及互联网审判问题。前一段时间我去乌镇参加了世界互联网法治论坛，有25个国家的参与者进行讨论。中国的互联网审判相对来说比较先进,很多国家尚无实践活动。但中国互联网审判面临着一些极为现实的问题,如民事审判权行使的亲历性,要求审判活动除了听双方说话之外,要察言观色——表情、眼神和肢体语言,然后综合判断当事人表述内容的真伪。现在互联网审判中当事人不到庭,而且有可能实行异步审判——24小时内对方进行答辩,不见面但可以表达。这就与审判的亲历性有差别。我去参观互联网法院庭审,两个屏幕分别显示双方当事人的图像,貌似是亲历审判,但实际感觉与传统的线下审判并不一样。随着社会发展现实会提出挑战,即这种制度要不要改变?这不仅是民事程序法的同学,从事其他部门法律的同学,如果对互联网诉讼有兴趣也可以投入更多的精力。对传统东西提出挑战有意义,但一定要符合事物的发展规律和相关知识。

□ 民事审判权的功能定位

民事审判权是法院参加民事诉讼的根本,是法院在民事诉讼中进行审判行为的基础。法院的审判职责基于审判权而生,法院的审判权与诉权共同构成完整的民事诉讼机制。民事审判权的主要功能在于保障诉讼有序进行,维护当事人的正当权益和合法权益,保障国家有关法律制度的贯彻执行。

综上,对民事审判权各项特征的认识,能够启发我们对民事诉讼相关制度的设立进行科学性思考,并引导司法机关正确地行使审判权。

■ 民事诉权的内涵解读

□ 民事诉权的概念和来源

诉权是法律赋予当事人进行诉讼的基本权能,是当事人进行诉讼活动的基础。

民事诉权作为一种基本权能,包含以下内涵:首先,诉权是国家法律制度赋予当事人的一种权利,是当事参加民事诉讼的基础。其次,诉权是双方当事人都享有的一种权利。最后,诉权作为当事人进行诉讼的一种基本权能,其内容是特定的,主要包括当事人依法提出诉讼主张的权利;陈述案件、证明事实、获得司法保护的权利;要求法院作出公正裁判的权利。此外,诉权贯穿于民事诉讼的全过程,与民事审判权共同构成民事诉讼机制。

□ 诉权对构建诉讼权利制度的意义

诉权是国家法律赋予当事人进行诉讼的基本权能,诉讼权利是国家法律赋予当事人实施诉讼行为的手段。诉权是当事人诉讼权利的基础,当事人的诉讼权利则是诉权在诉讼过程中的具体体现。

诉权的本质属性对当事人诉讼权利的保障以及对当事人权利设置的完善有重要意义。诉权是相对比较概括、比较抽象的,而诉讼权利则比较具体。我们讨论法律制度完善的时候主张要进一步赋予当事人相关的诉讼权利,这是基于对诉权的认识,所以不能简单地认为所有的诉讼权利加起来就等于诉权,这还不够。诉权表现为各种诉讼权利,但是这些诉讼权利不一定能够充分体现诉权功能的实现。举例来说,当事人有权收集证据,但当事人收集证据的方法、手段比较有限,所以有时会涉及法院签署调查令。当事人持调查令到相关机构时,相关机构就应该予以配合。但从严格意义上来说,目前当事人向法院申请签发的调查令不是法律意义上的调查令。例如,前段时间某法院对某公安机关罚款 10 万元,司法罚款的原因是法院为律师签了调查令,律师持调查令到公安机关去调查,公安机关不予配合。此时需要思考的是:调查令应否作为一项诉讼权利,诉权在发挥实际解决相关纠纷时是否需要这个具体手段?有时诉讼权利规定得过多也许并无实际意义,因为诉权并没有这个要求;反之,诉权有时有更多要求但诉讼权利表现得不彻底。因此,诉讼权利的完善是依托对诉权的正确认识来实现的,如何正确认识诉讼权利涉及诉权的功能及对诉权的保护。

□ 立法、司法对诉权行使的有效保障

诉权的功能是指诉权在诉讼过程中所能发挥的作用,即维护当事人的合法权益,实现双方当事人的对抗并制约法院审判权的滥用。

若想保障诉权的有效行使,在立法层面要充分反映,在司法层面要得到法院的支持。这与公民的其他一些权利是有同样要求的,比如公民有劳动权、休息权、选举权,这些权利相对比较概括,若想真正有效实现都需要有具体的规定和细则,比如劳动权涉及就业保障问题,休息权涉及休息期间有没有相关的待遇的问题等。诉权同样如此。

审判权与诉权的关系探究

□ 审判权与诉权的相互联系

首先,审判权与诉权相互依赖,在民事诉讼中发挥着重要作用。诉权的行使具有主动性和可处分性,当事人可以决定是否行使诉讼权利。但诉权的行使有时也具有被动性,如果提出了相关要求就应当履行相对应的义务。当然,有时基于法律的强制性规定,法院也需主动履行相关职责。其次,诉权与审判权的总体目标是相同的,二者均旨在解决民事纠纷,维护社会稳定。最后,诉权与审判权在行使范围上具有一致性。诉权制约审判权的行使,审判权监督诉权的行使并依法给予保障。

□ 审判权与诉权的主要区别

诉权属于私权(有争论),审判权是公权,了解这一点对于把握民事诉讼很有意义。民事诉讼法相较于其他法律,其特殊性在于民事纠纷发生之后有多种可能的解决机制,比如双方当事人可以和解,可以由第三方组织进行调解,达成有效仲裁协议的可以申请仲裁,解纷途径多种多样。民事诉讼是运用国家公权力来解决当事人的私益之争,此时如何平衡国家公权力与当事人意愿之间的关系,就成为贯穿整个民事诉讼体系的一条红线。民事诉讼法一直在平衡这一关系,即什么情况下更尊重国家的意志,什么情况下更尊重当事人的意愿,实际上也就是考虑在处置诉讼中相关事项时,审判权、诉权如何发挥自身应有的作用,这一点格外重要。

□ 审判权和诉权对诉讼模式的影响

诉讼模式分为当事人主义模式和职权主义模式两种类型。那么究竟什么是当事人主义模式?什么是职权主义模式?诉讼模式缘何而来、如何划分形成?什么样的诉讼模式定义为职权主义?什么样的诉讼模式定义为当事人主义?这与审判权和诉权的配置密切相关。在相关诉讼模式的构建过程中,如果在程序的推进以及证据资料的调取过程中较多地依赖于当事人的诉权,即当事人的诉权扮演着主导作用,那么就属于当事人主义模式。反之,如果诉讼中较多事项的处理都依赖于审判权的力量,法院采用职权推进主义和职权探知主义，则构成职权主义模式。但不管是当事人主义模式还是职权主义模式，都是审判权和诉权共同作用的结果，当诉权发挥较大功能时就属于当事人主义模式，当审判权发挥较大功能时就属于职权主义模式。当事人和法院是民事诉讼中不可或缺的主体，要成为民事诉讼必须是审判权和诉权共同发挥作用，这对整个诉讼模式都有影响。

□ 审判权和诉权对诉讼目的的影响

如果审判权与诉权协调得很好，诉讼效率较高，诉讼目的就较容易实现。但如果审判权与诉权的关系错位或缺乏协调，就会妨碍诉讼目的的有效实现。所以在设立诉讼机制时要预先考虑好，该用诉权解决就用诉权，该用审判权解决就用审判权。

至于如何具体分配审判权和诉权发挥功能的范围，除了考虑审判权、诉权自身特点之外，其他的因素也是需要考虑的，比如，法律适用的社会环境，如考量经济环境，甚至要考虑交通环境。具体来说，当事人有权委托他人代为进行诉讼，因为他自己欠缺法律知识、专业知识或者比较忙，诉讼代理人制度就能够解决该问题。但我们国家的民事诉讼代理制度中，并没有律师强制代理的规定。律师强制代理好不好？打官司都要求律师代理好不好？事实上，这对整个审判公正的实现是有所助益的，比没有律师代理要有保障。但若想实行律师强制代理，就需要整个社会公众的经济水平达到一定程度，否则不具备实施的客观基础。

我们讲中国特色的时候主要包含两点：一是中国的地域范围相当大；二是中国的经济发展水平不平衡，所以不能用上海跟新疆某个县和西藏某个贫困县去比。有时交通的方便与否也会对两审终审等审级制度的设立产生影响。

■ 审判权、诉权配置的多维度影响

□ 对民事诉讼基本原则、基本制度的影响

处分原则、辩论原则、当事人诉讼权利平等原则等基本原则，都会涉及诉权与审判权的配置问题。辩论权是当事人的一项专属权利，当事人有权针对案件的事实问题、法律适用问题展开辩论，可以发表自己的主张、反驳对方的主张；当事人可以口头辩论，也可以书面辩论；可以自己发表意见，也可以委托

代理人发表意见。但法院的审判权有权对当事人的辩论权进行依法干预,比如法院要组织双方当事人进行辩论,因为诉讼意义上的辩论必须要在法院的主持下才会产生相应的法律效果。此外,究竟辩论到何种程度会受到审判权的影响,比如法庭调查结束后开始法庭辩论,开始法院都会归纳双方的争议焦点,之后询问双方当事人是否认可法院归纳的争议焦点,如果还存在其他争点可以提出来。在明确争点之后才会展开辩论,而辩论到什么程度,法院是享有指挥权和控制权的,与案件无关的内容不允许双方进行辩论。此外,在辩论的过程中不能说脏话,不能侮辱对方当事人。那么,当事人发表的辩论意见能够对法院裁判产生什么影响呢?现在的影响是比较软性、比较概括的,但有的国家对此规定很明确。

民事诉讼法有四项基本制度,分别是合议制度、公开审判制度、回避制度和两审终审制度,这些基本制度均旨在保障案件的公正审判,但具体的保障方式和角度有所不同。合议制是从司法民主、民主评议、发挥集体智慧和预防司法腐败的角度来发挥功能的。回避制度是让实质上、形式上有利害关系者退出审理,保证案件形式上和实质上的公平。公开审判制度是通过司法阳光、透明审判来发挥社会公众监督的力量。两审终审制度是通过法院系统的内部监督来保障审判公正,让上级法院对下级法院的裁判进行监督。民事诉讼以公开审判为原则、不公开审判为例外,不公开审判又分为法定不公开和依申请可以不公开。对于离婚案件或涉及商业秘密的案件,当事人有权申请法院不公开审理,但此时当事人只有程序上的申请权,最终是否公开审理由法院享有决定权。

概言之,不同制度从不同的角度对审判公正性予以保障。辩论也好、处分也罢,最终都是为了确保审判公正,只不过不同的制度依托不同的渠道和方式来实现这一共同的目标。具体的实现渠道要去感悟和体会,在理解各项原则或制度时,要思考其中当事人发挥什么作用、法院发挥什么作用,以及他们各自是如何发挥相关作用的。

□ 对具体制度建立的影响

审判权与诉权的配置关系,还会对民事诉讼具体制度的设立产生重要影响。以民事管辖制度为例,民事诉讼管辖是法院系统内部划分不同层级和不同地域的法院之间受理第一审民事案件的分工和权限,其主要功能在于方便当事人进行诉讼,方便法院进行审判并保障案件的公正审理和切实维护当事人的合法权益,因此世界各国的诉讼法中都有关于诉讼管辖的规定。依据案件的性质和具体情况等各种要素,我国将管辖划分为纵向的级别管辖和横向的地域管辖两大类,横纵两项坐标的交汇为确定具体个案的审理法院提供了基本依据。在近十余年的理论研究和司法实践过程中,民事管辖一直是热点论题之一。作为对理论争议和实践困惑的回应,2012 年全面修改的《民事诉讼法》对管辖方面的相关规定进行了修正和完善:一方面,其新增了公司诉讼的地域管辖和应诉管辖制度;另一方面,修改了有关协议管辖的规定,实现了国内与涉外案件在适用协议管辖时的一致性,修改了管辖权转移中"上向下移"的条件,同时将"管辖错误"从法定再审事由中予以删除。应当说,这些"新增型"、"修正型"或"删除型"的规范,在一定程度上汲取了理论研究的成果并满足了司法实践的客观需求,但同时可以看到,绝大多数的修正均针对地域管辖的相关问题而较少涉及级别管辖的规定。

各级法院的分工要考虑各级法院的功能定位,级别管辖属于法定管辖,当事人基本上没什么选择权。管辖是要考虑所有的案件在整个法院系统中进行分配、进行分工,要考虑很多因素,当事人是不能够随意选择的。我国现行法律所规定的级别管辖制度存在缺陷,其规定,最高人民法院和高级法院都可以作为一审案件的初审法院,这不仅不利于审级制度的有效贯彻,也不符合高等级法院所应承载的特有功能。将一些无法在审理案件前予以确定的因素作为级别管辖的标准并予以过细划分,容易导致管辖的不明确并引发管辖权争议。无论是域外国家的实践经验、管辖制度的设立目的、审级制度的功能,抑或不同层级法院的职能分工,均要求弱化或取消级别管辖制度。鉴于此,应当结合我国民事司法的实际需求来削弱级别管辖制度,取消高级法院和最高人民法院对第一审民事案件的管辖权,规定第一审民事案件原则上由基层法院管辖,应当是级别管辖制度发展的一个基本方向。

确定管辖的原则和具体因素,不仅对能否科学配置管辖制度具有重要影响,同时也与管辖救济制度的设立以及其他一些相关制度的适用存在直接关联。2007 年在局部修改民事诉讼法时着重细化了民事再审的法定事由,其中将"违反法律规定,管辖错误的"作为再审的事由之一,对于该规定自身的缺陷及其与再审之应然功能的分歧,我曾专门撰文进行了分析和论证。值得肯定的是,2012 年在全面修改民事诉讼法时将管辖错误从再审事由中予以删除,从而在立法层面平息了相关的论战，但在司法实务和理论研究领域，对于该种修正的正当性仍旧缺乏统一性的认识。设立管辖制度的主要宗旨是确定一审民事案件的审判权由哪个法院予以行使。在我国现行的法律体制下，各个法院都是代表国家适用统一的程序法和实体法对案件进行审理，就案件审理的结果而言，在理论上不应该有影响到案件公正性程度的不同。因此，直接以“管辖错误”作为启动再审的事由难脱片面性的嫌疑。就管辖错误的性质而言，违反一般管辖规则的最直接法律后果是法院和当事人进行诉讼的不方便。如前所述，正确确定管辖有利于保证案件的公正审理，但这种保障是从便于法院查明案件事实、方便法院审判和方便当事人诉讼这一角度来实现的。例如，民事诉讼法规定侵权案件由侵权行为地法院管辖、合同纠纷由合同履行地法院管辖等，都是从便于法院查明案件事实、方便法院审判和方便当事人诉讼等角度来体现保障案件公正审理这一管辖确定原则的。换言之，如果因管辖确定错误而由其他法院来审理这些案件，从立法意义上来说只是导致法院审理和当事人诉讼的不方便，可能会使法院在查明事实方面耗费更多的时间和精力，使当事人在进行诉讼时花费更多的成本，但对案件裁判的公正性并没有直接影响。在此种情形下，如果因管辖错误而进行再审，无疑是在“已经不方便”的基础上加上个“方便”，进一步地浪费本来已经十分稀缺的司法资源，而对案件审判的公正性而言只能是“于事无补”。此外，管辖权异议制度已经为当事人提供了较为充分的救济，在再审中再增加同类救济显然不够协调并导致救济过剩、重复救济。

□ 对具体程序设立的影响

广义的民事程序由审理程序和执行程序共同组成，考虑到执行程序自身的诸多特有属性和原理以及我国将制定独立的强制执行法之立法进路选择，今天只讨论诉讼程序。

民事一审程序包括两大分支，即一审普通程序和简易程序，而简易程序内部还包含小额诉讼程序，此外还有二审程序和不构成独立审级的再审程序。当事人有权决定是否提起诉讼，但起诉后究竟用何种程序进行审理，当事人的选择权非常有限。按照我国现行法律的规定，某些案件是必须适用传统型简易程序或小额诉讼程序的，我个人比较反对该种规定，我认为简易程序或小额诉讼程序的适用应当更多地尊重当事人意愿，应当赋予当事人一定的选择权和异议权。因为简易程序或小额诉讼程序虽然有助于诉讼效率的提升，但小额诉讼一审终审的制度安排以及规则设置上的简便性，在一定程度上限制了当事人的程序权益。所以应当优化配置诉权与审判权在小额诉讼程序适用时的权限，避免出现程序运行的过分的强制性。

由于我国实行四级两审终审的审级制度，因而通常诉讼程序由第一审程序和第二审程序构成。审级制度作为民事诉讼基本制度之一，对我国法院职能分工、级别管辖制度、二审审理模式、救济程序设置等问题具有决定性作用。相较于大多数实行三审终审制的国家，我国的第二审程序作为终局性程序不仅在审理范围方面具有广泛性，还在通常程序之外设置了一种具有中国特色的审判监督程序。对二审程序这一通常救济程序之功能定位的理性与科学程度，不仅决定着二审程序自身的结构设计和制度安排，同时影响着一审程序的地位以及一审与二审程序间的关系模式。从国际化视角来看，无论是实行两审终审抑或三审终审的国家或地区，其大多将第二审程序作为通常化的救济路径并采用权利性上诉的模式，在功能定位上均将纠错作为内容之一；不同的是，其对纠错功能的重视程度即二审程序之基本功能的界定和选择有所不同。在英美法系的语境下，尤其是在那些实行陪审制的国家，初审程序是决定事实问题的核心和权威程序阶段，因此其上诉审程序通常以提升裁判的正当性、统一司法适用以及形成规则之治为基本功能。而在我国"有错必纠"理念的影响下，二审程序之基本功能并非在于通过为当事人提供相适应的程序保障来提升裁判的正当性和认同度，而是将"纠错"作为其核心功能。在此种功能定位下，本应作为事实认定"主力军"的一审法院陷入了当然的错误嫌疑，并自然衍生出公众对一审法院的不信任和上诉的盲目冲动。诚然，上下级法院之间存在的监督与被监督的关系决定了二审程序应当发挥纠错的功能，但当该种功能被过分偏重和夸大时，当错案追究制决定着法官个人的升迁利益时，初审法院与上诉审法院之间的相对独立性被各种请示汇报制度所吞噬，导致二审程序在担负其不能和不应承载之重时，与一审程序间的职能界限和层级划分也开始模糊。最终，其非但未能实现有效纠错、将实体真实最大化的美好愿景，反而实际上剥夺了当事人的审级利益并抹杀了二审程序提升裁判公正性的应有功能。鉴于此，应当以一审程序和二审程序各自的内在规律为出发点，理性界定其各自的核心功能，并且以系统论的视角对一审与二审程序间功能的衔接与协调问题进行全面考虑，逐步实现一审程序在事实认定方面的核心地位，发挥二审程序在提升裁判公信力方面的特有功能，从而在优化司法资源配置的同时，实现程序之间的良性互动目标和不同审级之间的功能协调。

不同于实行三审终审制国家以统一法律适用、形成规则治为主要功能的第三审程序，我国在通常救济程序即二审程序之外设立了一种具有中国特色的审判监督程序。同样作为救济性程序，其最主要的特点在于突破了既判力和程序安定性原则的要求，而在案件审结并发生效力之后，为其提供一种获得重新审理的可能。鉴于此，相较于通常性救济程序即二审程序，审判监督程序作为“紧急通道”性质的特殊救济路径，在适用上应当遵循严格化、谨慎化的原则。但从现行规范层面来看，我国的审判监督程序具有启动主体多元化、申请事由多样化、程序类型非独立、程序功能混乱等问题，由此造成再审频发、“终审不终”的消极局面。从再审事由的设计理念角度来看，不同于通常的权利性救济机制，再审程序的开启是以牺牲裁判之终局性、微观法律秩序之稳定性甚至是司法权威性为风险和代价的，并伴之以高昂的司法资源成本。因此，再审程序的启动必须以谨慎性、严格性、必要性、例外性为纲领，对再审事由的确立必须以比例性、法定性、明确性、统一性和有限性为原则。从再审事由的具体构成内容方面来看，应当正确认识再审与“有错必纠”之间的关系，以防止再审启动事由的过于泛化和任意。详言之，并非任何“错误”均可构成再审之法定事由，而应当准确区分再审程序与二审程序在功能方面的界限，将事实认定问题剔出再审事由的范围并集中和缩限于法律问题及严重的程序错误领域，从而逐步将再审程序引向节制、有序的运行轨道。此外，从再审事由的立法技术和表述方式角度来看，应当保证再审事由的明确和具体，以实现防止再审程序普遍化和有效消解申请再审难的双重目的。

结语：审判权、诉权的配置对构建民事诉讼体系的影响

审判权与诉权以解决民事纠纷为目的而存在，是构建审判和诉讼制度的基础；制度的贯彻与落实形成了相对应的审判程序；审判程序的运行，实现了不同诉讼阶段的任务，进而实现了整个诉讼的目的。对审判权和诉权的分配结果形成了对应的诉讼模式，从而确定了在不同历史阶段、不同社会环境、不同国度，审判权与诉权在民事纠纷解决中发挥的作用有一定的差别。诉讼模式的差别、诉讼构造的某些差别都是因此而产生的。从源头上讲，不同历史阶

段、不同社会环境、不同的国度都取决于经济发展状态。

人类社会的演进水平与之专业化的发展程度密切相关，而民事程序作为纠纷解决机制谱系中的核心部分，其完善程度自然也与程序自身的专业化水平、程序的多样化程度、程序相互间关系的协调性状态等指标直接关联。通过以上对我国民事诉讼程序之运行状况及关系网的梳理，可以发现：我国的诉讼程序在程序功能、程序理念、制度结构安排、立法技术等方面尚未实现不同程序间本质性、明显化的区分。而从程序之回应性和多样化程度层面来看，普通程序的非规范化、简易程序种类的单一化导致目前尚无针对家事案件、公司诉讼案件和知识产权案件等商事案件、金钱案件以及公益诉讼案件等诸多特别类型纠纷的专门性程序，且立法与司法实践中对相近似或相对应程序的区分更是付之阙如。鉴于此，应当以系统化和结构化的思维理念，依托审判权与诉权之间的关系理论，对各类民事程序和民事制度自身及其相互间关系进行完整性、深入性的修正与优化。在立法结构和体例方面，应当重视程序自身的构建原理以及程序之间在衔接和体系搭建等层面的科学化设计；在基本制度和具体制度层面，应当采行有限三审终审的审级制度，并通过理性认识二审程序之应有功能、完善发回重审制度、改变审判组织形式之确定标准，来优化一审与二审程序间的关系、扭转简易程序通常化的趋势；在程序分类方面，应当重视普通程序的规范化、完备化和专业化，并以多样性和回应性为理念指引，拓宽简易程序体系的成员类型；在程序系统之体系结构方面，应当加强非讼程序与诉讼程序、普通程序与简易程序以及国内诉讼程序与涉外诉讼程序之间的衔接和协调。与此同时，最为关键的是在核心理念和价值认识方面的更新与深化，即任何程序和制度的设计安排都要始终遵循与契合民事程序系统的运行逻辑和内在特有规律，要尊重程序之本质机理和各类程序的基本原理，在对程序功能进行准确定位的基础上实现结构对功能的回应和遵循；明晰程序间界限及其主要功能的界分，避免程序功能的过分重叠；增强程序的回应性和协调性，防止出现制度层面的空白和漏洞。而在此过程中，请大家始终牢记民事诉讼的灵魂主线——法院的审判权与当事人诉权之间的相互制约关系。

▣ 阅读指引

1. [日]谷口安平:《程序的正义与诉讼》,王亚新、刘荣军译,中国政法大学出版社 1996 年版。

虽然是 20 世纪出版,但本书作者的学术观点对中国民事诉讼理论界和司法界的影响巨大,司法中程序优先、程序正义、程序法具有独立价值的理念对中国学界影响至深。本书中《民事诉讼的目的》《民事诉讼的纠纷解决过程》两文可谓经典。

2. [英]阿德里安 A. S. 朱克曼主编:《危机中的民事司法:民事诉讼程序的比较视角》,傅郁林等译,中国政法大学出版社 2005 年版。

作者多数为本国民事诉讼法学界具有相当代表性的学者,他们结合本国的民事诉讼制度和本国的民事司法实践对本国民事诉讼的理论研究和司法实践的情况做了介绍。本书的阅读,将有利于拓宽民事诉讼法比较法的视角。

3. 王福华:《民事诉讼基本结构》,中国检察出版社 2022 版。

对法院和当事人在民事诉讼中的基本权能进行了全面、系统的论述,并对各项权能的具体实现进行了阐释。本书的阅读,对于全面理解法院和当事人在诉讼中的作用有启发意义。

4. 张卫平:《诉讼的架构与程式:民事诉讼的法理分析》,清华大学出版社 2000 年版。

对民事诉讼的基本架构进行了全面的梳理,并对民事诉讼中比较重要的问题,比如辩论主义、证明责任、诉讼标的等问题进行了讨论。其中,读者可以重点关注本书第一章和第二章,在这两章中,作者对民事诉讼的基本模式及其功能做了分析。

北 大 法 学 高 阶

民事司法权限配置的逻辑与维度

傅 郁 林

傅郁林

北京大学法学院教授。1987年获武汉大学法学学士（国际法学专业），1998年获北京大学法学硕士（民法学专业），2001年获中国人民大学法学博士（诉讼法学专业），2001～2003年在北京大学从事博士后研究（法学理论与司法制度方向）；1987～1998年在武汉海事法院从事审判工作和应用法学研究；先后在德国图本根大学（2001年）、美国东北大学（2001年）和耶鲁大学（2006年）、加拿大蒙特利尔大学（2005～2006年）和英属哥伦比亚大学（2014年），以及马普研究所（卢森堡，2015年）等做访问学者。主要研究领域为民事诉讼法、商事仲裁、证据法、裁判方法、比较民事司法制度。

2003年开始在北京大学法学院任教，主要讲授以下课程：（1）初阶讲授类：民事诉讼法、民事证据法、纠纷解决、中国民商事诉讼与仲裁（英文）；（2）高阶研讨类：民事诉讼法学专题、仲裁实务。

在中国法语境下，司法权和审判权的概念在法律文本与法学文献中各有不同定义。《宪法》文本中从未使用过“司法权”这一概念，而是将法院的权限表述为“审判权”（第131条），将检察院的权限表述为“检察权”（第136条）。尽管检察院与法院均自称且被称为“司法机关”、行使“司法权”、发布两高“司法解释”，但在我看来，“司法”仅用于表述“法院”的权限与行为，而不包括由检察院行使的权限。在法院组织法和民事诉讼法层面上，由人民法院行使的权限除了诉讼案件审判权之外，还有非讼案件审判权和强制执行权，民事诉讼法实际上是一部民事司法法。但民事诉讼法学普遍认同，民事诉讼法律关系是各诉讼主体围绕诉的客体按照诉讼程序规则展开对抗与裁判的过程中形成的法律关系，而法院在执行程序中因行使强制执行权而与当事人之间以及与其他执行相对人或执行协助人之间形成的法律关系并不属于学理意义上的诉讼关系或审判关系，而且在非讼案件中行使的司法权即使也被称为“审判权”，其审判权配置也明显区别于诉讼案件的审判权。故本文将宪法所称的由人民法院统一行使的审判权（广义审判权）称为司法权，而将人民法院依据民事诉讼法规定在审判程序中行使的审判权（狭义审判权）称为审判权——与人民法院行使的执行权形成相对概念。

质言之，本文所称的“司法权”系指法院作为根据宪法和法院组织法规定“审判机关”所行使的全部权限（广义审判权），“审判权”系指法院根据民事诉讼法规定的“审判程序”，由“审判庭”（独任制或合议制）在具体案件中行使的裁判权（或调解权）（狭义审判权）。[1] 司法权的核心是狭义审判权，同时还包括强制执行权，以及司法监督管理权、诉外解纷指导监督权等根据程序法明确规定的向外延伸的职能和权限，与狭义审判权之间要么边界不清、相互交织，要么相互作用、相互影响，共同构成司法权及其目标实现、变通或变革的因素，特别是正在进行中的审判权运行机制改革，可能使这些权限的配置和运行发

〔1〕 法学理论界和司法实务界对于检察权作为“法律监督权”的性质与概念也长期存在争议和混乱。本人区分为宪法层面上由人民检察院行使的检察权称为法律监督权（广义监督权），诉讼法层面上由人民检察院行使的检察权称为审判监督权（狭义监督权）——与公诉权形成相对概念。详细论证见傅郁林：《我国民事检察权的权能与程序配置》，载《法律科学》2012年第6期。

生结构性调整，因此在事实描述和制度评价上均具有不确定性和多元性。

民事司法制度的基本架构分为司法组织结构、司法权限配置、司法权限在司法组织结构中的运行过程。司法组织结构包括宏观层面的法院体系结构、中观层面的法院内设机构、微观层面的审判组织（见图1）；司法权限配置包括公法维度的赋权与制衡、私法维度的权利制约；运行过程在宏观层面上受制于宪制结构所决定的司法体制，在中观层面上受制于组织法和司法行政所决定的审判机制，在微观层面上受制于实体规范、程序规范、证据规范形成的裁判逻辑。就其动态发展而言，中国民事司法改革由微观到宏观大致可分为三个维度：程序构造改革或诉讼制度改革，法院结构改革即审判机制改革，司法体制改革亦即宪制结构改革。诉讼制度改革的核心是调整法院与当事人之间的权限配置关系，解决当事人作为诉讼主体地位问题（回答"谁确定裁判对象并对案件事实负责"问题），目标是由超职权主义向辩论主义或当事人主义转变；审判机制改革的核心是调整审判组织与法院内部领导管理监督者之间的权限配置关系，解决审判组织作为实际裁判者的地位问题（回答"谁代表法院行使宪法赋予的审判权"问题），目标是去行政化、实现"让审理者裁判，让裁判者负责"；司法体制改革的核心是调整法院与地方党政机关、下级法院与上级法院之间的权限配置关系，解决法院作为依法独立行使审判权机构的问题，目标是去地方化、加强司法统一。观察表明，民事司法权限在各个层面、各个维度的配置应当符合一定的逻辑，所以司法改革往往是牵一发而动全身，而中国民事司法改革正是从民事诉讼法律关系这一核心权限配置入手——而且是从民事诉讼最微观、最核心的庭审方式切入，层层向外推进至审判权运行机制，直至司法体制改革。

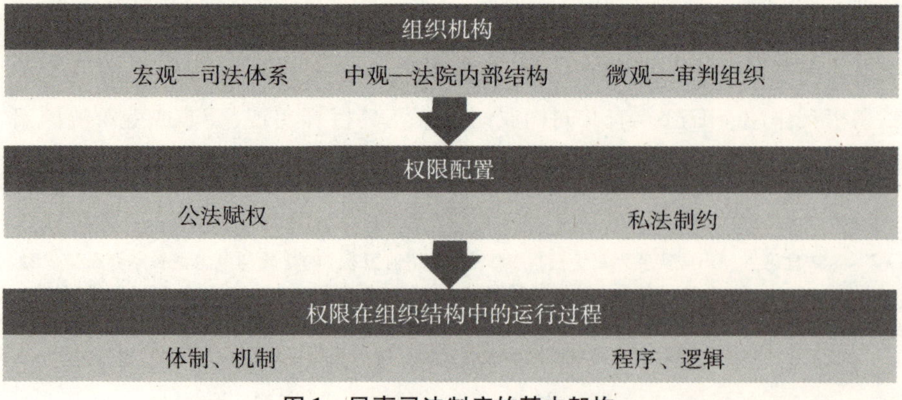

图1　民事司法制度的基本架构

■ 审判权在民事诉讼法律关系中的核心角色及其配置与制约

民事诉讼法学的研究对象（本体）非常清晰，其核心就是研究民事诉讼法律关系。民事诉讼，就是法院与两造当事人（诉讼主体），围绕当事人提起的"诉"（诉的客体/诉讼标的）[1]，依据一定的规则——也就是民事诉讼程序规则，通过特定的诉讼行为，产生一定的法律效果——包括诉讼法上的效果和实体效果。（见图2）民事诉讼法的核心任务，就是确立这套规则，比如从参与资格（当事人适格）、场次划分（管辖与分流）、入场顺序、行为方式、有效要件、裁判规则、救济途径等方面着手。这些程序规则构成"民事诉讼法"的核心，却并不是"民事诉讼"的核心，因为民事诉讼作为当事人将私权争议提交司法以谋求公权（力）救济的一种途径，其诉讼主体、诉的客体、诉讼行为及其法律效果的定义与评判标准要受相关私法与公法双重调整，在私权利维度上当事人的地位和权利依赖于民商法的配置规范，在公权力维度上司法权的配置与行使受制于宪法和法院组织法以及其他有关公法规范，这些私法和公法规范在民事诉讼法所调整的民事诉讼法律关系中，也相应构成对各该主体在民事诉讼中角色、行为及其相互关系的规定性内容。[2]

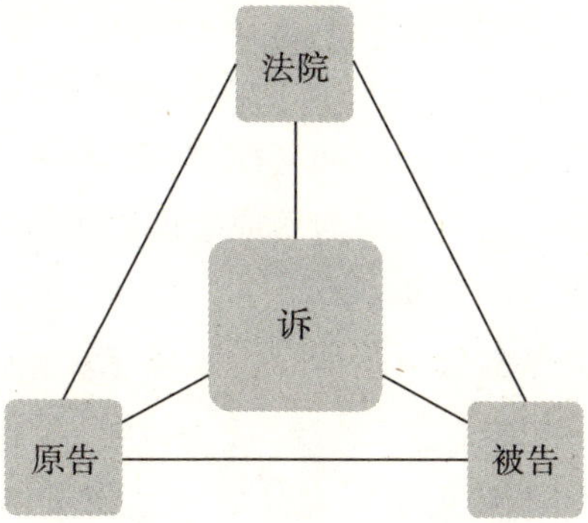

图2　民事诉讼三角形架构

---

〔1〕 请注意，当我们提到"诉"时，侧重点在实体争议，诉的主体为当事人、诉的客体为诉讼标的；当我们提到"诉讼"时，侧重点在诉讼程序，诉讼主体为诉讼程序的核心参与者——法院和当事人，诉讼客体常常是指诉讼主体之间在诉讼程序中形成的权利义务关系。

〔2〕 在中国还有《法官法》，因为该法中规定了某些本来应该规定在《法院组织法》中的内容。详见傅郁林：《全责的法官与迷失的法官助理——修订后法官法的罅漏与弥补》，载《中国法律》2019年第4期。

□ 诉讼主体的入场券与诉讼程序的参与权

如果把民事诉讼作为一场法律角斗或比赛，首先要解决入场券的问题。所以民事诉讼法首先要确定诉的主体和诉的客体。民事诉讼法（学）只需也只能提供一个抽象的标准，而是否符合该标准则需要依据实体法进行判断。第一，主体“适格”问题。当事人作为私权主体，需要满足什么条件才能进入诉讼程序？对此，民事诉讼法（学）只需确立一个抽象的条件或标准——实体当事人、利害关系人、诉讼担当人，但在具体个案中确定谁才能满足上述条件之一需要根据实体法来判断。民事诉讼法在确立前述抽象标准时，一方面要考量司法资源的宏观配置问题——满足什么条件才能将私人之间的争议提交法院从而占用有限的司法资源；另一方面也要平等、公正地保护原告行使诉权与无辜被告不受滥诉侵扰。第二，当事人要提出什么样的诉求、以怎样的形式提出诉求，才能不仅进入司法的大门而且得以被归入特定场次和适用相应规则，这就是“诉讼请求”、“诉”以及“诉讼标的”所讨论的范畴。同样，民事诉讼法（学）只提供一般标准，而在具体案件中仍需要结合实体法规范和民商法学理论来具体判定。这些实体法预先配置给当事人的权利对于司法的过程与结果都具有绝对或相对的规定性，这种规定性本身在“依法裁判”的基本逻辑下构成对司法权配置与行使的最基础、最重要、最根本的约束，称为“处分权主义”、“辩论主义”或“当事人主义”。然而，这种来自诉讼主体和程序内部的最重要、最有效的制约和监督，在讨论司法权的制约机制时却常常被忽略了。

居于这个三角形顶端、代表公权力而成为诉讼主体的“法院”，同样也有入场资格问题。然而，法院、法官、审判组织的入场券主要不是由民事诉讼法定义的；法院的诉讼行为乃至其效力和效果也不是单独由民事诉讼法来定义的。比如，在一个具体案件中由谁代表“法院”成为该案件的诉讼主体？谁代表“法院”行使审判权来决定这个三角形底部的双方当事人的命运？谁代表法院在特定案件当中和当事人之间发生法律关系？谁实施行为，该行为的依据是什么，以及该行为是否导致诉讼主体的行为或者诉讼行为的特定法律效力？这些问题在其他国家可能不那么复杂，因为按照民事诉讼法和法院组织法明确规定的诉讼程序和合议庭组织程序，谁进入那个诉讼竞技场上坐在那个三角形顶端，谁就是该案件的诉讼主体，因而也就由其代表法院对该案行使审判权——程序法上的诉讼主体与代表法院行使审判权的主体是同一独任法官或合议庭。当然,在各国进行的案件管理改革中,也存在法官与司法辅助人员之间的权限配置问题,以及由此产生"究竟哪些审判权是非核心权力因而可以由司法辅助人员替代或独立行使,哪些审判权只能由法官专享行使"这样的理论追问,但无论法律将具体权力交由谁来具体行使从而产生"审判权分享"的问题,都不会涉及未曾接触过当事人(或其诉讼代理人)因而不曾进入这个民事诉讼法律关系的三角形框架的某个或某些场外主体,来参与案件审理、裁判从而决定当事人命运的情形。

但是,这一问题在中国却常常是必须回答却又难以回答、没有标准答案甚或没有规范答案的问题。大家先想想,这个答案从民事诉讼法规范和理论中能找到吗?在民事诉讼法中,这个三角形上的"法院",就是在具体案件中的诉讼主体,也就是独任制或合议制的"审判组织",也就是独任庭法官或合议庭法官,至少就民事诉讼中最关键的诉讼行为即裁判行为而言,这个答案是肯定的。然而,事实上有时并非如此,法官们在重大案件中可能并不是真正的裁判者,在案件和公开资料中也都有据可查。我们去《宪法》中寻找答案,显然,宪法只是把审判权赋予了"人民法院",却没有规定在具体案件中谁代表"人民法院";于是再去《人民法院组织法》中找,其与《宪法》同样规定了"人民法院依照法律规定独立行使审判权",但法院组织法也没有赋予院长、审判委员会、庭长作为非审判组织成员而参与审判案件的权限,也就是说,在依据民事诉讼法所运行的诉讼程序中,在民事诉讼法调整的民事诉讼法律关系中,在判决书所载明的任何代表人民法院署名的姓名中,除了独任法官或合议法官之外,任何其他人都不在也不应该在这个由诉讼主体形成的三角关系中。那么,那些程序外的其他个人或组织又是如何参与具体案件审判的?我们只在法院组织法中找到了关于审判委员会"讨论"重大案件的权限,可是,"讨论"是种什么权限?在诉讼法上产生什么行为效果?没有参与审理程序、没有听取当事人陈述甚至没有阅读当事人案件材料,又如何能(参与)决定当事人之间的争议?这些问题在民事诉讼法学理论中都无法找到答案,因为它们不符合民事诉讼程序运行和民事审判的基本逻辑。所以,从诉讼程序的外部来配置审判权,除非是以撤销诉讼程序效果为目标的事后救济,否则都无法进入诉讼法律关系从而受到符合正当程序原理的制约。

□ 关于当事人与法官权限配置关系的“诉讼模式论”[1]

关于法官与当事人之间的权限配置，在中国司法改革过程中是以“诉讼模式”来概括的。不过，诉讼模式论在中国经历了一个发展过程，并且直到如今仍因划分标准的差异而存在理论争议。

最早的“审判方式改革”是以“大陆法系国家的职权主义与普通法系的当事人主义”为一对范畴展开的，我称之为狭义模式论，其划分标准仅限于庭审结构中当事人与法院的权限配置，解决的是法院或当事人谁负责将裁判所需事实和证据提交给裁判者，或者换言之，法官是否有权在法庭上通过职权询问的方式调查事实，以此自行向当事人获取诉讼资料和证据作为其认定事实的依据。在普通法系的当事人主义模式（亦即对抗制，译自 adversary system）下，法官无此权限，只能由当事人的律师以交叉询问的对抗式方式将事实呈现给裁判者（传统上是陪审团）。在大陆法系的职权主义模式下（又称讯问制或纠问制），法官享有上述权限，不过大陆法系国家普遍反对被归入“纠问制”，而自称辩论主义模式，因为法官通过自行询问的方式调查事实和调取证据要受到辩论主义三大命题的约束——法官调查事实的范围受制于当事人的事实主张，当事人没有争议的事实法官无权调查，法官认定事实须以当事人提交的证据为依据。

张卫平老师提出了至今仍有广泛影响力的诉讼模式论，我称之为广义模式论，或者诉讼体制论。他认为，以法院权力配置为一端，以当事人权利配置为另一端，市场经济国家都奉行的是当事人主义，其中英美法系国家是强当事人主义，大陆法系国家为亚当事人主义，只有苏联东欧属于强职权主义，中国属于这个范畴，也就是我们经常说的“超职权主义”。后来学界对法院和当事人之间权限配置结构进行了三个维度的区分：一是在裁判对象或实体裁判权的维度上，以当事人所提出的“诉”是否对法官权力形成制约，区分为处分权主义与国家干预主义，就此而言，张卫平老师的比较法研究结论是成立的，即市

---

[1] 关于诉讼模式论的详细理论阐述见张卫平：《程序公正实现中的冲突与衡平——外国民事诉讼研究引论》，成都出版社 1993 年版；理论争鸣见汤维建：《两大法系民事诉讼制度比较研究——以美、德为中心》，载《诉讼法论丛》1998 年第 1 卷；白绿铉：《论现代民事诉讼的基本法理——对我国诉讼制度改革的浅见》，载《中外法学》1999 年第 1 期。实证研究见王亚新：《论民事、经济审判方式的改革》，载《中国社会科学》1994 年第 1 期。

场体制下各国基于“当事人自治”和实体处分权，法院针对私权争议行使的裁判权不能超越当事人提出的诉讼请求或诉讼标的的范围；二是在裁判依据或事实调查权的维度上，以当事人的事实主张和证据提出是否对法官权力形成制约，区分为当事人主义与职权主义，亦即前述狭义的诉讼模式，而德日自称为辩论主义模式；三是在程序推进权的维度上，根据当事人与法院由谁负责推进诉讼程序（主要是审前程序），区分为当事人进行主义与职权进行主义，就此而言，法国模式更接近于英美模式，而与大陆法系的德国职权进行主义模式相去甚远，不过各国总体趋势是赋予法官在程序管理上更强的介入和推进能力。

我国始于20世纪90年代的改革实际上覆盖了整个诉讼体制，从整体上对法官与当事人权限进行了重新配置，并逐步确立了处分权主义。从20世纪90年代末最高人民法院颁布《关于民事经济审判方式改革问题的若干规定》，到2007年《民事诉讼法》颁布为止，我国确立处分权主义的明显标志是，法律明确规定了超越当事人诉讼请求的判决可以作为再审事由，亦即法院裁判权不能超越当事人诉讼请求的范围。但是，我国尚未真正确立辩论主义。辩论主义的内涵包括：对于当事人没有争议的事实，法院不能审理和裁判；对于当事人自认的事实，法院应当直接认定而不是推翻重来。若以此为标准，我国并不存在辩论主义，唯一有辩论主义色彩的是在2002年施行的最高人民法院《关于民事诉讼证据的若干规定》中确立的自认制度，但这一制度却在2015年民事诉讼法司法解释和2019年关于证据规定的司法解释中出现了倒退。究其原因，我国把家事诉讼、公益诉讼和商事诉讼放在同一制度框架中，这忽视了案件专业化程度、有无律师代理，以及基于效益考量在特定案件中给法官更多的权限、当事人的诚信危机等各种因素，导致当事人承担了证明事实的义务，但上述对事实负责的义务未能制约法官的调查权。

这里要请大家特别注意，目前在中国广泛讨论的与辩论主义形成一对范畴的“职权探知主义”，是在次级层面的，仅限于在大陆法系范围内进一步展开。辩论主义与职权探知主义的划分，主要是用于区分普通民事诉讼及商事诉讼中的事实调查权配置与家事非讼程序中的权限配置结构。简单地说，在奉行职权探知主义的司法程序中，辩论主义的三大命题对于法官事实调查权所形成的制约都不复存在，相应地，当事人也不因此而承担事实主张与证明的懈怠效果，但当事人基于诉讼主体地位而享有的基本程序权利和相应的基本行为义务，是超越于辩论主义或职权探知主义而普遍具备的。

■ 民事诉讼制度在配置司法权限与当事人权利时的考量因素

我国司法改革虽然一直呈“减少法官权力,增加当事人权利”的总体趋势,但也受到一些客观因素的特殊影响,比如案件剧增的压力和经济快速运转对于效率的需求,在一定程度上导致了诉讼制度改革的停滞乃至逆转,主要集中在事实调查权和证据制度等实体性权利配置关系上,但也由此带来了与此相关的程序透明、信息共享、权限制约的倒退。这是因为,一般而言,基于效率考量的现实需要,主导程序的法官权力越大,其对程序的推进越明显,追求效率的结果就越好。但是,当法官权力大到可以完全依职权确定一个涉及实体性权利的程序事项,而不必考虑当事人的意愿和参与权,比如大到诉的主体或客体变更与合并,小到事实陈述和举证期限,当事人的参与权被忽略的结果往往是欲速不达,因为当事人比法官更了解真相——包括举证的可能性及各方所需的时间。如果法院职权增加到可以单方决定上述事项,一方面会增加法院事实调查的工作负担和错误风险,另一方面会因为程序安排不合理而形成程序空转或程序反复,最终的结果是,从一个程序环节上看似乎进度很快,但从整个讼程、整个案件纠纷解决全过程的角度看,恰恰可能会导致非常不合理的拖延和浪费。

□ 民事司法权限配置的基本逻辑——真相、效率、成本三要素的平衡

民事司法权限配置的基本逻辑围绕这三个元素展开:真相、效率、成本。民事司法新哲学将“司法正义”定义为“在合理的时间、以合理的成本、获得真相(实体正义)”。从追求实体正义的角度看,诉讼当事人在实体事项上享有的权利和机会越多,就越可能把事实和证据整理得更清楚,最终获得实体正义的机会就越多,在此逻辑下,法官和当事人之间形成了一系列的相互制约关系。法官权力太大并不意味着增加真相,那会不会意味着增加效率或减少成本呢?前面已经作了分析,法官权力的边界应当与当事人就陈述和证明真相所需要的充分合理(但又不过分拖延)的时间相契合。

关于“促进诉讼”,比较法研究表明,当事人对于争议的形成,从开始起诉、请求、抗辩一直到事实的整理,再到证据的收集,整个过程一定要有法官的介入,其目的是使争议焦点更集中,但前提是当事人才是主角。值得探讨的是,

哪些时间应该被节省?《民事诉讼法》只规定了整体期限,法律要求法院要在给定的期限内解决当事人的争议,但最高人民法院通过司法解释在一定程度上把原本属于法律规定的法院的义务转换为当事人的义务,变成了设定的种种期限。这种规定具有部分合理性,因为诉讼程序是由当事人与法院作为诉讼主体而共同参与的,法律对法院的审理期限作出了规定,当事人诉讼行为当然也要有相应的期限要求,但是,具体时间如何分配、由谁分配?即使认可法院作为民事诉讼法调整的诉讼法律关系主体之一,其也并非单独拥有将法律规定的各诉讼主体共享的6个月期限切分为不同板块的权力,这个过程是否也应当有当事人参与决定?否则,法院给当事人分配多少时间收集证据和进行审前准备、给自己预留多少时间写判决书,完全由法院自己说了算,怎么能保证时间分配的合理性?举证期限规则关上了证据之门却又不得不再开门,就是对这种权限配置导致的不合理性的实践反馈。在比较法上,有法律对当事人的诉讼行为期限和对法官审判行为期限分别作出期限规定的立法例,比如从最后一次开庭到作出裁判之前的时间规定为15天或者30天——从最后一次开庭到作出裁判,这个时间限制的是裁判者的行为,因为最终一次辩论结束作为既判力基准时,当事人的诉讼行为到此为止;在此之前才是法官和当事人之间共同运作的行为;也有立法例规定了不同频道的诉讼程序和与该频道相应的程序权限——当事人一旦选择了不同频道则意味着接受对其程序权利的相应限制。但没有见到过由法律规定一个整体期限,而将具体诉讼行为的期限完全交给具体法官(及法院的司法解释)来决定的立法例。

在诉讼程序中,当事人和法院之间的权限配置可能涉及法院内部运行机制,因此需要判断哪些是法官和当事人之间共享的诉讼行为,哪些是法院的内部行为。在其他条件相同的情况下,如果审判机制中配置给审判法官的独立权限越大,则诉讼程序在法院内部程序流转(如请示汇报)的机会就越少,从而作为诉讼主体的法官与当事人之间共享的机会可能就越多;在诉讼程序内部,有效的案件管理应当是通过推动当事人在充分合理的时间内形成诉讼资料,积极做好审前准备,包括就诉讼请求的主张与(强制)答辩、事实主张与回应、证据收集与开示,形成争议焦点,而不是由法官来"吃力不讨好"地自己进行审前准备。始于20世纪90年代的民事诉讼方式改革在近年追求"社会效果"和司法考核压力下,一方面使法官的权限与责任正在向职权探知主义方向回潮,另一方面法官由此增加的事实调查权和程序控制权与趋利避害的动机相结合,正在瓦解诉的合并与分解制度以及基于诉讼经济考量而设计的其他诉讼制度,致使当事人利用撤诉后重新起诉等制度来加快个案"审结"速度,从而在整体上严重损害了诉讼经济和诉讼效率;在扁平化改革之后独立审判权明显增长的状态下,进一步强化法官在诉讼程序内的职权主义色彩,也使司法权得不到来自当事人的制约而增加可能出现的权力滥用、错案和腐败的风险。

□ 关于案件管理中职权配置的反思与探索

以职权进行主义推进程序的好处,并不是被假想或被追求的司法效率更高,而是法院容纳案件能力更强,这一点可以通过对比法院审理的案件量进行判断。苏力老师经常引证波斯纳法官的论证说,通过提高诉讼效率来解决积案问题,就好像通过扩建高速公路来解决堵车问题。刚刚增加的高速公路上交通的确很畅通,于是会刺激更多的人去买车,过一段时间之后就会有更多的车,然后又重新拥堵。不过我想说,提速并非没有价值,但这个价值是提高司法对案件的容纳能力。至于如何评价,则要看一个国家对于法院的定位,是想要其作为纠纷解决中心、社会冲突处理中心,还是通过解决纠纷建立法律秩序?这与司法功能定位有关。我国司法的功能定位要不要区分高速公路和一般公路?还是如当下实践所践行的这样,只要当事人愿意把纠纷交到司法,司法本质上就是一个纠纷集散地,即便发展非诉讼纠纷解决机制(ADR)将案件往外分流,也是由法院主导的——而不是社会自发、政府指导的,是在法院容纳不了的情况下才需要人民调解等方式来分流案件。如果是这样的定位,从个案考虑来看(姑且不去考虑系统成本的增加),我国司法的容纳力和纠纷解决的速度、成本评分还是很高的。这里涉及一个更基础的问题:诉讼目的是解决纠纷,还是保障私权?诉讼目的论是民事诉讼学的核心理论之一。

另一个热点话题其实也涉及系统性的成本效率或诉讼经济问题。学界经常谈及的"同案同判",往往是从司法伦理、法律平等角度来考量的,但我作为司法制度研究者、纠纷解决研究者,认为同案同判的更大效应是效率价值。同案同判意味着:第一,可以批量地产生正义;第二,可以使那些"赌博式"的争议解决不会提交到法院;第三,可以减少通过上诉、再审及后续其他制度挑战司法的后续救济。

就具体案件的管理权限而言,不论是理论还是实务,最后都会回到一个以私权为主导的裁判逻辑框架,在行使司法权限时掌握并尊重这一逻辑框架,在正义的三个维度上都有益处——真相、成本、效率。法院进行的争点整理,要始终围绕当事人提出的请求、抗辩及其权利基础来展开,以权利能否成立为方向进行事实调查。除争点整理和事实调查外,审前准备与庭审过程也都围绕私权争议来展开,争点更为集中,也不会扩张裁判要点和法官权力,与法律无关的其他争议就会被减少。对于整个系统来说,所谓的同案同判会出现,因为每一个争议如果是以纠纷解决为目标,当事人个人的心理需求很难满足,标准很难确定,最终形成不了一种标杆、形成不了系统上的同案同判,就会产生赌博性的纠纷解决心理,比如换一个法院、换一个程序、换一个合议庭、换一个法官,结果都有可能不一样,就会产生盲目撤诉,最终结果是每一个案件之间都有可能不一样。这种赌博性的纠纷解决心理会激励当事人重复寻求救济的欲望。在这种情况下,个人效益是不大容易真正获得满足的。

此外,司法并非垄断性解决民事争议的唯一途径,却是最终的救济途径。因此司法既与其他合法的救济途径并存,又对司法外解纷途径产生的结果享有指导(如人民调解)、支持(如仲裁保全)、监督等最终救济,因此在相应的司法权配置中存在多层次交叉关系和边界划分规则。[1] 我国民事诉讼法本身又不仅仅是以争议解决为核心的"诉讼"规范,还是包含了非讼程序、执行程序等司法规范的一部"民事司法法"——在许多国家,非讼程序法和执行程序法是单行于民事诉讼法之外的,因为其价值取向、程序理念、规范结构与民事诉讼法都有重大差异甚至是背道而驰的。即使在"诉讼"关系中,家事程序、公益诉讼与普通民事诉讼之间也存在明显差异,但我们把它们都放在同一部民事诉讼法中适用同样的规则,所以常常首尾不能相顾。这些问题属于程序分类研究所讨论的,本文不讨论。今天讲到的司法权配置,主要是权限分界问题,也会涉及职能分层。

■ 司法权配置的动态发展——中国民事司法改革的维度与困境

现在我们由当事人与法院围绕实体争议解决进行的诉讼与审判这一程序内部视角,一步一步向外延伸到程序外部——审判权运行机制与司法管理体

---

〔1〕 详细讨论见傅郁林:《多层次民事司法救济体系探索》,载《当代法学》2013 年第 2 期。

制,看看其中的逻辑关系。简单地说,中国民事司法改革由微观到宏观大致可分为三个维度,即程序构造改革或诉讼制度改革,法院结构改革即审判机制改革,司法体制改革亦即宪制结构改革。(见图3)

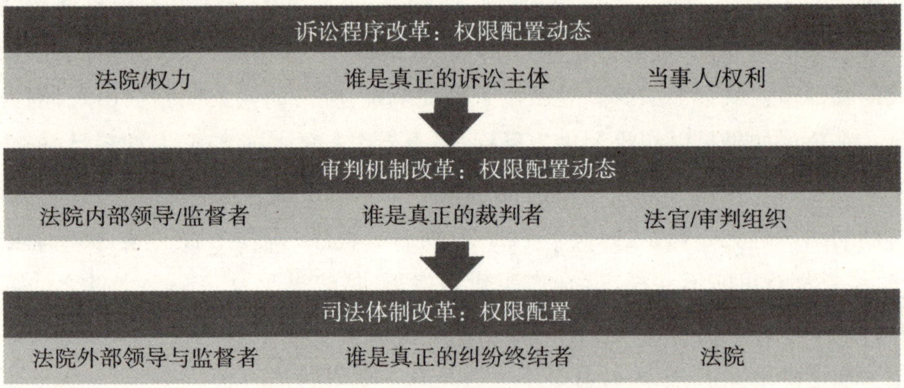

图3 中国民事司法改革维度

□ 审判方式改革——程序内部诉讼主体之间的权限配置关系调整

民事司法改革起初范围很窄,始于20世纪90年代初期的"审判方式改革"。虽然"审判方式改革""诉讼模式改革"这些概念的内涵和外延模糊不清、争议不休(随后再进行分层次讨论和澄清),但其核心是改革法院与当事人之间的诉讼法律关系,也就是集中在民事诉讼制度领域内的改革。改革在名义上为庭审方式改革,依据狭义诉讼模式论,就是要解决庭审过程中谁负责将诉讼资料和事实、证据呈现给裁判者——是当事人通过交叉询问的方式(当事人主义模式,或称"对抗制"),还是以法官自己调查询问的方式(职权主义模式,或大陆法系国家自称"辩论主义下的法官讯问")来获悉事实和证据?但实际上,这场改革在整体上改变了当事人权利与法院权力的配置关系,依据广义诉讼模式论,审判方式改革重新回答了在前述三角形架构中,谁才是真正的诉讼主体;法院与当事人谁应当对裁判的形成起决定作用;或者,在最低限度上,当事人作为私权方面的诉讼主体,其诉讼主体地位在诉讼请求和事实证据事项上以及在程序参与中,如何得以体现,使之在涉及自己私权的裁判形成过程中得以真正参与,并由此对作为裁判者的法院权限构成制约。

民事诉讼制度领域的这项改革自20世纪90年代开始至今仍在进行中,其总体方向(尽管有时候和在局部上有所"回流")是,当事人权利日益扩大,法院权力日益受到当事人权利的制约和限制。在实体层面上,法院在裁判权限上受到当事人提出的诉讼请求范围乃至诉的类型的约束,称为"处分权主义"(其标志为2007年以后的《民事诉讼法》明确规定:判决超越诉讼请求的,属于再审事由);在事实形成权限上,理论界达成基本共识的辩论主义三大命题虽然尚未获得立法和司法实践的认可,但当事人对事实负责的原则和据此享有的程序保障,特别是由此推动的程序透明化和裁判理由公开化,对裁判者的事实认定权构成明显制约。在程序规范层面,当事人的程序参与权和程序选择权,以及程序的规范化、公开化,诉讼资料和程序进展等信息透明化,都使法院权力越来越多地受到当事人权利的制约——一方面,当事人的权利一直在提升;另一方面,法院在诉讼结构中的权力边界越来越清晰。

总体上,司法改革在诉讼法律关系上的调整是比较成功的;不过,当事人在事实层面承担的责任和风险与其由此获得的证据手段及其对法官事实调查权所形成的制约在力度上并不同步,当事人在诉讼请求层面对法官裁判权的制约与其在诉讼早期形成实体争点的义务也不同步,这些技术层面的问题在特定背景下会产生一定的司法公信力问题,这也在一定程度上导致了诉讼制度改革的摇摆,但程序透明化和司法专业化无论成就或方向始终是正向的。裁判者权力在受到当事人实体权利、程序权利以及证明责任等一套新规则的约束之后,如果没有审判专业化,审判者就不可能真正了解民事裁判逻辑和权力边界,以及如何正确地行使权力,由此也提升了对司法专业化的需求与发展。

□ 审判机制改革——法院内部审判者与监督管理者之间的权限配置关系调整

第二阶段的改革,即审判机制改革,主要动因是程序改革或诉讼制度改革很快遇到"瓶颈"。作为第一个阶段的改革成果,审判者的权力受当事人权利的制约,其诉讼行为被要求透明、公开,诉讼程序中与案件相关的信息必须与所有诉讼主体共享。所以当事人权利的扩大、程序的透明、司法专业化作为"一揽子"改革的成果呈现时,三角形结构中代表法院直面当事人的诉讼主体,就是审判组织,也就是独任法官或者是合议庭法官;并且诉讼程序中的"裁判法官"或"审判法官"的每一个诉讼行为都要向当事人公开并受其制约。与此同时,传统司法管理框架中,在法院内部的、裁判者背后的举措就无法直面当事人。在过去,法院的内部结构不受关注,因为无论谁坐在法庭上,谁盖上法院的公章,甚至法院的公章是怎么盖出来的,包括那些裁判理由是写在向当事人送达的判决书中,还是写在法院内部的“审理报告”中进入副卷,并没有人去追究,也无从追究。但是在司法公开、程序公开、审判权限很大程度上受制于当事人权利的情况下,案件信息需要与当事人共享,譬如开庭相关表述在庭审笔录中被清晰记载却未在裁判文书中体现相关内容,裁判者就要给当事人一个说法,此时法院仅仅作为一个抽象的、模糊的诉讼主体,就要在明确的诉讼规范之下,直面当事人的质疑和社会公众的追问,成为一个具象的审判者,作为具体的诉讼主体,就其特定的诉讼行为——无论是裁判结果或程序行为——提供依据和理由,并且可能承担行为责任。问题是,躲在诉讼程序意义上的审判者或裁判者背后的那些实际裁判者,又如何与当事人共享信息?他们既不听取当事人的陈述或辩论,当事人也不了解他们的意见及其形成过程,甚至不知道他们的存在;而没有这些信息,审判者又无法说服当事人或社会公众接受裁判结论。于是,司法改革由诉讼制度改革阶段进入了审判机制改革,也就是法院内部权限配置结构的改革,其目标和方向,就是党的十八届三中全会提出的“让审理者裁判,让裁判者负责”。

第一阶段的改革成果大都体现在现行《民事诉讼法》和 1998 年之后陆续发布的司法解释中,第二阶段的改革成果很大一部分体现在 2018 年《法院组织法》和 2019 年《法官法》(及《检察院组织法》)以及 2013 年以来中央和最高人民法院颁布的一系列司法改革文件中。但对于第二阶段的审判机制改革总体上是成功还是失败,目前作出简单的结论还为时尚早;但在价值目标或总体方向上应该肯定或否定,我的答案仍是肯定的。审判机制改革的实质就是要回答,谁代表三角形架构中的“法院”行使宪法赋予的审判权,构成民事诉讼法上的裁判者?这个问题在诉讼法上根本不是问题——从诉讼主体上看,出现在诉讼过程的法官,从权力渊源上看,《法院组织法》中规定享有审判资格的法官所构成的独任庭或者合议庭,就是在具体案件中代表法院依法行使审判权的裁判者。然而,这个简单的答案却已困扰我国司法界许多年。2013 年开始的司法改革就是要回答这个问题,即通过改革法院内部的权限配置结构,重新回答谁代表三角形架构中的“法院”审理案件,并且最终代表法院行使裁判权。改革目标是“谁审理,谁裁判”——谁在合议庭中审理案件、直面当事人,谁就是真正的代表法院行使审判权的裁判者。后面半句话,“谁裁判,谁负责”,也是本次改革的重要部分，主要解决作为诉讼法上的裁判者与作为组织法上的审判监督者以及作为司法行政管理体制中的法院院长，在变革之后的司法权权限配置结构下，行为主体、权限边界与责任承担的原则性标准。

作为审判机制改革和略有涉及的司法体制改革的成果，2013 年到 2019 年发布的一系列相关文件，修改的《人民法院组织法》《法官法》《人民检察院组织法》，大致就法院内部权限配置进行了如下变动：第一是扁平化，即让审理者裁判，让裁判者负责，审理和裁判的权限原则上下放给合议庭，同时也释放出审判人力资源，让那些担任法院领导职务后不在一线办案的资深法官直接参加繁杂疑难案件的合议庭；第二是进一步专业化，法院领导的专业化，对法官有监督权的人均应当为专业人士，比如新组织法规定法院院长必须具有法学的专业背景，也需承担审判任务；第三是程序和信息进一步透明和公开化。遗留的问题是，审判权限在员额制法官与司法辅助人员之间进一步配置的问题。此外，在法院外部，中央文件明确禁止领导干部干预案件；在法院内部，要求审判法官对领导干部过问案件全程留痕。另外，改革法官遴选制度，确保法官遴选机制能够选出最优秀的法律人，以保障法官能够对案件负责。最后，对法官工资进行调整，使法官工资比本地区公务员工资高出 50% 。

□ 司法体制改革浅尝辄止，审判机制改革效果不尽如人意

始于 2013 年的体制机制改革最终效果不尽如人意。这次改革被认为有待完善的一个标志是法官辞职的数量增多，法院人才流失。令人疑惑的是，本次改革的预期受益者是法官，为什么法官作为受益者反而较多离职？在改革伊始，司法辅助人员大批离开的现象还未引起恐慌，但在预期受益者——员额法官反而成批离开的情况下，当然要认真反思司法改革本身的内容、方法和节奏等，也要思考改革的时机、背景和配套措施。法官离职的理由也不一样，有人认为，司法改革之后的法官“离职潮”，是因为“裁判者负责”成为改革侧重点，而“审理者裁判”并没有实现；也有人认为，法官们面临的压力、责任和风险远远大于提高的待遇，而且许多地方根本没有落实新的待遇，因此法官们并不想要“审理者裁判”，更不欢迎“裁判者负责”；还有人认为，主要是因为法官所负责的并不是法律责任。我的看法是，如果说本次改革效果不尽如人意，那么原因是审判机制改革所依托的司法体制改革不仅没有同步，而且在审判机制改革后期反而呈现了相反的走势。

进言之,如果通过法院内部机制改革实现"让法官更像法官"的目标,那么首先必须是通过法院外部体制改革实现"让法院更像法院"。不难理解,如果法院承担了过多的法院职能之外的其他政治职能,意味着裁判者承担的依法审判之外的社会责任和政治风险增加,而由法院领导承担的审判外事务也不会因为审判机制改革而减少,因而其审判力量不可能真正释放出来,其审判职能只能转嫁给其他法官代为履行。

认为效果不尽如人意的另一观点是,审判权运行机制改革所希望下放的审判权,其实承办法官也不想要,甚至律师也不愿意,因为错案风险和职业风险都太大了。许多律师呼吁提高法官的待遇,因为法官的职业有保障了,当事人权利才有保障。但是与此同时,律师们不能接受法官享有司法责任的豁免,哪怕只是有限的豁免也很少有律师赞成,因为担心法官滥用职权。总之,各方面都不满意,司法改革似乎进入了一个"怪圈"循环。

那么问题究竟出在哪里?这里重点要讲讲"裁判者负责"。审判机制改革力求明确"谁是真正的裁判者"。这个问题前面在讲民事诉讼法律关系时已经给出了答案。但进一步看,法院内部谁对案件最终负责,以及谁向党和人民负责,这一问题并没有得到明确。我们的宪法中并没有规定法官只对法律负责;政治问责机制是"一把手"负责制,或者行政首长负责制;而依据审判制度,法院院长即使是"一把手"参加合议庭,其裁判权与其他法官的权限也是平等的。于是,在法院内部改革剥夺了院长干预案件的权力的情况下,政治架构便无法实现法院院长负责的目标。所以审判权下放之后只好又默默上收,法院院长如果对法官不放心、对案件不放心、对任何可能产生的后果不放心,就可能要去过问,因为对政治上的后果负责的并不是法官,而是法院院长。

作为一种妥协,关于司法责任制的相关文件以及《人民法院组织法》在下放审判权的同时,实际上也强化了审判委员会的权限。提请大家关注一个制度现象:司法公开在比较法的意义上,一个是"向当事人公开",我称之为司法透明或诉讼主体之间的信息共享,另一个是"向社会公开";此外一些大陆法系国家还存在"向相关利害关系人公开"。在我国,司法公开还有一个重要的含义或路径——"向监督者公开",这基本上都在副卷里。副卷里有合法且正当的审判秘密,如合议庭评议;也有过去不公开但现在逐步公开、移到正卷中的"审判秘密",如审判法官的"审理报告",目前在大部分案件中或其余案件中的大部分内容也成为判决书的说理部分,再如上级法院给下级法院的"内函",目前在大部分案件中或其余案件中的大部分内容也成为发回重审或再审裁定书的说理部分。本次改革中增加的“全程留痕”要求，就是一种预备“向监督者公开”的内容或证据，其内容可能包含上述各类信息。这些信息既不向当事人公开，也不向社会公开，但又不完全是“天知地知，你知我知”的秘密。

《民事诉讼法》的审判公开要求，核心是审判透明——我更愿意称为“信息共享”，也就是三角形中三个诉讼主体之间的共享；审判机制改革之后所产生的信息共享，还增加了三角形之外的监督者，即使有一只“看不见的手”进入司法程序内部，但改革后要求“全程留痕”，是希望将过去的隐性干预变成为至少对于监督者而言是显性的干预，至少让监督者可以“看见这只手”——虽然当事人作为诉讼主体并不一定能看见，一旦未来案件出现问题需要追究责任时，追责机关可以通过当初留下的痕迹、内部信息，追究到相关人员的责任。因此，审判机制改革妥协的结果是法院院长“原则上不能”过问，而并非“绝对不可以”过问——改革方案希望以此区分法院院长基于私人利益而过问案件，与基于某些特定需要（如社会舆情、外交需要等理由）而过问案件。法院组织法中，法院院长个人基于行政权力的影响而干预案件（可能）有所削弱，但对审判委员会作为集体干预案件的权力反而有所强化。

关于审判委员会的强化、弱化或取消，国内已经争论了几十年，但无论是取消或者强化，审判委员会职能都会面临困境。这次改革在重新配置合议庭与院长、审判委员会之间的权限时，形成了一个妥协性观点，即领导个人的权力需要弱化，但审判委员会的监督权需要强化，强化审判委员会权力又不能让其架空合议庭或者被合议庭推卸责任。最高人民法院2015年颁布的司法责任制文件提出了权责一致的原则，为法官、合议庭与审判委员会之间划出了相对明确的权限边界：合议庭决定事实问题；审判委员会只决定政策问题和法律问题。然而，事实问题和法律问题的划分在我国没有相应的司法传统和技术标准，因此司法改革提出合议庭在将案件提交审判委员会之前需要对事实作出认定，并且写明具体需要讨论哪些事项，即哪些是法官已经决定的，哪些是需要交给审判委员会决定的。审判委员会认为这个事项应由合议庭自己决定的，就不受理对该事项的讨论；而审判委员会一旦受理并就此事项作出判决，那么将来在哪个环节出了问题，就由决定者对此负责。如果因为合议庭的事实认定错误，导致最终审判委员会的决定出现错误，那么将由合议庭承担责任；如果合议庭的认定没有问题，而审判委员会作出的决定有问题，则由审判委员会承担责任。当然,合议庭与审判委员会之间的权限边界是理论上的,实践中落实的情况可能并不理想。除非有迫不得已的事由,审判委员会不再那么频繁启动程序了,以避免承担责任。另一原因是,全程留痕之后,基于私人关系过问案件也会变得更加谨慎。

最终,解决问题的思路应该再次回到民事诉讼制度本身。在我国,公权力配置的逻辑永远是赋予权力主体极大的权力,无论该权力是由法官个人来行使还是由法官背后的其他人来行使,权力主体总会有滥用权力的可能。在权力边界很难区分的情况下,在行权主体背后加大监督力度就成为一种选择。但监督权难道就不是公权力吗?谁来监督监督者?权力越大,滥用权力的机会就多,于是需要更大的权力来监督它,而拥有更大权力的监督者于是又有了更多滥用权力的机会……公权力的"雪球"越滚越大。那么,回到民事诉讼法的核心关系,为何要将那么大的权力赋予法官而不是当事人,使民事诉讼可以通过当事人双方的对抗形成裁判的基础,从而在每一个核心事项上对法官的权限形成有效制约?这是民事诉讼法的核心问题,"民事诉讼模式"讨论的就是这个问题。

■ 回归程序内部监督——上诉模式与司法结构

目前,四级法院职能改革成为一个热点。但上诉制度中的权限配置更为复杂,不仅包括配置双方当事人和法院之间的关系,也包括上下级法院之间的关系,以及整个司法结构的科学性问题。

从应然角度看,一个国家的司法制度不可能只是私权保障而没有公共利益或者法律秩序上的考量。它总是有双重功能,即在纠纷解决过程中逐步维护规则和法秩序,并且可能进一步形成新的规则,从而推动法律秩序的发展。需要思考的问题是,上文提及的三个维度要如何使纵向权力配置成为最大限度满足公正、成本、效率的最合理配置。在比较法上,审级制度除了可以使上诉法院监督下级法院,还可以创设法律。各个国家对四级法院,或者上诉法院和下级法院、初审法院的功能配置并非等量齐观,此种考量将直接决定上诉模式。域外主要存在两种上诉模式:一种是撤销制,如法国、意大利最高法院的案件非常多,其并没有直接变更和改判的权力,因为公权力介入相对比较少;最高法院的定位更多是救济性的,当事人只要不满意,对错误的、涉嫌违宪的事项不满意都可以提交到最高法院,导致审判效率低下。另一种是以美国为代表的许可制,最高法院主要是发展法律,甚至不以维护正义为目的,其并不解决法律适用错误问题,只管法律冲突和法律解释问题。

如果上诉制度的功能定义为监督审,也就是说只审查下级法院的审判行为,而不给当事人提供实体救济,那么就不太会允许当事人在上诉过程中变更请求、提出新的事实和新证据。上诉法院得到的信息和原审法院不一样,其在信息上有更多优势,凭什么监督后者?所谓监督,需要以同一情形作为讨论前提,由上级法院衡量下级法院的判断。如果上级法院可以获得新的事实,则很难进行有效的监督。故而赋予初审法院法官在事实问题上的终局性决定权,监督作用会体现得更加明显。比如英美法系纵向分流影响了横向分流,因为上诉法院的范围很窄,案件又很少能够提到上诉法院,被许可到最高法院受理的案件就很有限,比如美国最高法院一年提交调卷申请大约五六千件,过去说有 200 件,现在一般挑出 80 件,真正进入调卷的很少。英国最高法院自成立以来,总共办理的案件也就几十件,但这些主要是源于海外、英国作为宗主国需要裁判的案件,本土能够上升到最高法院的案件极少,这就要求终局性的上诉法院在职能和案件数量方面分担最高法院的职能。如果最高法院能够容忍私权救济,如适用法律错误导致的不正义,通常中级法院功能更倾向于初审法院;如果最高法院采取苛刻的、自我定位连正义都不是其目标,而是发展法律,那么中级法院或上诉法院承担终局性的维护正义,甚至分担一部分最高法院的功能。法院对公私之间的纵向权力分配,会影响三角形架构内部法院和当事人之间的关系;上级法院功能越强大,越往下适用法律、关注法律事项的中级法院就越强,而初审法院几乎承担了所有的事实功能,这又意味着初审法院工作量太大,于是初审法院就必须要把它的案件往审前分流甚至往案外分流。

我曾制作过一张图,将美国的司法结构画作锥形即金字塔形,联邦最高法院只有 9 个大法官、1 个合议庭(满席);将德国的机制画作梯形,最高法院有 11 个合议庭,普通法院就有 17 个合议庭(包括民事和行政);中国是柱形,虽然只有一个最高法院,但人员配置和职能配置都没有形成明显的梯度。德国审级制度相对比较宽,但德国 2001 年修改了其民事诉讼法,把双轨制上诉模式也改成许可制,最高法院维护正义和发展法律的双重功能转为更加偏向后者。中国各级法院从职能角度来说几乎没有明显差别,不过现在慢慢在收窄,四级法院职能改革希望把最高法院的职能收窄到法律审。但问题是，我国发展法律不是通过审判完成的，而是通过司法解释来完成的；另外，成文法国家发展法律的职能远没有英美法司法制度那么明显。从宏观层面上，司法到底是以解决纠纷保障权利为定位，还是以确定法秩序作为主要定位，会影响整个权力配置模式的设计。这样的一个模式既取决于传统或者是在宪法上的定位，同时也取决于社会自治能力，即法院把案件往外分流的结果，如果社会无法“兜底”，法院仍然可能会再接手。

■ 结　语

我们可以看到，司法权的配置有内部视角，即法院和当事人之间的关系；同时也有外部视角，即法院和其他社会纠纷解决机构以及其他国家机关之间的关系。无论是横向维度还是纵向维度，权力如何配置要符合裁判的逻辑。无论裁判逻辑是宽是窄，都必须遵守该特定逻辑并按此运行，否则无法作出裁判。但我们的裁判经常不按逻辑来，使实体法对法院权力很少有约束力，也常常造成证据收集、事实调查失焦，没有针对性，导致程序的空转和司法资源浪费。假如法院被定义为纠纷解决的集散地，需要有一定的纵向权限配置，要有像“分水岭”一样的“闸门”；而横向配置需要有一定的环节和节点，争点能够被慢慢剥开，层层分流，直到围绕裁判对象的争议焦点能够凸显并最终了结。这样，真相、效率和成本三个元素在此得到整合。如果希望司法保持其之所以成为司法的那些特质，而不成为解决纠纷的集散中心，能不能改变它的目标，比如奉行权利保护说的诉讼目的论，以替代当前实际上奉行的纠纷解决说？或者更进一步，在纠纷集散地的角色定位暂时也不可能改变的情况下，怎样让司法的容量更大、程序反复率更低，在实现司法之所以成为司法的核心目标——“正义”——得到保障的前提下保障成本和效率？

▣ 阅读指引

1.［德］K. 茨威格特、H. 克茨：《比较法总论》，潘汉典等译，法律出版社 2003 年版。

比较研究方法论的经典著作，开卷有益。作者对于法条罗列式对比研究进行了切中要害的批判，提出并阐释了功能主义比较方法。译者均为中国法律界的学术大师兼语言大师，译著的可读性很好。

2. [日]中村宗雄、中村英郎:《诉讼法学方法论》，陈刚、段文波译，中国法制出版社 2009 年版。

迄今为止唯一可见的专门关于诉讼法学方法论的著作，作者是日本法学界知名的父子兵，书中提出的大陆法系国家"规范出发型"与普通法系国家"事实出发型"之分，影响深远。

3. [德]米夏埃尔·施蒂尔纳编:《德国民事诉讼法学文萃》，赵秀举译，中国政法大学出版社 2005 年版。

由德国学者即本书编者与中国学者即丛书主编共同商定选择的当代德国民事诉讼法学文萃，其中突出了德国学者对其经典理论与制度的反思。容易被忽略但同样构成本书精华的是附录部分，其是由留德的美国学者引起的一场关于美、德诉讼模式之特点、优劣与语境的讨论。

4. 张卫平:《转换的逻辑——民事诉讼体制转型分析》(修订版)，法律出版 2007 年版。

本书作者早期出版的《程序公正实现中的冲突与衡平——外国民事诉讼研究引论》(成都出版社 1993 年版)提出的民事诉讼模式论影响深远，本书在此基础上进行修正和深化。

5. 王亚新:《对抗与判定——日本民事诉讼的基本结构》(第 2 版)，清华大学出版社 2010 年版。

外国法研究中的精品。作者是留学日本多年并在日本取得教职后回国任教的中国学者。带着对中国问题的思考，作者以系统研习日本法的态度，对于日本民事诉讼的基本结构进行了考察、提炼和分析。

6. Oscar G. Chase, Helen Hershkoff, Linda Silberman, Yasuhei Taniguchi, Vincenzo Varano and Adrian Zuckerman, *Civil Litigation in Comparative Context*, Thomas/West, 2007.

由美国知名学者领衔、多国知名学者执笔、在同一比较法方法论框架下进行国别研究的基础上，形成的比较民事诉讼研究成果。其精华不仅在于各国一流作者从内部视角对本国民事诉讼制度的述评，更在于第一章总论及每一章前言后语对于比较民事诉讼法的理论框架、价值体系、逻辑脉络等不同维度的观察视角中所蕴含的比较法方法论上的启示。

回归与独立：执行和解的性质与效力重述

刘 哲 玮

关于作者

刘哲玮

北京大学法学院长聘副教授、博士生导师，北京市青年教学名师。北京师范大学法学学士（2003年），北京大学民事诉讼法学专业法学硕士（2006年）、法学博士（2010年），清华大学法学院博士后研究人员（2010～2012年）；美国加州大学洛杉矶分校法学院访问学者（2008～2009年），最高人民法院研修学者（2017～2019年）。主要研究领域为民事诉讼法学、证据法学、司法制度。

2012年开始在北京大学法学院任教，主讲以下课程：（1）初阶讲授类：民事诉讼法学、民事证据法、中国民事诉讼法与仲裁法；（2）高阶研讨类：民事诉讼法学专题、纠纷解决；（3）案例研习类：民法案例研习、民事诉讼案例研习。

（说明:原文载于《法商研究》2021 年第 6 期,题为《回归与独立:执行和解的私法解释考辨》。故本文中的《民事诉讼法》为 2017 年修正版本。收入本书时,删减了部分细密的民法分析,同时增加了对法学研究方法的展望。）

执行和解制度是完全发端于中国、立足本土资源土生土长的制度,从 1982 年确立至今已有 40 多年的历史,执行和解制度的发展可以作为中国法治发展的缩影,而学术上有必要对这一问题的发展予以重述。

执行和解制度概述

现行《民事诉讼法》第 237 条规定了我国执行法中的一项特有制度——执行和解制度。"在执行中,双方当事人自行和解达成协议的,执行员应当将协议内容记入笔录,由双方当事人签名或者盖章。申请执行人因受欺诈、胁迫与被执行人达成和解协议,或者当事人不履行和解协议的,人民法院可以根据当事人的申请,恢复对原生效法律文书的执行。"然而,《民事诉讼法》及其相关司法解释并未对执行和解制度给予明确的法律定义。

作为一项基本制度和基础概念,执行和解历经几十年的法制重建竟然在内涵、性质、效力等基本内容上仍未形成统一的通说,这在我国法学研究中是较为罕见的情况。在立法方面,现有两款中间存在断裂脱节,该条第 1 款中未明确执行和解协议达成后是否会产生中断执行或者终止执行的效力,而第 2 款却直接跳跃可以恢复执行。在理论方面,因为没有比较法作为参考,学者们概括的执行和解概念并不统一,有的定义偏重私法角度,从内容上强调执行和解是对执行依据确定的权利义务、履行时间、履行方式的变更;有的定义偏重公法角度,从效力上指出执行和解在于使原执行程序不再进行,甚至停止或结束执行程序。教科书会将执行和解定义为:在执行过程中,申请执行人和被执行人自愿协商,达成协议,并经人民法院审查批准后,结束执行程序的行为。看似填补了立法的逻辑缺漏,但实际上该定义是有问题的,其保持了对过去的法律规则的阐述,而未能正视现行法律和司法解释。这或许是因为执行和解与我国绝大多数制度都系舶来品不同,在强制执行法中采用专条规定执行和解制度乃是我国所特有的做法。但立法的逻辑跳跃与理论的众说纷纭可以从历史考察中得到答案。

中国的执行和解制度旨在通过友好协商、自动履行而非国家强制执行恢复受损的民事法律关系,消减人民内部矛盾。其中蕴含着两个根本性的问题:第一个问题是执行形式化原则与执行效率之间的关系,第二个问题是基于当事人意思自治达成的执行和解协议与法院作出的生效执行文书之间的关系。就第一个问题而言,审判活动追求的主要价值是公正,而执行程序则更加注重效率,由此产生了执行形式化原则,即执行程序完全以生效裁判文书作为执行根据,而无须对实体权利义务进行认定。执行和解打破了执行的形式化原则,把法院置于或者违背执行形式化原则对和解协议的履行进行审查,或者违背效率原则执行原执行根据的两难境地。就第二个问题而言,基于民法私权处分、意思自治的基本原则而订立的民事合同能否对承载着国家公权力的生效裁判文书进行变更,二者是否具有同质性仍未有定论。

在司法传统上,在遍历了关于执行和解的法律条文、历史背景后觅得了该制度存在的独特土壤与根基,即执行旨在解决人民内部矛盾而非敌我矛盾,故产生了强制执行与说服教育相结合的中国特色原则,而比较法上恰恰不存在这种司法传统。在民法与民事诉讼法的关系上,中国与德国有着不同的底色,德国的民法与民诉法同本同根、相互交织,而中国的民事诉讼法本质上是法院操作法,民法则涉及社会生活的方方面面、复杂庞大,即使两国都是民事诉讼法先于民法诞生,但逻辑起点却不完全一致。

■ 规范回归:从执行措施到和解协议

□ 20 世纪 80 年代:终结执行的执行措施

第一阶段可以溯源到 1982 年《民事诉讼法(试行)》(已失效)第十七章(执行措施)的第 181 条。该条款的具体规定为:在执行中,双方当事人自行和解达成协议的,执行员应当将协议内容记入笔录,由双方当事人签名或者盖章。显然,这一规则仅仅是描述性地对执行和解的程序事项作出了安排。如果用现在流行的法律人思维观之,该条规则对于和解协议的内容、生效要件以及由此可能产生的效力都并无明确的规范。此后,1984 年最高人民法院《关于贯彻执行〈民事诉讼法(试行)〉若干问题的意见》(已失效)(以下简称《试行意见》)第 69 条第 2 句增补了将协议记入笔录并经当事人签名或盖章后可以终结执行的规定。

从该条款所在的位置可以清晰地看出,在 20 世纪 80 年代,立法者将执行和解明确定位为一项公法性的执行措施。而最高人民法院的司法解释也反映了,当时法院系统认为执行和解最直接的后果就是产生终结执行的效力,与执行措施的法律效果恰好吻合。

□ 20 世纪 90 年代:与执行措施松绑,与原审案件捆绑

第二阶段始于 1991 年《民事诉讼法》(已修改)并伴随诸多最高人民法院批复和司法解释。1991 年制定的《民事诉讼法》对执行和解制度有较大的改造,并形成了现行执行和解制度的框架雏形:首先,调整体系位置。规定执行和解的第 211 条的章节位置从执行措施一章被移到第二十章执行的"一般规定",在体系上与执行措施脱钩,不能再天然地作为终结执行的手段。其次,增加效力规范,出现了关于执行和解后果的规定。第 211 条分两款,第 1 款与《民事诉讼法(试行)》第 181 条完全一致,属于程序性描述规则,而在增加的第 2 款中将不履行执行和解协议的法律效果确定为依申请恢复执行原文书,这一条款完全废止了《试行意见》对执行和解具有终结执行的效力,采纳了前述 1989 年批复的思路,仅仅是阻断执行,并承认执行和解后具有重启执行的可能。

这种双重性使 20 世纪 90 年代法院对执行和解性质和效力的态度略显骑墙。一方面,与 80 年代相比,执行和解已经与终结执行松绑,不再是只具备公法意义上的执行措施;但另一方面,由于制度惯性,执行和解依然处于执行法的体系之中,并不被作为私法合同对待,其中最重要的例证就是,执行和解与前案裁判捆绑,仅被视为前案裁判在执行阶段的延伸。

1992 年最高人民法院《关于适用〈中华人民共和国民事诉讼法〉若干问题的意见》(已失效)(以下简称 1992 年《民诉意见》)第 266 条再次明确恢复执行的效果,进一步松绑执行和解与执行终结的关系,但该条后句为了防止权利人获得双重给付,又明确规定要扣除和解已经履行的部分,甚至在履行完毕时不再恢复执行,从而将执行和解依然纳入执行法体系中。而从该规则的出台过程来看,这一规则背后的矛盾性在制定时就曾引起广泛的讨论。有意见主张执行和解并非执行措施,应当彻底回归民事合同的性质。但是,更为主流的观点是不将其作为独立的合同看待,因此也否定其可以作为独立的诉讼标的,

因为法院已经通过判决、裁定对当事人权利义务进行了确认，执行和解虽然是当事人就同一关系做的又一次处分，但毕竟源于并依赖于执行文书，因此，法院不应再就同一关系作重复确认。

在1995年的一个批复中，最高人民法院重申了这一理念，并且首次明确强调执行和解协议不可另诉，从而将执行和解与原案紧密捆绑在一起。该批复首先明确了债权人可以就和解协议的履行问题提出异议，执行法院可以审查（证据），并且暗含如果审查符合条件就可以恢复执行的规则。更为重要的是，它规定了在终结执行后，关于执行和解协议的履行问题，不是通过另诉，而是应当通过再审程序解决。不难看出，在这一批复背后贯穿着一条逻辑主线，即执行和解与原审案件具有高度的同一性，因此对于执行和解履行过程中存在的争议，执行法院应当直接审查，对执行审查的争议只能再审解决，不允许将其视为独立的民事合同另行提起诉讼。

□ 21世纪：独立的民事执行和解协议

第三阶段的剧变发生于21世纪之后，关于执行和解的法律和司法解释呈现出较为明显的回归解私法属性的态度。可以说，最近20多年来，执行和解的属性逐渐通过司法解释回归为独立合同，并最终以专门条款正式确立，也因此，执行和解的私法属性越发明显，而其因为隶属于执行法中的公法价值却在逐渐削减。

1998年最高人民法院《关于人民法院执行工作若干问题的规定（试行）》（已修改）（以下简称《执行规定》）虽然关于执行和解的条文只有两条，但是两个条文都已经直接出现了私法性质的内容，改变了过去司法解释仅从程序的角度来规制执行和解：第86条第1款采用封闭性列举，规定执行和解的内容是“变更生效法律文书确定的履行义务主体、标的物及其数额、履行期限和履行方式”。这一规则首次明确了执行和解的内容是变更相关的民事权利内容，而由于我国传统民事法律行为的目的即是设立、变更和终止民事法律关系，因而该规则自然可以被解读出较强的私法属性。第87条则细化了执行和解中法院对案件做结案处理的条件，即“和解协议合法有效并已履行完毕”，再次以明确的条文形式将执行和解与执行结案松绑，凸显私法协议的达成本身并不产生公法效果。当时司法解释的起草人甚至撰文指出，执行和解的性质就是民事合同。

2005 年最高人民法院作出了一个与 10 年前态度截然相反的批复,首次明确了当事人就执行和解协议的履行争议如果存在争议,应当另诉解决。虽然这一批复的适用情形还具有一定的特殊性,但毕竟拉开了最高人民法院认为执行和解的履行争议应当另诉解决的序幕。

2007 年《民事诉讼法》第一次修改时并未对执行和解作出直接修改,但将申请执行期限改为申请执行时效,并与诉讼时效保持一致的变动被在体系上视为中国法上的债权消灭时效,这一改革间接影响了执行和解制度。2008 年最高人民法院《关于适用〈中华人民共和国民事诉讼法〉执行程序若干问题的解释》(已修改)(以下简称《执行程序解释》)第 28 条明确规定申请执行时效因当事人达成和解协议、当事人一方提出履行要求或者同意履行义务而中断,从中断时起,申请执行时效期间重新计算。该规则虽然是对时效中断的规则,但也再一次强化了执行和解的合同属性。

2012 年经第二次修改颁布的《民事诉讼法》第 230 条第 2 款将恢复执行原生效法律文书的情形,在过去一项的基础上(当事人不履行和解协议),又增加一项(申请执行人因受欺诈、胁迫与被执行人达成和解协议)。这一修改突出了对当事人订立执行和解协议时意思表示真实性的强调,防止申请执行人非出于自愿而放弃部分权利达成和解,造成对申请执行人权利的损害,而在体系解释上自然也越发向私法行为靠拢,其关注的不仅仅限于最终的财产分配,也将意思表示这一法律行为的核心纳入考量范围。

2015 年最高人民法院《关于适用〈中华人民共和国民事诉讼法〉的解释》(已修改)(以下简称《民诉解释》)对执行和解的调整主要在于:(1)第 466 条明确了当事人达成和解协议对执行程序产生影响的方式和结果,规定"申请执行人与被执行人达成和解协议后请求中止执行或者撤回执行申请的,人民法院可以裁定中止执行或者终结执行"。该规则第一次明确执行和解协议的达成仅仅具有私法效果,而如果要发生执行法上中止或终结执行的效力,必须要由当事人再次提出申请。(2)第 468 条吸收民事诉讼法和有关司法解释修改的主要精神,对 1992 年《民诉意见》第 266 条进行了修改,增加了申请执行期间具体法条的指引,根据申请执行期限适用申请执行期间这一法律修改,在法律用语上作出相应调整,规定"申请恢复执行原生效法律文书,适用民事诉讼法第二百三十九条申请执行期间的规定。申请执行期间因达成执行中的和解协议而中断,其期间自和解协议约定履行期限的最后一日起重新计算"。这一规定完善了执行和解对申请执行期间的影响。

2018 年公布的最高人民法院《关于执行和解若干问题的规定》(已修改)(以下简称《执行和解规定》)第一次以单行司法解释的形式就执行和解问题作出更加细致的规范,其中对于理解执行和解性质和效力的突出改动包括:(1)首次明确赋予了对执行和解协议的诉权,增设另诉作为一方不履行和解协议时的救济途径(第 11 条),这一变动意味着和解协议是可以独立于原案诉讼标的存在的法律行为。(2)在执行和解协议的诉讼方式上采取二元结构:第一,针对执行和解协议的履行,另诉与原有的申请恢复执行作为救济途径并列,当事人只能选择其中一种(第 12 条、第 13 条);第二,针对履行完毕后的损害赔偿,申请执行人可在恢复执行后再向执行法院另诉请求赔偿(第 15 条),这再次说明执行和解协议与原判之间已经不具有同一性。(3)再次将执行和解协议的意思表示瑕疵纳入审查范围,规定因执行和解协议无效或可撤销而申请恢复执行需先向执行法院申请确认无效或撤销执行和解协议(第 16 条)。(4)不再区分法院主持下的执行和解与当事人自行达成的执行和解,对于当事人私下达成的执行和解协议,允许债务人通过提出执行异议(2017 年《民事诉讼法》第 225 条)的方式实现与"典型"执行和解几乎相同的法律效果(第 19 条)。

根据这一专项司法解释,可以断言,执行和解的公法色彩在中国法规范上已经基本褪去,无论其性质、效力还是救济方式,都无异于一般的民事合同,当事人可以对其独立地提起诉讼,并不受原法律关系或原裁判文书的限制。而公法上阻却执行和终结执行的效果,则必须通过当事人提出申请,再由人民法院作出执行中止、执行终结以及最高人民法院另设的"执行完毕"等裁定,因此其效力其实系由上述专门的执行制度完成。可以说,通过这一专项司法解释,执行和解已经完成了从公法上的执行措施到私法上的和解协议的回归。

■ 理论回归:众说纷纭下的私法共识

民事诉讼法的立法变迁和最高人民法院司法解释的更新迭代体现出的态度变化,也深刻地影响了中国民事诉讼法学界对待执行和解性质的看法,对执行和解的性质予以界定,形成"私法行为说""诉讼行为说""两行为并存说""一行为二性质说"的分类。事实上,民事诉讼法上很多制度都会面临上述几种学说的争议问题。

□ 私法行为说

持“私法行为说”者认为,执行过程中的和解仅仅是私法上的法律行为,和解协议的达成只具有民法上的效力,因此,执行和解的成立、生效、无效、可撤销都应当依照合同法的相应规则来处理。执行和解的达成虽然对双方当事人具有约束力,但是并不直接约束人民法院或对执行程序的进行产生影响。将执行和解理解为私法行为,主要基于:主体因素,即执行和解系由当事人平等协商达成,是对自身合法民事权利的处分;客体因素,执行债权的存在并不影响当事人对自己的民事权利进行处分;比较法因素,多数国家都是直接将其作为民法上的契约看待,因此自然定性为私法行为。但由于我国立法在相当长的一段时间并未明确支持执行和解的私法地位,实务部门长期不支持执行和解的可诉性,但随着新司法解释的出台,这一最致命的理由已经不复存在。

私法行为说虽然本身具有很强的逻辑自洽性,也契合了前述法条变迁的最终趋势,但之所以长期并未成为我国通说,主要有以下两方面的原因:首先,我国立法和司法传统上都为私法行为说设置了诸多障碍。如前所述,关于执行和解的法条规范在相当长一段时间并未明确支持执行和解的私法地位,反而在执行和解的效力、执行和解与原判的关系等问题上,相关规则并不有利于私法行为说。尤其是 2018 年《执行和解规定》颁行前,实务部门长期不支持执行和解的可诉性,导致在实在法规范的大传统背景下,很难认定其是独立的私法行为。其次,我国民法学界并不太关注执行和解研究,未能从实体法角度为执行和解的定性提供充足的理论支持。由于执行和解是一项规定在民事诉讼法中的制度,因此无论是民诉学界还是民法学界,都自然地会倾向于将其定性为公法性质,加之中国合同法上并无专章规范和解合同,导致民法学界对此研究不足,因而主张这一理论的研究者相对较少。当然,这种割裂实体法和程序法的状况只能构成说明性的原因,而不构成真正的理由。

□ 诉讼行为说

“诉讼行为说”承袭了体系上的一致性,直接认定执行和解发生的是民事诉讼法上规定的诉讼效果,因此其效力直接约束人民法院,且其要件亦由民事诉讼法直接规定。我国学者支持诉讼行为说的主要理由还包括:第一,执行和解属于诉讼契约,当事人达成执行和解协议的行为也是诉讼行为。如果债务人履行了执行和解协议,则债权人放弃执行申请权;反之,债权人则保留执行申请权。第二,执行和解的达成可以直接取代原执行依据,因此执行和解改变了原执行债权,发生诉讼法上的法律效果。不难看出,这些理由最核心的命题是认为执行和解对原执行根据及其记载的执行债权具备阻断、变更的效力,而由于原执行根据往往是司法判决,因而如果将执行和解理解为私法行为,就会有私法行为直接变更公法行为效力的悖论。

然而,这些主张恐不足以证成诉讼行为说的成立。一方面,司法解释的调整,不仅承认了执行和解的可诉性,从而令执行和解与原判决在实体法律关系上得以脱钩,而且在阻断执行上也并不将其作为执行和解的天然效力,而是需要通过当事人另行申请来完成,使执行和解回归私法合同的趋势已经十分明显;另一方面,上述主张并没有从构成要件层面论证执行和解的公法属性,因此其虽然强调在后续的阻却执行层面需要加入法院审查等公法因素,但在协议生效上依然遵从实体法规范。因此,这一主张并非纯正的"诉讼行为说",而只是一行为两性质说的变种。

□ 一行为二性质说

作为中和上述两种理论的"一行为二性质说"认为,执行和解是具有双重属性的特殊行为,一方面是当事人之间在执行程序中达成的私法上的和解契约,另一方面是当事人之间以及当事人与人民法院之间在执行程序中存在的诉讼行为。在执行和解协议的订立、履行、效力等方面不仅要按照私法上的规定来判断,而且当事人在执行程序中达成的和解还必须满足其作为诉讼行为应具备的要件。

大多数学者主要从法律效果上论证执行和解兼具私法行为(合同)和诉讼行为(诉讼契约)的性质。在定性的讨论上,他们认为执行和解虽然具有合同属性,但与其他强制执行措施一样,都是为了能实现生效法律文书的内容。执行和解一方面是当事人处分自己权利的私法行为;另一方面执行和解具有影响执行程序的法律效力,达成执行和解协议可以产生中止执行程序的效果。执行和解本质是权利人对生效法律文书已经确定的实体权利的处分,是当事人意思自治的体现,也包含当事人对执行机构执行权力的处分,是执行机构对其执行权力的有条件的让渡,也具有执行行为的性质和排除生效法律文书的执行力。

在具体的构成要件上,一行为两性质说在承认执行和解具有私法行为性质的同时,还认为其经历了一定的公法程序,因而应当发生诉讼法上的效果。而其中的关键就是如何看待从 1982 年《民事诉讼法(试行)》就载明并且一直保持到 2017 年《民事诉讼法》第 230 条上的"执行员应当将协议内容记入笔录"这一行为的性质和效力。首先,《执行和解规定》第 2 条将和解协议达成后可以裁定中止的情形分为三项,除了第三项的记入笔录并经双方签字外,还包括第一项的当事人共同提交和第二项的一方提交另一方认可。从体系解释的角度看,此时的记入笔录,恐并非一项独立的生效要件,而是作为当事人双方共同意思表示的证明方式。其次,《执行和解规定》第 19 条规定了当事人自行达成但未提交人民法院——也即未记入笔录——的和解协议的效力,被执行人同样可以据此提交法院,只要法院查证为真实意思表示且正在或者已经履行,就可以产生中止执行或终结执行的法律效果,与执行和解的法律效果并无二致。如果我们从历史的角度考察中国法上执行和解的法条发展,考虑到 1982 年民诉法典更多地强调操作流程,以及当时法院在执行时的工作方法和当事人的文化程度,那么立法者对"记入笔录"的功能期待就更可能是证据效力,而未必是法律行为真正的生效要件。

由此可见,一行为二性质说也好,诉讼行为说也罢,虽然看起来与私法行为说大相径庭,但在本质上其实并无矛盾。当代中国法学界其实已经普遍承认执行和解一定包含着私法行为,在构成要件上必须遵从民事实体法规范,而在法律效果上虽然有所争议,但如果从解释论角度出发,则其阻断执行的法律效果也主要来自执行和解协议变更了原执行债权的主体、内容、期限。可以说,执行和解回归为民事合同,在理论上已经没有实质障碍。

■ 独立效果:避免单一的概念标签

综上可见,在历经几十年的曲折发展后,无论在法条层面还是在理论层面,执行和解已经完全可以回归私法行为属性。事实上,由于制定规则的缺位,实务中关于执行和解真正的疑难问题在于,执行和解达成后对原执行根据所认可的执行债权发生何种影响。几十年来,执行法学者也不断借助实体法概念提出了若干解释方案。在不同的历史时期,不同的解释方案都曾产生过一定影响,并被不同时期的司法实务界广泛接受。但理论的逻辑和历史的演进都证明,借助某一单一的民法概念标签来描述执行和解的效力,虽然可以满足某些特殊需求,或是符合某条规则效果,但都不能准确完整覆盖当事人可能的真实意思,反而会对司法实践构成误导。简言之,用单一化的民法概念来拟制执行和解的效力固然简明清晰,但却与探求当事人真意的合同解释论初衷背道而驰。

第一,执行和解并非和解合同。部分研究者运用民法上的"和解合同"来构筑执行和解的效力,认为执行和解就是和解合同,虽然在我国并无明确规定,但由于大陆法系国家都在民法典中明确确立了和解合同,因此,执行和解应当比照私法上的和解合同来认定其效力,并赋予和解契约具有认定和创设的两重效力。而民法学界的最新研究似乎证明,创设效已经代替认定效占据了主流地位。然而,和解合同的这一效力与中国法上执行和解所面临的问题不相匹配。首先,由于原执行依据的存在,执行和解要解决的关键问题就是处理与原执行债权的关系,而创设效只强调用新的合同来替代原来的争议,却没有顾及执行依据已经对争议作出了解决。换言之,执行和解虽然不否定创设新的法律关系,但是却不能因此轻易否认原有债权的性质和效力。其次,由于民法上和解合同的根本目的在于以消灭原法律关系不确定性的方式解决争议,因而将其单独作为一种有名合同的目的就在于,尽力确保这类合同的有效性,因此在意思表示瑕疵等问题上都持更为宽松的态度。而执行和解只是为了更加有效地实现债权人权利,如果一旦达成执行和解就进入新合同,而较难回复到执行债权状态下,既对债权人极端不利,不符合立法者的初衷,也与中国司法实务的操作大相径庭。因此,套用和解合同的标签,虽然在名称和解释依据上都可以有清晰的解释方案,但却并不完全符合执行和解制度的设立目的。

第二,执行和解并非实践合同或者附条件合同。中国法上长期存在一种观点,认为执行和解协议的性质是实践合同,或者附条件合同。其原因是司法解释长期规定,如果债务人不履行和解协议,则申请执行人只能申请恢复执行,而不能另诉和解协议。无论是司法解释的起草者还是相关研究者由此得出结论,既然和解协议只有履行完毕了才生效,因而"类似于实践性合同",如果和解协议没有真正履行,则并未发生实际的效力。

这一分析虽然看似阐明了恢复执行的合法性,但其实存在诸多误解,既未真正理解实践合同的发生要件必须法定,也未注意到附条件合同中的条件必须纳入协议文本之中。总之,实践合同或附条件合同都必须有法律的明文规定或当事人的约定,而不能从另一项制度倒推出这一要件,所以将执行和解协议定位为这类合同,在要件层面并不符合实体法上的基本要求。在最近几年中,已经有一些学者对这一见解提出了相当尖锐的批评。而随着《执行和解规定》赋予了和解协议另诉的效力,此种见解在规范层面的正当性基础也土崩瓦解。

第三,执行和解并非新债清偿。近年来随着司法解释对执行和解私法行为的肯定,一种借鉴债法理论将执行和解的效力定位为新债清偿的观点被学者提出,并迅速获得了实务部门的支持。尽管我国大陆合同法和民法典均未明确规定,但大陆法系的确存在新债清偿(或称间接给付、为清偿之给付)的相关规定。例如,我国台湾地区"民法"第320条规定:因清偿债务而对于债权人负担新债务者,除当事人另有意思表示外,若新债务不履行时,其旧债务仍不消灭。新债清偿之所以受到研究者和实务部门的青睐,是因为在新旧债关系上的特殊处理方案:新债务不履行则旧债务不消灭,新债务履行则旧债务随同消灭。这一方案与我国大陆现行法上执行和解的效力高度类似:和解协议不履行时,允许债权人申请恢复执行原执行债权;而在和解协议履行完毕时则视为旧债消灭,因而按照执行完毕终结执行。但是,新债清偿与执行和解在根本性质上存在差别:新债清偿在债法中的位置是一种清偿方式,因此其关注的重点在于变更给付内容以实现清偿效果,双方约定的核心在于如何以负担新债的方式清偿旧债,而并非在于订立新债本身。新债清偿明确旧债不消灭的根源是为了保护债权人基于担保等因素对旧债享有的利益。因此,尽管在新债未履行时,旧债本身亦存在,但债权人是否能够就两个债权主张权利,抑或存在排他的行使权限,民法上的讨论甚少。我国大陆学者大多借鉴台湾通说认为,当事人应先就新债为请求。其理由为尽管新旧债务并存,但依诚信原则,债权人应先就新债务请求履行,如新债务为无效或被撤销或因实行无结果时,始应就旧债务请求履行。尽管也有少数意见认为,债权人具有选择权,可就新旧债权任意选择行使,但对于选择权的条件(如行使时间)以及选择后的法律效果,却也语焉不详。换言之,在新债清偿的制度体系下,债权人原则上应当请求督促债务人履行新债,而不能在债务人迟延履行或瑕疵履行时,就立即要求其履行旧债。而这显然与现行执行和解的理念和实践都有明显差别,一方面《执行和解规定》构建的二元救济模式,允许当事人就新债的损害赔偿另行起诉,似与新债清偿强调清偿的体例不尽一致;另一方面最高人民法院也在一些案件中明确强调一般的瑕疵履行或迟延履行就构成恢复执行的条件。因此,用新债清偿来概括执行和解后和解债权与原执行债权的关系,虽然表面上与《执行和解规定》既可以另诉新债,又可以恢复执行旧债的制度设计相仿,但在具体条件上却并不一致。在执行和解的情况下,只要债务人未按约定履行和解债务,债权人就享有不受限制的选择权;而新债清偿理论却对债权人提出了更高的要求,要求债权人尽可能地督促债务人履行新债。造成此种分歧的根源在于,新债清偿理论无法预料到执行债权作为已经取得执行效力的旧债,与和解协议达成新债并不具有真正的平等性。

经过对上述理论的反思,在对执行和解效力的既有研究做出各种批评后,执行和解究竟是什么?一旦达成执行和解,其与原执行根据确定的执行债权的关系又是什么?

执行和解是中国民事执行法中的一项独特的制度设计。一方面,它具有本土性特点,是中国法上的独创;另一方面,它具有执行法特征,是在之前的债权已经被生效执行根据确认乃至进入执行程序之后才发生的和解。这两项独特性,已经基本决定,以比较法为主要参考经验的民法解释论很难直接提供一种具体的合同类型来作为执行和解的任意性规范。既有研究展示出的一种倾向是,无论是理论界还是实务部门,都一直希望用一种实体法形态来解释执行和解的效力,并为之付出了艰苦的努力,但却总是存在误读。事实上,既然执行和解的本质是当事人意思表示一致的结果,那么就应当充分尊重当事人的选择,根本无法“一刀切”地给予定型。执行和解本身的特质,决定了其既不是民法意义上的和解合同,也不能用实践合同、附条件合同来一般性地概括其效力,近年来的新债清偿虽然与执行和解的法律效果形似,但只有标签意义,并不能真正为执行和解在实务中遭遇的难题提供解释路径。执行和解既然是当事人的意思表示,就必须从具体的合同内容出发,分析其在不同类型案件和不同类型的和解协议中的真实意思,而不能冀望借用一个民法概念统一地作出回答。在承认执行和解多样性的前提下,我们也可以结合中国司法实践的真实状态,发展出一种任意性规范的解释方案。即便是要构造任意性规范,也需要充分考虑执行债权已经具备既判力和强制执行力的特殊性,充分保障债权人利益。

■ 余论:关于研究方法的一些思考

论文的选题在很大程度上是由研究方法所决定的,现有的法学研究主要方法有比较研究、交叉研究、实证研究、历史研究等。同学们在选题上应当扬长避短,使用自己擅长的方法来选择合适的研究主题。

第一,研究方法决定了选题的内容。比较研究是一个重要且常用的法学研究方法,但其存在两点局限:其一,依靠极为坚实的外语功底和深厚的文化背景才能完成考据式的比较研究;其二,中国已经度过了立法空白的法制初创时期,法学研究者的任务已经从介绍比较法制度转变为理解中国立法逻辑、完善中国制度建设、推广中国司法经验。此外,真正的比较研究,应当是"古今中外"、纵横交织的比较,然而目前大多数博士生都对横向的"中外"比较研究格外青睐,而未对纵向的"古今"比较研究投入足够的关注。

第二,研究方法决定了选题的形式。建构式的研究往往是困难的,而通过制度实行的立法和司法解释以及学界理论的发展变迁进行历史梳理,往往更能理清制度和理论的争议与意义。现有的法学研究进行历史考察时容易陷入机会主义的漩涡,容易对前人的观点捕风捉影、片面理解,很少对他人观点的共性与个性进行整体性理解。因此,可以选取"重述"的形式对相关问题的制度源流、理论变迁进行整体性的梳理与评述。

第三,文献综述和交叉研究在论文写作中具有重要作用。大量的文献阅读、法条梳理,并且据此作出的总结与评述,有利于我们了解制度产生的历史背景,了解前人对同一问题产生不同观点的原因与争议焦点,了解自己的真正定位,才能在进一步研究的时候少走一些弯路,才能说服自己内心的不确定。如果最后仍然无法说服自己,那就要尝试另辟蹊径来回答问题。

而跨学科的交叉研究,比如法学与社会学或者经济学的交叉研究意味着研究者要对这两个领域都要有深入的理解,从其他学科中获得资源、专业知识较为容易,但要真正实现用其他学科的逻辑讲述法学故事的要求却非常高。博士生可以从法学学科内部的交叉研究入手,比如民法和民事诉讼法、民事诉讼法和刑事诉讼法、民事诉讼法和公法的交叉,并且强调交叉研究绝不能是浅尝辄止、机会主义、套用几个概念来点缀包装自己的论文,必须要真正去理解其理论背景、逻辑思维、目的功能。在进行交叉研究时务必要牢记:既不能迷信,也不能盲从,更不能害怕。交叉研究最大的意义就在于让你勇敢地迈入这片漫长的黑夜,勇敢地去接触他人的研究领域,用他人的知识来照亮自己的盲区,在漫漫长夜中认清自己所处的位置,最终探寻到你能够为部门法发展和制度发展所作出的贡献。同时,交叉研究确实非常困难,需要扩展一般性的理解或者文献阅读涉及的范围,运用知识和技巧寻找到你的学科和其他学科的交汇点,可以充分利用北大为我们提供的跨学科交流平台,向身边的良师益友交流请教,就同一问题尝试用不同视角的逻辑进行描述与分析。

▣ 阅读指引

立法、司法解释资料

1. 全国人大常委会法制工作委员会民法室编:《中华人民共和国民事诉讼法:条文说明、立法理由及相关规定》,北京大学出版社2012年版。

   立法机关对民事诉讼法条文的逐条说明,作为官方权威版本,有参考价值。但必须提醒,该书并不代表全国人大的观点,需要辨析阅读。

2. 最高人民法院修改后民事诉讼法贯彻实施工作领导小组编著:《最高人民法院民事诉讼法司法解释理解与适用》,人民法院出版社2015年版。

   最高人民法院关于2015年民事诉讼法解释的权威说明,体现了司法解释的颁布宗旨和立法目的。

3. 刘哲玮:《民诉小全书》(第2版),北京大学出版社2022年版。

   新民诉法汇编作品,将学习、律师实务和法考中最重要、常用的法律、司法解释、重要文件等,按照统一的思路架构进行精心编排,以符合读者对民诉法法条学习、实务和考试中使用的要求。

4. 张卫平:《证据法检索一本通》,人民邮电出版社2022年版。

   涵盖了民事证据、刑事证据和行政证据三个部分,是一部证据法律规范的工具书。本书收集了截至2021年9月30日之前发布的法律、行政法规、部门规章、司法解释、司法规范性文件、行政规范性文件等,对民事、刑事、行政领域的证据规则与证明规范进行了细致的汇编整理。

中文专著

当下,中国大陆的民事诉讼法学者的专著已是汗牛充栋,且大多是对某一具体问题展开的专题性的深入研究,很难一一罗列。但有一些较为综合性的著作文集,可作为了解民事诉讼法的辅助资料。

1. 刘荣军:《程序保障的理论视角》,法律出版社 1999 年版。

对大陆法系民诉理论的介绍,较教材要深入,又比博士论文性质的专著要通俗明了,将很多枯燥抽象的理论介绍得十分清晰。

2. 傅郁林:《民事司法制度的功能与结构》,北京大学出版社 2006 年版。

收录了傅老师 2006 年之前发表的若干论文、评论和书评。

3. 王亚新:《对抗与判定:日本民事诉讼的基本结构》(第 2 版),清华大学出版社 2010 年版。

4. 张卫平:《诉讼架构与程式:民事诉讼的法理分析》,清华大学出版社 2000 年版。

5. 张卫平:《转换的逻辑:民事诉讼体制转型分析》(修订版),法律出版社 2007 年版。

张老师是民诉少有的高产作家,著作等身。他本人认为的代表作是《转换的逻辑》,其从宏观的视角分析了诉讼模式(体制)的类型。除此之外,张老师对民诉制度和民诉理论的分析也十分到位,且文笔清新,可读性很强。

6. 季卫东:《法治秩序的建构》,中国政法大学出版社 1999 年版。

季老师是最早将程序正义的理念引入中国的学者之一。本书既体现了他关于法治、程序等理论概念的思考,也折射出最近 20 年来中国法律制度变迁的曲折历程。

回 译著

1. [日]高桥宏志:《民事诉讼法重点讲义(导读版)》,张卫平、许可译,张卫平导读,法律出版社 2021 年版。

《民事诉讼法重点讲义(导读版)》是高桥宏志教授民事诉讼理论研究之大成,也是他民事诉讼理论研究的顶峰。为了更好地帮助读者理解日本民事诉讼法的相关理论与制度,译者张卫平在每一章前面加了导读,对原来的译文也进行了修订,使之更符合中文表述习惯,有助于提升读者阅读的有效性。

2. [日]伊藤滋夫:《要件事实的基础:民事司法裁判结构》,许可、[日]小林正弘译,法律出版社 2022 年版。

民事司法是根据当事人的权利主张寻求请求权的基础,是查证是否具备相应的要件事实,并据此作出裁判的过程。伊藤滋夫先生依据多年审判实践经验和理论研究成果,很早就提出了在民事司法中如何妥当、高效适用民事实体法的方法和理论——“要件事实论”。本书以在诉讼实践中正确应用要件事实理论为出发点,对于中国民事诉讼法法学研究能起到很好的借鉴作用。

3. [德]汉斯－约阿希姆·穆泽拉克:《德国民事诉讼法基础教程》,傅郁林编、周翠译,中国政法大学出版社 2005 年版。

为了配合 2002 年以来《德国民事诉讼法》的一系列修订,著者对本书的各个部分进行修订并在广泛范围内重新编写,使之反映最新的德国民事诉讼的法律状况。作为入门级教科书,本书系统性地介绍了德国民事诉讼法的基本理论。

4. [美]斯蒂文·N. 苏本等:《民事诉讼法——原理实务与运作环境》,傅郁林等译,中国政法大学出版社 2004 年版。

试图从三个维度向学生展示美国民事诉讼程序:一是程序的原理;二是这些原理得以发展和运作的语境;三是隐含在律师们运用这些程序的实践中的内涵。学生在阅读这本书的时候,能够思考民事诉讼法与社会、政治、经济环境之间的关系,并且利用那些练习去考虑美国律师在他们的案件诉讼中实际上是如何运用程序规则的。

5. Peter L. Murray & Rolf Sturner, *German Civil Justice*, Carolina Academic Press, Durham, North Carolina, 2004.

美国学者和德国学者合著的用英文介绍德国民事司法制度和民事诉讼程序的著作,因此其视角本身就是比较法的,并且兼容了大陆法系和英美法系的思想,对于中国学者有特别的意义。

回 网站

1. 民事诉讼程序网:http://www.civilprocedurelaw.cn/。

中国民事诉讼法学研究会官方网站,关于民事诉讼法学界的学术动态和最新研究成果,在该网站上都有所提示。

2. 最高人民法院网:http://www.court.gov.cn/。

最高人民法院官方网站,了解司法政策、司法解释的权威之选。

回 微信公众号

1. 燕园瀛家

北京大学民法学、民事诉讼法学联合发布学术动态的微信公众号,从北京大学民法学科和民事诉讼法学科的开创者魏振瀛教授和刘家兴教授名讳中各取一字,既是对两位老师的永久怀念,也是谐音"赢家"这一纠纷解决的核心目标。

2. 民事程序法研究

中国民事诉讼法学研究会官方微信号,和官网一样,会推送中国民诉法学界的学术动态。

3. 天同诉讼圈、金杜研究院、中伦视界、君合法律评论等

中国知名律师事务所的研究公众号,推送律师界对法律问题的第一手研究资料。

4. 民事程序纵横、中国政法大学诉讼法学研究院、纠纷解决与民事司法、纠纷与法

西南政法大学、中国政法大学、中国人民大学、清华大学民事诉讼法学科的公众号,推送中国一流法学院民事诉讼法学科的学术动态。

北大法学高阶

网络空间争议解决的制度分析

高 薇

关于作者

高 薇

北京大学长聘副教授，博士生导师。武汉大学法学学士（2003年），德国海德堡大学法学硕士（2006年），瑞士伯尔尼大学法学博士（2009年）；北京大学法学院博士后（2010～2012年）；上海交通大学凯原法学院讲师、副教授（2012～2016年）；美国杜克大学访问学者（2014～2015年）；最高人民法院研修学者（2020～2021年）；《中外法学》副主编、编辑部主任。主要研究领域：国际经济法、国际私法、国际仲裁法、互联网治理及争议解决。

从教以来主讲以下课程：（1）中文课程：国际商事仲裁法、国际私法、国际经济法、国际投资法、国际商法、国际商事争端解决；（2）英文课程：国际商事仲裁法、中国对外贸易法；（3）模拟法庭：指导学生参与多项国际模拟法庭赛事并取得突出成绩，北京大学多次获得“贸仲杯”冠军及若干国际比赛集体和个人奖项。

本文我将围绕“互联网争议解决的整体图景”、“互联网上的私人秩序”、“互联网与国际仲裁”以及“互联网与法院”四个部分介绍网络空间争议解决制度的演进与发展。同时,从学术研究的方法论层面,介绍如何形成个人研究的脉络,即从“国际商事仲裁”到“在线仲裁及 ODR”,再到“互联网争议解决”及“平台反垄断”。

■ 互联网争议解决的图景

本文首先将介绍 ODR 制度的整体图景。

□ ODR 的概念

ODR(Online Dispute Resolution)的概念产生于 20 世纪 90 年代的美国,目前对 ODR 的认识主要有三种:一是 ODR 是传统替代性争议解决(Alternative Dispute Resolution,ADR)在网上的演化形式;二是 ODR 是所有传统争议解决模式在网上的对应物(包括诉讼);三是 ODR 不限于传统争议解决模式,是争议预防、争议解决等多种在线争议解决方式的总和。回顾 ODR 的发展,一些认识上的差异与其说是一种分歧,不如说是人们从不同侧面对 ODR 进行的观察,而当这些观察被汇总到一起,它们捕捉到的就是 ODR 的整个发展过程。

那么在 ODR 发展的 20 年后,如何通过一个制度分析框架去研究它?应该如何认识它?有哪些规律性的认识?以下三个问题,是需要我们仔细思考的。

□ 问题一:如何认识 ODR

ODR 究竟是安徒生童话中的“皇帝的新衣”还是“丑小鸭”?又或者是“旧瓶装新酒”?不同视角下的 ODR 是不一样的。比如,法学家的研究更关注传统争议解决在线化带来的相关法律问题(在线仲裁、在线调解、在线协商等)、工具和系统(tools and systems)、互联网治理模式等;而经济学家更多关注的是网上声誉机制、私人秩序等问题;计算机科学家及统计学家的研究视角则更多从人工智能、自动程序、大数据预防及解决纠纷、区块链技术的运用等入手。

□ 问题二：如何建立 ODR 制度分析框架，澄清在线争议解决 20 年发展过程中呈现出的某些规律性元素

ODR 可以被区分为两种，即外生 ODR 和内生 ODR。（见表 1）外生 ODR 表现为 ODR 网站的建立者和贸易仲裁委员会等知名仲裁机构希望设计出网上仲裁、网上协商、网上调解等机制以解决新涌现出的网络争议。这些机制对于网络空间这一系统是外生给定的，不是由系统内部演化而出的，故称为外生 ODR。而内生 ODR 的突出特点是，ODR 的发展受到自发秩序的推动。某些网络交易平台自发产生了能够有效替代法律制度的私人秩序。eBay、淘宝网建立了信用评价系统，并使用第三方支付工具。这些机制是从网络空间内部自发演化而成并反复出现的有效制度，故称为内生 ODR。

表 1　ODR 的两种机制

区别要素	外生机制	内生机制
代表	在线仲裁、在线调解	淘宝交易平台的争议解决机制
激励	从争议解决中获利	消除交易风险，扩大交易规模
信息	关于纠纷解决的私人信息； 关于在线交易的可观察信息	关于在线交易的私人信息； 关于纠纷解决的可观察信息
方法	模仿	试错

请注意对表格中的“信息”和“方法”的理解。

在信息层面，哈耶克（Hayek）认为人类依其所掌握的信息而行为。两类信息与 ODR 机制的演化高度相关，即在线民商事行为的信息和有关争议解决的信息。它们属于哈耶克所称的“有关特定时空之情势的知识”。另外，合约经济理论区分了私人信息和可观察信息。由于信息在传递过程中会出现损耗，因而“有关特定时空之情势”的私人信息和可观察信息是不能等同的，对于信息拥有者而言，私人信息在信息的广度、深度和可信度上远远超过后者。“局内人”和“局外人”对这两类信息的占有度不同，使他们在信息结构上存在明显差异，进而影响到他们对线下争议解决知识的掌握。

在方法层面，经济学家阿尔钦指出，即使引入的信息不完全或具有不确定性，从随机的行为中也能产生有效率的结果。但需要指出的是，这并不意味着理性在现实世界中没有立足之地。他认为，人类有两种有意识的适应性行为，

即试错和模仿。内生 ODR 主要采取试错、外生 ODR 主要采取模仿的方式来适应市场环境中的新需求。试错是一种依靠过往经验对当前环境进行有意识地适应的方法。而模仿行为面对的两个问题有：一是环境的改变（changing environment），这可能造成原本具备适应性的策略组合在新环境下不再有效率；二是不完美的模仿（imperfect imitation），人们可能因为信息的不完全或能力的限制等诸多因素，无法完美模仿原本成功的行为。从线下环境变为在线环境，由于在线交易产生的争议在类型、标的、数量上都与传统交易产生的争议不同，仲裁、调解等的单纯在线化无法成功解决在线争议。

□ 问题三：如何解释有些 ODR 获得了成功，有些却失败了

对 ODR 成败的解释并不少，已有的解释包括公众缺乏认识，需要从合约上、从法律制度上予以保障，需要政府扶植其发展等。对此需要给出一个制度性解释，即机制能否顺利"嵌入"网络空间。

制度的演化很大程度上是内部机制和外部环境共同作用的结果。一种制度和社会整体制度（外部环境）之间的关系被称为社会嵌入。嵌入性（embeddedness）的概念首先由波兰尼（Polanyi）在其经典著作《大转型》一书中提出。社会学家格拉诺威特（Granovetter）对嵌入性的概念进行了进一步阐释，分析了现代工业化背景下嵌入社会网络中的经济行为。青木昌彦（Masahiko Aoki）将促使制度产生并反过来由制度维系的不同域之间的关联称为"制度化关联"（institutionalized linkage），并认为社会嵌入是制度化关联的一种特定类型，即某一域"嵌入"其他域，使某些在关联发生前不可能的策略组成为可能。卢曼（Luhmann）在论述现代社会的功能分化时提出结构性耦合（structurally coupling）的概念，从另一侧面强调社会诸系统间的相互关联性。而托依布纳（Teubner）在其以法律全球化为主题的研究中，也强调了法律体系与民族国家现有的经济体系、政治体系、教育体系的结构耦合问题。以上这些研究为我们理解 ODR 制度与整体社会之间以及与其他社会制度间的关系提供了重要分析角度。

在线仲裁是外生 ODR 最重要的代表，虽然人们在设计和引入在线仲裁制度方面进行了很多尝试，但它至今既没有替代传统仲裁，也没有在解决新兴在线商事争议方面完全发挥作用。制度的改变往往是由偶然因素引起的，新冠肺炎疫情的暴发极大地推动和加速了在线仲裁的发展，这是一种突发情况，但

并不妨碍我们分析阻碍在线仲裁发展的原因。在线仲裁这一外生制度面临的最主要的问题是规则与系统的嵌入问题,具体表现为无法妥善处理与另外两种纠纷解决制度间的竞争问题,即在线仲裁与传统仲裁的竞争和在线仲裁与内生 ODR 的竞争问题。无法妥善处理这两种竞争,是阻碍在线仲裁发展的根本原因。

■ 互联网上的私人秩序

这一部分将分别对框架中的代表性机制作出进一步介绍。

□ 网络空间争议解决中的私人秩序

私人秩序(private ordering)是通过私人规则制定、私人管辖及私人执行进行的自组织模式。即使现代国家通过颁布并执行法律来规范经济行为,法律也很难深入交易的所有细节,很多商业交易通过习俗、惯例、持续关系等维持。当发生纠纷时,交易各方会首先试图通过各种非正式安排(如谈判)解决问题。当私下解决的尝试失败时,才会诉诸法律,法律往往是最后的求助手段。使用法律手段解决纠纷的成本一般较为高昂,而且并不是人人都习惯以法院诉讼方式解决纠纷。从我国情况来看,人们普遍更希望维持一种和谐的关系,希望“私了”。

私人自我规制在网络空间的活动中具有重要价值。私人规则由组织内部成员基于特殊技能和偏好制定,而非由外部不熟悉游戏规则的主体强加在组织之上。组织内部形成的准则以及形成于准则上的成文行为规范建立在一种内部成员共同认可的价值之上。正因如此,采用自行制定的标准能够强化参与者的集体意识,内部成员往往也有足够的动力去承诺遵守内部的规则。另外,组织内部形成的规则比法律更为具体,也能够更快地针对具体形式的变化进行纠正或改变。私人规制比公共规制更为有效和灵活。私人规制更为直接的优势是,它避免了在处理互联网争议时必须面对的管辖权和法律选择的困境。有关合同的冲突规则已经认可合同关系中的当事人可以通过法律选择和选择法院条款解决管辖权问题。因此,当各方的一致同意成为自我规制的基础之后,参与者可以在自我规制的体制中选择(包括创建)自己的“法庭”,自行设置“法律”并自行实施。一些典型的行业,包括棉花交易、可可交易、钻石交易等，它们都有内部的仲裁机构或者仲裁组织，可以内部解决纠纷，并且很愿意自己执行。如果有成员不执行行业内部的裁决，协会就会把该情况公之于众，比如把该成员名字公布在这个行业的某个网站上，让所有成员了解这一情况。由于这个圈子本身非常小，所以在这种私人组织秩序下，信息的流通性也相对较高，所有成员都会看到，这就从反向去刺激该成员去执行它的争议解决的结果。当然，私人规制也存在一定缺陷，例如，规则可以被随时修改，缺乏稳定性；私人规制会产生一些具有较强地位的个体，而对其他参与者造成负面影响；可供选择的私人规制模式可能缺乏司法执行的强制力。

□ 网络交易平台的私人纠纷解决

前文分析了私人自我规制的价值和不足，那在网络交易平台中，私人解决、私人秩序是怎样的？

首先，淘宝和 eBay 都采取了“在线多边声誉机制”，通过这种机制可以在交易之前将恶意交易者甄别出来，防止其进入交易程序。而且这种机制也抑制了交易者采取机会主义行为的动机，因为任何不良的交易历史都会被记录，形成自身声誉的一部分。eBay、淘宝网等均规定了信用评分机制。其次，网络交易平台自我发展出了多种在线争议解决机制，各平台的实践均有自身特色，不一而足。既有的典型实践包括众包网上争议解决（如淘宝网大众评审机制）、引入中立的第三方争议解决服务（如 Square Trade 为 eBay 提供的在线纠纷解决服务主要包括在线协商和在线调解）等。最后，第三方支付平台提供了更多保障。声誉机制只能规制反复交易，但对一次性交易无效。而第三方支付平台被当作重要的执行手段，如淘宝网的支付宝，eBay 的 PayPal。在一项交易中，有关款项首先被支付给第三方平台，在货物或服务被确认无异议后，钱款才从第三方平台支付到卖家的账户。如果交易过程中产生了任何争议，钱款将留在第三方支付平台，直到纠纷解决方就纠纷作出判定，并由平台根据判定内容进行钱款的拨付。

□ 淘宝纠纷解决私序——众包模式

淘宝网是阿里巴巴集团于 2003 年创立的大型网络购物平台。在淘宝购物几乎成了中国网民每日生活的一部分，无数淘宝卖家借助淘宝平台创业成功。淘宝平台不直接参与交易，仅提供交易的空间。那么，平台作为担保人，或者平台作为纠纷解决者，这是否存在问题？推而广之，如何去监管平台的行为，特别是垄断性平台的行为。此外，法律永远滞后于商业实践，是否意味着我们只能依靠平台自律？在平台具有垄断性质的前提下，平台自律不一定可靠。淘宝的"十月围城"事件就是一个典型的例子。2011 年 10 月，淘宝商城毫无征兆发布新规，调整技术服务费和商铺违约保证金，最高涨幅高达 150%。新规终使中小卖家发动了"淘宝十月围城"。此外，淘宝的"小二腐败""假货"等问题，也十分突出。在淘宝平台既是裁判员又是运动员，处理所有业务和解决纠纷职能合二为一的情况下，很难不出现问题。那有什么方法可以缓解这一问题？在争议解决领域，有一种方式叫众包。简单地讲，众包就是把任务发给大家，让群体来为特定问题提供解决方案。2012 年，淘宝网建立了大众评审的判定中心，发动全体淘宝会员参与到社区的管理中，所有提交问题的判定将由大众评审员在判定中心通过集体投票方式决定。目前在手机版大众评审界面中可以看到的几种争议类型包括：商品鉴定（包括但不限于平台不良信息、不当描述等内容鉴定）；纠纷法庭（包括但不限于买卖双方存在争议的交易款项归属或资金赔偿纠纷处理、卖家因违规被处理后的申诉等）；规则众评（大众广泛参与的规则共建）；新人阵地（包括但不限于买家秀视频择优；清扫山寨品牌、远离山寨货等）。对于淘宝上的大部分争议，问题得以迅速解决比严格适用法律规定更为重要。因此大众评审员评审的主要依据是淘宝规则以及作为淘宝用户的经验。淘宝系统随机向评审员派送判定任务，采取先到先得的原则。最新的手机版《淘宝网大众评审公约（试行）》将交易纠纷的"取胜人数"设定为 7 人。大众评审员每日可判定的任务总量有一定限制，目前最高不得超过 80 个任务。其对判定周期进行了更加灵活的规定，不统一规定判定周期的时长，仅强调每个任务的有效判定周期将根据任务类型定制，但大多数纠纷能够在 24 小时内得到解决。

可以看出，众包模式改变了争议解决的形态，使争议解决（至少某些类型的争议）从小部分专家手中转移到业余爱好者手中，从一个封闭系统走向开放。利用众包进行争议解决的关键在于如何在技术和法律层面上完善机制设计，例如，设定清晰的目标、选择合适的人群，并在泥沙俱下的情况下筛选出智慧的解决方案。众包不仅仅是互联网社会的流行词，它是一种前所未有的社会行为，深刻影响着我们对于专业性、商业模式以及智力劳动价值的传统看法。我们可以期待一个新事物有更广泛的发展。

■ 互联网与国际仲裁

这部分将对互联网对国际仲裁的影响进行一些详细的分析。在线仲裁（online arbitration）通常是指仲裁材料的提交和仲裁的所有程序都通过电子邮件、聊天组、电话或视频会议等线上方式进行的仲裁。在线仲裁仍然具有传统仲裁的法律框架，即以仲裁协议为依据，由选定的中立第三方对有关证据和主张进行审理之后作出裁决。与传统仲裁相比，在线仲裁在纠纷解决机制的基本原理上没有根本性创新，也没有改变国际商事仲裁的本质属性，只是仲裁的主要程序通过电子邮件、网络通讯工具、视频会议或其他技术手段进行。世界范围内，在线仲裁服务主要有两类：一是由仲裁机构提供在线仲裁服务；二是由私人建立网站提供在线仲裁服务。

□ 在线仲裁的发展状况

虽然在线仲裁出现得很早，但其并未如人们所设想的，一经出现便迅速成为替代传统争议解决模式的有效机制。甚至在其出现后的相当长时间内，都未实现这一目标。对于在线仲裁发展的一个很关键的问题是，它的成败取决于它能否找到它的目标群体，这个制度到底应该用来解决什么样的纠纷。近几年，随着疫情的发展，在线仲裁重新走入人们的视野。自新冠肺炎疫情暴发以来，各国际仲裁机构线下办公室的工作都受到了影响。主要国际仲裁机构纷纷采取将在线仲裁作为重要的替代性工作方式，并出台相关指引文件，积极采取措施推进整个程序的电子化、信息化建设。2020 年 4 月 16 日，13 家国际仲裁机构（包括 ICC International Court of Arbitration、AAA International Centre for Dispute Resolution、HKIAC、ICSID、CRCICA、LCIA、SCC、SIAC、VIAC、DIS、IFCAI、CAM 以及 KCAB INTERNATIONAL）共同发表了一份联合声明，鼓励当事人和仲裁员通过先进的案件管理策略，以公开和建设性的方式讨论危机的影响并减轻其影响的潜在方法。

很多国际仲裁机构均针对现在的新情况发布了在线仲裁的指南，以更好地引导当事人和仲裁员开展在线仲裁。以香港国际仲裁中心（Hong Kong International Arbitration Center，HKIAC）2020 年 5 月 14 日发布的《HKIAC 在线庭审指南》为例，它将 HKIAC 的在线庭审经验总结为实务指引，供准备采取在线庭审的当事人和仲裁庭参考,解决了当事人和仲裁员关于在线庭审的可行性与功能性的诸多常见问题,同时提供了相应的指引和建议,确保在线庭审程序尽可能顺畅,将可能的干扰因素或问题降至最低。在指南中,它将在线庭审定义为:"在线庭审运用各种技术,将线下庭审中的功能和服务延伸至世界各地远程参与的当事人,使庭审不会因线下环境的限制而中断。"

从目前在线庭审的架构看,程序通常会结合使用三种要素,即视频会议或远程技术方案、证据的数据化展示(Electronic Presentation of Evidence, EPE)和实时笔录。视频会议和远程支持通常由"基于 IP 地址"的解决方案(通常需要使用大公司和庭审中心里较为常见的特定硬件设施)和"基于云服务"的解决方案(如 Zoom、WebEx、MS Teams、BlueJeans 等)组成。证据的数据化展示可以同时向所有出庭的人员出示证据,而不管其位于何处。在实时笔录中,笔录人员既可以在线下与一个或多个当事人/仲裁庭共处一室,也可以远程参与,同时,远程接入笔录系统使当事人和仲裁员能够像在同一个房间里一样跟进仲裁程序。一些重要的在线庭审技巧如下:首先,沟通是最重要的,在可能进行在线庭审之前,尽早联系 HKIAC,即便尚未确定所有细节;当事人应填写 HKIAC 的在线问询表格(online enquiry form),明确视频会议、音频会议、电子卷宗与证据开示、笔录以及翻译这五项具体服务方面的需求。其次,合作很重要,尽快与其他当事人和仲裁员取得联系,以免其中一方当事人或仲裁员不同意拟议方案而导致浪费时间和精力。最后,HKIAC 会在开庭日期之前,提前安排与当事人进行测试环节,确保所有当事人都能正常使用所选择的技术和服务。此外,准备备选方案,以免庭审过程中出现问题,确保庭审能够顺利进行,把干扰因素降至最低;安排 IT 专家等专业技术人员辅助庭审;进行在线庭审时,应将其他设备关至静音。根据 HKIAC 对其在线庭审实践的总结,2020 年共有 117 场庭审,其中的 80 场(约占 68%)采取了在线庭审方式。在线庭审案件可被运用的案件类型包括简易程序庭审、普通程序庭审、全部/部分在线庭审、跨地区/跨时区、远程笔录、远程翻译和证据的数据化展示。

除 HKIAC 外,2020 年 4 月,为了减小疫情造成的冲击,ICC 出台了《国际商会关于减轻新冠肺炎疫情影响的若干可参考措施的指引》(ICC Guidance Note on Possible Measures Aimed at Mitigating the Effects of the COVID – 19 Pandemic),其中第三部分为"关于组织在线庭审的指引",附件一为"在线庭审互联网协议清单",附件二为"建议纳入互联网协定和关于组织在线庭审的程序性裁令的条款”。2021 年 1 月 1 日起实施的新版 ICC 仲裁规则第 26 条第 1 款,Hearings(庭审)中规定:“(1)... The arbitral tribunal may decide, after consulting the parties, and on the basis of the relevant facts and circumstances of the case, that any hearing will be conducted by physical attendance or remotely by videoconference, telephone or other appropriate means of communication.”(……仲裁庭可在协商当事人之后,基于案件有关事实与情形,决定开庭将会以现场出席或者通过视频会议、电话或者其他适当的通讯方式进行。)

美国仲裁协会(AAA)—国际争端解决中心(ICDR)在其制定的 *Virtual Hearing Guide for Arbitrators and Parties* 文件中重点阐述了包括如何优化在线庭审的体验(如所使用的设备、视频和音频质量、连接流畅度等)、在线庭审的安全问题(如会议 ID、密码设置、不使用公共场所互联网、信息保密、禁止私下聊天等)、为在线庭审进行准备(如提前测试、发送庭审邀请、对文件资料和通讯方式进行沟通等)、在线庭审的进行(如提前进入会议室、身份验证、宣读规则、在适当的情形下进行录音等)事项。在 *Virtual Hearing Guide for Arbitrators and Parties Utilizing Zoom* 文件中,其在以上要求的基础上,针对 Zoom 进行了专门规定,包括 Zoom 技术支持、Zoom 庭审录音等。在 *Model Order and Procedures for a Virtual Hearing via Videoconference* 文件中,中心进一步针对视频会议方式进行在线庭审进行了规定,包括视频会议协议、指令、庭审记录和录音、技术问题(如庭审邀请、提前测试、备份线路、音频/视频质量等)、证人及证据开示、庭审时间表、技术难点、视频会议成本等。

□ 在线仲裁裁决的承认与执行

在国际仲裁中,如果一方拒绝履行仲裁裁决,另一方就需要请求法院进行强制执行。在国际仲裁领域,最具有影响力的公约是于 1958 年 6 月 10 日在纽约签署、并于 1959 年 6 月 7 日正式生效的《承认及执行外国仲裁裁决公约》(The Convention on the Recognition and Enforcement of Foreign Arbitral Awards),即《纽约公约》。《纽约公约》是国际仲裁发展史上里程碑式的成果,取代了之前的《1923 年日内瓦议定书》(1923 Geneva Protocol)和《1927 年日内瓦公约》(Geneva Convention of 1927)。可以说,《纽约公约》是目前最为成功的国际公约之一,截至目前,共有 172 个缔约方,主要贸易大国均为公约的缔约方。1986 年 12 月 2 日第六届全国人民代表大会常务委员会第十八次会议决定中国加入《纽约公约》,1987 年 4 月 22 日起公约对中国正式生效。

在《纽约公约》中,不予承认与执行的理由主要被规定在公约的第 5 条中。第 5 条包含两款共 7 项具体理由,而其中可能成为在线仲裁裁决执行挑战的主要有第 5 条第 1 款 a 项、b 项、d 项和第 2 款 b 项。公约第 5 条第 1 款 a 项规定的是仲裁协议无效的情形。理论上讲,疫情这一突发事件本身并不会是导致一项仲裁协议无效或无法执行的根本原因。而公约第 2 款 b 项公共秩序理由弹性较大,由各国掌握。

在线仲裁最大的变化是程序,所以出现的问题可能更多与仲裁程序的进行相关。根据《纽约公约》第 5 条第 1 款 b 项,若一方未收到指派仲裁员或仲裁程序之适当通知,或因其他原因导致未能申辩的,可主张不予承认与执行裁决。这一规定与在线仲裁相关的要求有两方面:

第一,侵犯当事人的申辩权。当事人可能会以约定的仲裁规则或应适用的国内法中存在关于"现场听证"的规定为由,主张在线仲裁剥夺其现场申辩的权利,或以其未能在远程庭审中进行有效的陈述或举证质证为由主张在线仲裁侵犯其申辩权。仲裁实践表明,在线庭审本身并不当然构成对当事人陈述申辩权的侵犯,而是被作为现场庭审的有效替代方式。在 Research and Development Center v. Ep International 案中,一方当事人以没有亲自出席听证为由申请拒绝执行仲裁裁决。美国法院即指出,在相关仲裁规则已经明确允许当事人可以通过视频会议出庭作为替代性的陈述案情的方式时,当事人以未能亲自现场参加仲裁为由主张拒绝执行仲裁裁决不具有正当性。该案中,当事人本可以依据仲裁规则提出在线听证作为替代方案,因此不能视为当事人无法进行陈述申辩。可见,在线仲裁同样可以满足当事人获得申辩陈述权利的需求。而在 China National Building Material Investment v. BNK International 案中,一方证人因患病无法出席听证会,仲裁庭提出进行在线视频会议听取其证词,但遭到该方反对。此后,该方当事人以其证人未能出席听证为由主张该仲裁裁决不公平。最终美国法院认为仲裁庭的审理程序并未违反《纽约公约》第 5 条第 1 款 b 项。理由为:其一,当事人的证人需要为其拒绝出席能够为提供合理便利的听证会的行为担责;其二,若仲裁庭认为远程听证侵犯当事方的申辩权,就不会将在线听证列为现场听证的替代方案之一。进一步讲,一些司法判例认为,仲裁庭不开庭审理并不当然构成对当事人申辩权的侵犯;而另一些司法判例认为仲裁庭并没有义务提供特定的询问证人的手段,如交叉询问。

如果仲裁庭不开庭审理或拒绝进行交叉询问并不当然构成对当事人申辩权的侵犯,那么允许当事人以远程方式进行庭审陈述或以远程方式进行交叉询问更难以被认定为构成对当事人申辩权的侵犯。

第二,侵犯当事人的平等对待权。平等对待权被认为是隐含在《纽约公约》第1条第1款b项中的正当程序要求之中的一项权利,考察的是在同一仲裁程序中,一方当事人是否获得了与另一方当事人同等标准的待遇。所谓"平等对待"并不严格等同于相同待遇,但至少需要满足无差别的待遇。对于当事方均不在场的在线仲裁,如果证人、专家在内的各仲裁参与者都通过网络连线的方式远程参与仲裁,那么各方的待遇是一致的,平等对待权并不会面临被侵犯的风险。问题可能出在,一方存在技术问题而另一方没有受到影响时,存在技术问题的一方可能主张其平等对待权受到侵犯。特别是一方当事人在仲裁过程中面临严重的技术问题,而又缺乏有效的应对规则以保障这一部分受到影响的陈述能够获得充分审理的情况下。如在 Sino Dragon Trading v. Noble Resources International 案中,申请人一方证人的作证遇到了极多技术问题,包括:视频会议软件失效,因此只能通过 Skype 提供证据;视频和音频不得不分开独立传输;证人质证时所需的文件并没有送达证人;翻译人员由于水平低下被中途替换;证人作证过程中有其他无关人员在场。而仲裁庭在裁决中也认为"对李先生的交叉询问的过程是以相当令人无法满意的方式进行的"。但澳大利亚联邦法院并未撤销这一裁决。法院指出,尽管通过视频会议提供证据的模式同现场询问相比并不理想,但是这一方式并不当然导致案件审理会产生实体不公正的结果。就技术问题而言,法院认为,首先该案系申请人一方不顾另一方反对坚持要求进行视频讯问,因此申请人一方本身应对在线讯问中发生的问题负有部分责任;此外,同申请人一方遇到的困难相比,受到实质影响的是进行交叉询问的被申请人一方,况且最终仲裁庭仍采纳了这些证词。澳大利亚法院在其执行裁定中表明,在线听证本身不构成对当事人申辩权和平等对待的侵犯。至少在新冠肺炎疫情的大背景下,在线听证已经是相较于拒绝听证来说能够最大限度保障当事人申辩权的仲裁程序选择。

该案的特殊之处还在于,技术问题出现在一方当事人的证人身上,但影响却是双向的。由于出现技术问题的环节是本就需要双方参与的交叉询问环节,因此证人陈述受到影响同样也会对询问证人的一方造成干扰,如询问方会因无法听清证人证言而不能有效提问。避免出现这类问题的最佳方式就是仲裁庭应当事先对在线仲裁每一步骤的具体要求作出详细的指示,并同当事方确认,以消除他们对远程作证中不可实控的环境的担忧。

除了技术上的突发情况外,在线仲裁还可能面临一些影响当事方之间平等对待的固有困难,如当事方之间的时差和技术水平差异。在时间上,如果当事人之间的时差超过8小时,在线仲裁很有可能导致一方当事人的律师、证人及专家不得不在凌晨参加在线庭审,此时仲裁时间的选择就会使一方当事人获得了相较于另一方当事人的部分"隐形优势"。而另一种影响更大的因素是当事人之间技术水平的差异。如当事一方可能无法准备收音效果更好、清晰度更高的摄像和录音设备,当事一方的电力系统可能无法有效地持续支持在线仲裁,当事一方可能相较于另一方对在线仲裁所采用的平台缺乏技术了解,又或者当事一方的网络连接显著差于另一方。尽管受影响的当事人仍然很难利用这些细节上的差异充分论证其和案件实质审理的结果偏差之间存在因果关系,且仲裁庭继续在线仲裁决定亦非执行地法院所应当审查的"正当程序"范畴,但进行在线仲裁的仲裁庭仍应当特别注意充分考量当事双方的主张,并对可能出现的突发情况尽量提前作出准备,防止裁决在作出后受到挑战。

此外,在线仲裁还存在仲裁程序与当事人约定或仲裁地规定不符的问题。根据《纽约公约》第5条第1款d项,若仲裁机关之组成或仲裁程序与各方协议不符,或无协议时与仲裁地所在国法律不符,当事人可主张不予承认执行仲裁裁决。根据该条,仲裁裁决作出的程序首先应当同当事方在仲裁协议中约定的程序相符,其背后体现的是当事人自治原则,同时也是当事人各方对程序应当如何进行的最低标准的合意。因此,若当事各方已经约定仲裁程序必须是各方亲自到场进行,这就意味着现场仲裁是本案中当事方认为其能够充分陈述的最低要求,如果此时仲裁庭仍旧决定以在线仲裁方式作出裁决,其就面临裁决因仲裁程序违反仲裁协议约定而被拒绝承认或执行的风险。仲裁庭可以鼓励当事方考虑是否进行在线仲裁,但在当事人已有明确的排除在线仲裁的约定的情况下,仲裁庭不能违反当事人的约定进行。实践中还可能出现一种情形,即当事人虽然没有专门约定各方是否必须亲自到场,但在仲裁协议中约定了适用的仲裁规则,而这些仲裁规则中存在关于仲裁的审理程序需要"亲自到场"的规定。

此外,还必须注意以远程庭审的方式进行在线仲裁是否违反仲裁地国国内法的规定。大部分国家的国内法对仲裁远程庭审的问题未进行专门规定,即便进行规定，如现行《荷兰民事诉讼法典》第1072b条第4款，也仅仅是明确以远程方式进行庭审的可能性，而不规定具体的规则和技术方案。

□ 对在线仲裁的展望

从技术角度，进行在线仲裁对服务平台综合实力要求较高。从功能上看，一个理想的在线仲裁服务提供者必须具备强大的音频视频会议功能，收集、审查和制作文件以及管理和传输仲裁数据、进行核心小组讨论和分组会议的可能性。

此外，应提供使用电子捆绑、转录笔译和口译等辅助服务，以应对不同背景的当事人的需要。从后续服务看，服务提供者必须处理和解决与使用其技术和服务有关的问题。同时，必须确保保密性和数据保护问题。无论法律如何强调对个人信息和数据的保护，在技术层面问题依然很难被完全避免。当事人可能会滥用权利查阅共享敏感的信息，甚至在与家人或其他人共享设备的过程中无意泄露敏感数据。因此，在线平台必须保证最大限度的安全和加密水平，以最大限度地减少无意中或未经授权访问这些信息的风险。我国在修改《仲裁法》时，也应考虑数字化对现代仲裁的影响和未来的发展趋势，加入在线仲裁相关的规定。

■ 互联网与法院

这一部分将介绍互联网如何与诉讼相结合。

□ 在线法院的发展

在线法院的发展可以体现为数字技术对法院的三阶段渗透。

第一阶段涉及案件管理和提高工作效率，主要目的是简化程序，使人们在远程和在实体法院关闭的情况下开展工作。第二阶段与电子政务的普及相关：法院网站的发展旨在为受众提供广泛的信息，包括法律、维权和抗辩等方面的信息，可以帮助诉讼当事人（或可能的诉讼当事人）与法院系统进行互动，重点在于增加透明度以及尽可能开放过去不能被获取的资源。第三阶段是司法程序通过在线化方式进行，讨论法院是“一种服务还是一个场所”的问题。

法院的纠纷解决也在经历技术和方法的三大转变：第一，从物理环境向虚拟或半虚拟环境转变;第二,从人为干预和决策转变为自动匹配的程序,将算法引入司法决策过程;第三,从重视确定性的争议解决模式转变为注重收集、使用和再利用数据以预防争议的模式。

此外,人们对于“接近正义”以及“正义”概念本身的理解也在发生变化。数据收集、通信和在线解决软件的结合为提高效率和公平性开辟了可能性,可以转化为增加获得正义的机会以及最终实现公正的可能性。一方面,“接近正义”的渠道被拓宽,当事人参与司法诉讼的成本降低,可以更为便捷地获得司法服务;另一方面,当事人可以借助法院提供的诉讼风险研判和诉讼策略指引等技术服务,更充分且实质性地参与诉讼过程,提升案件审理的公平性。此外,法院在线调解等纠纷解决机制的运用促使提交至诉讼环节的小型纠纷减少,法院诉讼的质效得到提升,也体现了“接近正义”的要求。

□ 各国实践

在世界范围内,很多国家都在进行在线诉讼的实践。加拿大、美国、英国等纷纷进行了在线法院的尝试和实践。美国建设在线法院并未采取全境的、自上而下的方法,每个州都要引进、试验、审议和实施创新。比较值得关注的是美国密歇根州,它 2001 年就通过了《网络法庭法》(*The Cyber Court Act*),此项法案是对《1961 年司法法》(*Judicature Act of 1961*)进行的修订,增加了第 80 章“The Cyber Court”,主要的案件类型包括有关信息技术、软件、网站运营、维护、托管的争议,还包括商业保险、银行交易以及商业实体内部组织争议,具体采用电子通讯方式进行审理,包括但不限于视频或音频会议。目前密歇根州有超过 30 家法院设立了在线争议解决机制。许多州针对在线庭审出台了指南,如堪萨斯州最高法院出台的在线庭审指南(Kansas Trial Courts Virtual Courtroom Standards and Guidelines)就对如何开展在线庭审进行了较为详细的规定,内容包括:法院应与当事人核实是否愿意并有能力参与在线庭审;法院应当确保在线庭审程序的公正性(当事人应当着装恰当、当事人应当保持全程视频或电话在线、不得打开无关的软件或窗口);法院可以使用相应平台、软件,如 ZOOM 或 BlueJeans。指南还介绍了主要功能和操作方式。

此外,2020 年 3 月 16 日,美国联邦最高法院在线审理了 U. S. Patent and Trademark Office v. Booking. com 一案,这次案件的口头辩论通过互联网进行直播,公众可以通过福克斯新闻网等平台收听。这也是美国联邦最高法院第一次在线直播庭审。部分批评者认为,在线法院存在许多问题,如损害司法威仪、有损司法严肃性,影响陈述和证言、有损程序正义,软硬件(技术)条件可能存在问题等。一些批评者认为,现场出席是实现正义的重要组成部分:所有参与者必须能够看着另一方的眼睛,必须具备平等的对抗环境;而在在线庭审时,无法进行"面对面"的质证,法官可能难以准确判断当事人陈述和证人证言的真实性,因而有损程序正义。

加拿大第一个在线法庭是加拿大不列颠哥伦比亚省的民事争议解决庭(Civil Resolution Tribunal,CRT),于2012年建立,主要处理机动车事故纠纷、上限为5000美元的小额索赔案件,以及不限金额的共管财产纠纷、社会组织纠纷、合作组织纠纷。CRT在线争议解决程序是从问题诊断到自动协商,再到调解,最后是最终裁决。CRT调解中,如果能够达成双方都接受的调解协议,则该协议可被转化为可执行的法庭命令(court order)。如果不成功,任何一方都可以将争议转入最后的裁决阶段。在2015年,加拿大不列颠哥伦比亚省立法会颁布立法修正案,规定必须使用CRT系统。截至2020年,其问题诊断功能每年被使用5万多次,争议解决时长降低到45天。

再来看欧盟ODR的实践。欧盟ODR的法律框架主要由两份文件构建,包括《欧洲议会和欧洲理事会关于在线解决消费者争议并修正第2006/2004号(欧共体)条例及第2009/22号(欧共体)指令的第524/2013号(欧盟)条例》(《消费者ODR条例》)和《欧洲议会和欧洲理事会关于替代性解决消费者争议并修正第2006/2004号(欧共体)条例及第2009/22号(欧共体)指令的第2013/11号(欧盟)指令》(《消费者ADR指令》)。欧盟ODR条例的主要目的并非建立起一个能够覆盖全欧洲的具体的ODR争议解决机构,而是要建立一个使欧洲各部分能够相互连接的"一站式"多元在线纠纷解决平台,确保消费者能够通过经过认证的质量较高的ADR程序解决与经营者之间存在的合同纠纷。因此,建立消费者ODR平台、优化ODR互动网页是该条例所要实施的核心问题。ODR平台并不直接提供争议解决的实体机制,而是通过单独设立网络连接端口,来连接和指向根据《消费者ADR指令》认证的ADR实体机构所提供的服务。从这个意义上来说,ODR平台是ADR机构的电子化和数字化的体现,而并不是一个单独的在线化的ADR机构,其宗旨也是在于提高B2C交易市场的数字化程度。ODR平台所提供的服务涵盖了三项内容:通过该平台连接买卖双方与ADR实体机构,协助提交和传递信息;提供免费的平台在线案例管理工具,辅助 ADR 机构在线处理相关争议公开相应的信息:与 ODR 平台的信息中转站与信息集成处理器作用。欧盟各国在如何实施 ODR 条例的问题上具有极大的自主权,条例仅提供了原则问题上的指导和实施的框架,这就使欧盟规定的标准并不足以让各国建立起来质量统一的 ADR 机构,ADR 认证和监督程序同样会存在较大差异,各国 ADR 机构在性质(如营利性和非营利性的差异)和模式(如 ADR 运行程序类型和覆盖范围上的区别)上都存在诸多差异,乃至在数量上都有着较大差异。同时,各国之间的沟通与交流的频率也不相同,这一管理模式的差异必然导致了在跨境纠纷中信息阻碍的产生,同时也需要后续 ODR 联络点对此进行更进一步的信息收集工作。总体来说,ODR 条例的实施情况暴露出各国规定不一以及执行力不足的问题。

□ 中国实践

我国互联网信息技术与法院的互动可被划分为三个阶段,即信息技术开始渗透传统司法的阶段;互联网法院的设立与发展的阶段;以及基于一站式多元解纷与诉讼服务中心建设,并在全国范围内全面推开以信息技术运用为核心的诉讼服务改革的阶段。其中,第二阶段和第三阶段的区别在于,互联网法院是以全流程在线为核心创造的一种新型业态,目的是推动实现数字正义。法院的工作是面向网络空间去进行纠纷解决和化解矛盾,与《国家信息化发展战略纲要》《法治社会建设实施纲要(2020—2025 年)》等文件提出的“网络空间法治建设”“依法治理网络空间”等要求相契合。我国互联网法院的定位主要就是处理网络纠纷。根据最高人民法院《关于互联网法院审理案件若干问题的规定》(以下简称《互联网法院规定》)第 2 条的规定,其受案范围大致可分为网络购物合同纠纷、网络服务合同纠纷、互联网金融借款合同纠纷、互联网著作权纠纷、互联网域名纠纷、互联网行政案件、上级人民法院指定管辖的其他互联网民事和行政案件。而其他法院更多侧重于为诉讼各方提供诉讼服务的多种渠道。

“一站式多元解纷”是我国目前正在推进的诉讼服务改革,它并不能简单被定义为信息技术在案件审理过程中的应用,而是基于互联网技术对案件管理与审理全流程的再造,是“智慧法院”的理念渗透纠纷管理和案件审理的各个环节。一站式多元解纷首先强调的是“诉源治理”,强调司法大数据对矛盾风险态势发展的评估和预测预警作用,提前防控化解重大矛盾风险,从源头上减少矛盾纠纷。除一站式多元解纷,"一站式"的概念下又包括"多元解纷"、"分调裁审"和"繁简分流"等方面。"多元解纷"首先强调智能化风险评估服务,按照自愿、合法原则,引导鼓励当事人选择非诉讼方式解决纠纷;其次是建设应用在线调解平台,推动各地法院审判流程管理系统或自建调解平台与最高人民法院在线调解平台对接;再次强调调解协议司法确认工作,推动司法确认全面对接人民调解等线上平台;最后强调建立诉前调解案件管理系统,逐案登记、全程留痕、动态管理,并将诉前调解工作量纳入考核统计范围。在"分调裁审和繁简分流"方面,我国法院正处于普遍开展一审案件繁简分流工作、探索二审案件繁简分流的阶段。具体而言,首先要求普遍应用系统算法加人工识别,按繁简程度分流案件;其次是在诉讼服务中心配备速裁法官或团队,综合运用督促程序、司法确认程序、小额诉讼程序、简易程序、普通程序等,从简从快审理简单案件,并建立类案集中办理等配套机制,建立示范诉讼模式,制作类案文书模板,全面运用智能语音、网上审理等方式,提升审理效率;最后是指定专门团队承接简转繁案件办理工作,健全转换机制。

我国最高人民法院当前的一个工作重点是在线调解。这项工作目前已取得较大的进展。截至2021年3月22日,依据最高人民法院的评估,目前全国范围内建设在线调解室的法院共计3480家,占比高达99.97%,大部分法院目前基本完成了在线调解平台的搭建工作。下一步的工作重心主要在于各地自建调解平台与统建调解平台之间的对接工作,以及调解组织与在线调解平台之间的接入工作。当前在线调解的全国性规范呈现出零散的特征,且以倡导、指导和建议为主,缺少强制性的约束规范。最高人民法院目前正在研究制定全国性的在线调解规则。

另外,未来的在线调解规则设计将主要围绕以下内容展开:在线调解的原则性规定(适用范围、在线调解平台的功能、在线调解的基本原则、当事人以及调解员的权利义务等);在线调解的程序(在线调解的引导、身份认证、程序启动、调解案号、调解员选定及信息披露、调解前协商和解、调解前准备、调解流程、调解笔录、调解协议、在线调解程序的终止);在线诉调对接;调解管理(调解名册、培训考核、调解指导);其他事项(智能诉讼结果评估等在线调解辅助、调解费用、诉讼费用、运行安全、个人信息保护等)。

最后,我国法院"一站式"建设实践对世界互联网法治发展的贡献可以被总结为:

第一,社会转型期间,后发展的中国无疑要有更多、更强烈的社会矛盾和纠纷,也更加需要依赖成本低、效率高的多元的维护正义的做法。在中国的传统正义体系中,核心目标从来都是努力化解纠纷,尽可能做到诉讼的至少化、法庭判决和正式司法花费的最小化以及社会和谐的最大化。因此,在网络社会下的一站式多元解纷和诉讼服务体系建设,延续了我国传统正义理念,"矛盾纠纷源头治理""多元解纷"是其核心,调解在解决纠纷中依然发挥着重要的作用。

第二,中国一站式多元解纷机制的整体发展与完善,表明社会资源在纠纷解决方面出现了融合和联动的趋势。中国实践为世界提供了一份较为完整的互联网时代的多元解纷制度样本。中国在线纠纷解决制度中,既有自下而上发生的互联网平台的私人纠纷解决机制,也有自上而下推动的以法院为主体的多元解纷机制,而逐渐地,也将发生私人机制和司法制度之间的制度衔接,为当事人提供多元化的纠纷解决方案。

第三,法院是推动和参与改革的主体。这不单指法院承担着审判和纠纷解决的职能,也意味着法院在这一过程中肩负着推动全社会法律意识形成的重要任务。遵循这一思路,我国法院坚持把全民普法同一站式建设工作紧密结合,在解决纠纷、服务群众过程中弘扬社会主义法治精神和社会主义核心价值观,引导广大群众办事依法、遇事找法、解决问题用法、化解矛盾靠法,增强法治观念,努力创造更高水平的社会主义司法文明。

▣ 阅读指引

◻ 权威教材

1. Redfern, Alan Hunter, J. Martin et al., *Redfern and Hunter on International Arbitration*, 6th ed., Oxford University Press, 2015.

   国际争端解决领域的经典著作,为学生提供了对国际仲裁法律和实践的清晰、权威的解释。简明扼要,条理清晰,其通俗易懂的教学风格受到了受众一致的赞誉。本书的逻辑结构遵循仲裁的时间顺序,内容包括对起草仲裁协议的建议、对裁决本身的审查以及对适用于根据投资条约提起的仲裁的特殊考虑的评论。同时,本书涵盖了仲裁中适用的法律、法庭的设立和权力、程序的进行和国内法院的作用,并讨论了到仲裁裁决的质疑和执行。本书的编写也参考了国际商会、伦敦国际仲裁法院、美国仲裁协会、国际投资争端解决中心和联合国国际贸易法委员会的仲裁规则和实践。

2. Born, Gary B. , *International Commercial Arbitration Kluwer Law International*, 2nd ed. , 2014.（中译本为：[美]加里·博恩：《国际仲裁：法律与实践》，白麟等译，商务印书馆 2015 年版。）

加里·博恩教授以其深厚的理论功底和在仲裁界所取得的卓越成就，被公认为国际商事仲裁领域的权威人士，屡获殊荣。本书是其代表性作品之一，旨在对国际仲裁所涉及的法律问题进行全面介绍，重点关注国际仲裁的基本法律框架及各法域、各仲裁机构的实践，以简明、精练的语言向读者介绍国际仲裁的核心法律原则与实践惯例。本书的主体部分按照国际仲裁的时间推进顺序分为国际仲裁协议、国际仲裁程序和国际仲裁裁决三大部分，主要探讨国际商事仲裁，并在必要时与国际投资仲裁或国家间仲裁进行对比。本书的特点在于其比较法的研究视角和翔实丰富的实践资料。

3. Moses, Margaret L. , *The Principles and Practice of International Commercial Arbitration*, 3rd ed. , Cambridge University Press, 2017.

为读者了解国际仲裁世界提供了较为宏观的观察视角。本书解释了仲裁的运作方式和原因，重点阐明了国际商事仲裁中的法律和监管框架，以及应遵循的实用策略和应避免的陷阱。本书简短易读，除仲裁中基本要求外，还包括仲裁法、规则和指南的最新变化。本书还引用了来自众多国际仲裁员和律师的见解，他们直接讲述了自己的仲裁经验和对最佳实践的看法，十分具有可读性。

推荐专著

1. Richard Susskind, *Online Courts and the Future of Justice*, Oxford University Press, 2019.

理查德·萨斯金德在书中展示了诉讼将如何被技术转变，并提出了解决全球诉诸司法问题的方法。本书指出，在大多数先进的法律体系中，民事纠纷的解决时间太长，成本太高，而且过程不仅过时还使普通人无法理解。本书进一步说明，我们应该如何利用互联网的巨大影响力，并认为在线法庭将最终取代许多传统诉讼。同时，本书也对影响在线法庭的诸多因素如人工智能、机器学习和虚拟现实进行了评估和说明。

2. Ethan Katsh, Orna Rabinovich - Einy, *Digital Justice: Technology and the Internet of Disputes*, Oxford University Press, 2017.

向读者介绍了解决和预防争议的新技术工具，通过网络空间，那些永远不会向法院寻求帮助的人可以通过智能手机等方式寻求帮助。本书中，作者特别关注了五个创新和存在大量争议的领域：电子商务、医疗保健、社交媒体、劳工和法院。随着争议的增加，冲突升级，作者强调需要新的争议解决程序和避免争议的新方法。

3. Tim Wu, *The Curse of Bigness: Antitrust in the New Gilded Age*, Columbia Global

Reports, 2018.

哥伦比亚大学教授蒂姆·吴讲述了像布兰代斯和西奥多·罗斯福这样的人物如何面对镀金时代的伟大信托所带来的民主威胁,他指出,进步时代的教训在过去40年中已经被人们遗忘了。在本书中,为了更好地应对我们正面临持续和极端经济不平等的后果,他呼吁恢复信任被破坏的时代失去的信条,并将其作为美国进步思想更广泛复兴的一部分。

4. 高薇:《网络空间争议解决的制度分析》,北京大学出版社2022年版。

对网络空间的争议解决机制的一种制度分析。本书从ODR的机制设计、嵌入问题等角度出发,分析和解释ODR机制的发展规律和困境,并在此基础上深入分析网络空间中的几种主要ODR类型,即私人秩序、在线仲裁及在线法院。本书是对ODR发展的一个阶段性总结,覆盖了其早期发展以及最新进展。本书具有一定认识上的前瞻性,能为对此领域感兴趣的同学们提供参考。

5. [英]卡尔·波兰尼:《大转型》,当代世界出版社2020年版。

描述了欧洲文明从前工业世界到工业化时代的大转型,揭示了伴随这个过程所发生的思想观念、意识形态、社会政策、经济政策、国内与国际政治经济上的大转变。波兰尼不仅精当指出了自我调适的自由市场的内在缺陷,还准确预言了这种"市场经济"对人、自然、生产组织的严重破坏及其悲剧性的社会后果和国家干预的必要性,对21世纪的中国与世界仍极具启发与参考。

6. [美]吴修铭:《总开关——信息帝国的兴衰变迁》,中信出版社2011年版。

数字思想家吴修铭的又一佳作,对互联网世界的未来做了大胆猜想,并认为网络世界会是终极媒介形式。作者认为这不是无端的猜想,而是从广播、电视、电影等信息媒介的发展周期得出的规律:新信息技术的发明;新产业的建立;一段开放的发展期;最终由行业巨头占据统治地位,掌握着信息流的总阀门(the master switch)。本书语言诙谐幽默,可读性很强。

回 推荐阅读文献

1. F. A. Hayek, *The Use of Knowledge in Society* 35 , The American Economic Review, 521 – 522 (1945).

2. Armen A. Alchian, *Uncertainty, Evolution, and Economic Theory* 58 , The Journal of Political Economy, 211 – 221 (1950).

3. Khan Lina M. , *Amazon's antitrust paradox* 126 , Yale Law Journal, 710 – 805 (2016).

4. Gao Wei, *The Success and Failure of Online Dispute Resolution* 47 , Hong Kong Law Journal, 445 – 474(2017).

5. Schultz Thomas, *Online Arbitration: Binding or Non – binding?*, ADR Online Monthly,

November (2002).

6. 高薇:《互联网争议解决的制度分析——两种路径及其社会嵌入问题》,载《中外法学》2014 年第 4 期。

7. 高薇:《众包网上争议解决——群体智慧如何解决网络争议》,载《北大法律评论》2018 年第 2 辑。

除上述材料外,威科国际商事仲裁在线网站(https://www.kluwerarbitration.com)收录了大量国际商事仲裁等方面的素材,包括自 1976 年起的《ICCA 商事仲裁年鉴》(ICCA Yearbook Commercial Arbitration)全册,年鉴收录了大量国际商事仲裁规则以及仲裁裁决和相关法院判决,研究资料非常丰富。

《海牙判决公约》的谈判与启示

何其生

关于作者

何其生

法学博士，北京大学法学院教授、博士生导师，北大博雅青年学者。现任北京大学国际经济法研究所所长、外交部国际法咨询委员会委员、海关总署进出口食品安全咨询委员会委员、中国贸促会第二届经贸摩擦法律顾问委员会委员；曾荣获第八届全国十大杰出青年法学家（2017年）、教育部“长江学者奖励计划”青年学者（2015年）、教育部“新世纪优秀人才支持计划”（2006年）、霍英东教育基金会第十届高等院校青年教师奖（研究类，2006年）、《电子商务的国际私法问题》获全国百篇优秀博士学位论文（2004年）；曾20余次参与多边条约的谈判和国际法律文书的审议。

主讲以下课程：国际私法、国际贸易法、国际经济法与国际私法专题研究等。

引言

目前法律纠纷的解决方式主要有三种:诉讼、调解、仲裁,三种方式都由相应的国际公约促进相关争议解决决定的流转。在国际商事仲裁领域,联合国《承认及执行外国仲裁裁决公约》(以下简称《纽约公约》)有166个缔约方,是国际私法领域最成功的公约之一。在商事调解领域,《联合国关于调解所产生的国际和解协议公约》(以下简称《新加坡调解公约》)在2019年达成,现已生效并有46个国家(地区)签署。国际民事诉讼领域的海牙《承认与执行外国民商事判决公约》(以下简称《海牙判决公约》),也在2019年7月达成,该公约旨在促进全球范围内国际民商事判决在缔约国法院间的相互承认与执行。虽然目前《海牙判决公约》只有4个国家(地区)签订,但其成功达成本身就是一个巨大的历史性事件,被誉为"游戏的变革者"。《海牙判决公约》从议题的设置,到专家组的酝酿,再到各种正式和非正式的磋商,直至外交大会成功地召开,经历了27年的时间。能亲历各种正式和非正式谈判,完整参与一个公约的协商过程,对于一位国际法学者来说,是人生非常难得的一次经历。

下文从《海牙判决公约》在哪里谈、怎么谈、谈什么、谈后有什么启示四个方面,和大家进行交流。

哪里谈:《海牙判决公约》与海牙国际私法会议

《海牙判决公约》是由海牙国际私法会议(Hague Conference on Private International Law,HCCH)主持并达成的公约。海牙国际私法会议最初于1893年由荷兰著名国际私法学家阿瑟尔(T. M. C. Asser)在荷兰政府支持下倡议主办,意在协调欧洲各国的法律差异,1951年通过了《海牙国际私法会议章程》,1955年生效,成为常设的政府间国际组织,其宗旨是"促进国际私法规范的逐步统一"。除荷兰海牙总部外,海牙国际私法会议在中国香港与阿根廷布宜诺斯艾利斯还有两个区域办公室。目前,海牙国际私法会议共有90个成员方和1个区域性组织(欧盟),其成员方数量近年来一直不断增长。

海牙国际私法会议以制定硬法性国际法律文书为主,目前已经达成了40

部国际公约、1 部国际软法性文件(《海牙国际合同法律选择通则》),主要涉及国际民事诉讼程序与司法协助、国际商事与金融法、国际家事与财产关系三大领域。海牙国际私法会议所达成的公约也得到了国际社会的广泛认可,目前参与其各类公约的国家(地区)有 150 多个。尤其在国际民事诉讼领域,如域外送达、域外取证等方面的国际公约取得了巨大的成功。

■ 怎么谈:《海牙判决公约》的谈判方式

□ 公约谈判的方式

《海牙判决公约》谈判的官方语言只有英语与法语两种,谈判的场合主要为特别委员会大会与非正式工作组会议。特别委员会(以下简称特委会)大会是正式的谈判场合,由会员方与作为观察员的国际组织共同参与,每次与会人数约 400 人。特委会的谈判以讨论提案内容为核心,参与方的关切需以提案的方式提出,只有得到大多数与会代表的支持才能成为公约条文。

当特委会在重要问题上分歧较大时,相关重要国家(地区)代表或有特别关切的国家(地区)代表将另外通过非正式工作组会议磋商,这类会议的参与人数通常在 20 人左右。在《海牙判决公约》中,"不动产租赁""国家是一方当事人""反垄断""知识产权""最后条款"等重要条款都是通过非正式工作组会议磋商达成的。

此外,还有简易的非正式磋商,例如,非单一法律制度国家如何适用公约问题(《海牙判决公约》第 25 条),主要是由中国、英国、美国、加拿大等多法域国家在会议室外简易商讨后达成条款。

起草的公约文本相对成熟后将提交外交大会,对达成的最终草案进行全面讨论,历经一读、二读甚至三读才通过。外交大会是谈判的最终环节,开幕式和闭幕式上,各国大使直接参加会议并发言,会议规格较高,政治气氛较浓。2019 年 6 月 18 日至 7 月 2 日,经过 16 天的讨论,《海牙判决公约》最终在和平宫召开的第 22 届海牙国际私法会议外交大会上通过。

□ 公约谈判的情形

在谈判过程中,虽然参与谈判的国际成员众多,但在纷繁复杂的发言中,大致可分为四个利益团体:第一个是以美国为核心,加诸日本、加拿大、澳大利亚、以色列等；当美国提出提案或发表意见时，常常会得到这几个国家的响应与支持。第二个是欧盟，作为区域组织，一般情况下由欧盟代表发言，但在谈判对其不利时，各成员国往往会单独发言，延长欧盟方的发言时长，强调欧盟的重要关切。第三个是拉美国家，作为全球法律一体化最早的地方，拉美国家基于相似的文化、制度和语言，一体化程度上较高，也在公约谈判中保持一致立场。第四个就是中国，作为相对独立和有影响力的一方，中国在公约谈判中尤其是一些核心争议上发挥着至关重要的作用。

参与《海牙判决公约》谈判的中国代表团成员包括中央政府、中国香港特区和澳门特区的代表。中央政府代表团代表们主要来自外交部、最高人民法院、国家知识产权总局、国家市场监督管理总局、国家版权局，也包括一些学者与律师。

■ 谈什么：《海牙判决公约》的框架与机制

《海牙判决公约》共 4 章，32 条。第一章是范围和定义；第二章是承认与执行，即最核心的条款；第三章是一般条款；第四章是最后条款。《海牙判决公约》的主要内容包括 1 个义务和 7 个缔约方自我保护机制。

□ 术语的定义

第一，对于“判决”（judgement），公约将其定义为法院就实质问题作出的任何决定（any decision on the merits），也包括关于诉讼费用和支出的决定。但其中一个重要例外是临时措施（interim measure），因为临时措施不涉及实体问题。[1] 简言之，关于实质性问题的民商事判决都属于公约范畴下的判决。

第二，对于“民商事项”（civil or commercial matters）的判断标准，公约采用了诉讼请求性质决定说（determined by the nature of the claim），即民商事性质不取决于当事人和法院，而取决于争议的性质。公约特别规定了其不适用于税收、海关与行政事项（revenue, customs or administrative matters）。公约在措辞上将税收、海关与行政事项并行，意在特别强调税收与海关事项，并非表示

---

〔1〕《海牙判决公约》第 3 条第 1 款第 2 项规定，“判决”系指法院就实质问题作出的任何决定，不论其如何称谓，包括裁定或者命令，以及法院（包括法院官员）对诉讼费用或者支出的决定，只要此种决定与实质问题有关且可依本公约得到承认或者执行。临时性保护措施不是判决。

二者不属于行政事项。

第三,对于“承认和执行”(recognition and enforcement),公约在其解释报告中分别作出了解释。报告指出,“承认”是指对于原审国法院关于法律权利和义务的判决,被请求国法院赋予其法律效力。例如,如果原审国法院认为原告有或者没有某一权利,而被请求国法院接受这一认定,即构成“承认”。“执行”是指被请求国按照其法律程序保证被告遵守原审国法院的判决。有一种观点认为,被请求国法院承认外国法院判决的效力等同于自己作出判决,这种观点有待商榷。承认外国判决的方式包括部分承认,或者只承认其中涉及金钱债务的分配,因此被承认的外国判决与内国判决不具有等同效果。

□ 公约的核心内容之一:一个义务

《海牙判决公约》确认的最主要义务是缔约方间相互承认与执行判决,其第 4 条第 1 款明确规定:“A judgment given by a court of a contracting state shall be recognised and enforced in another contracting state in accordance with the provisions of this Chapter. Recognition or enforcement may be refused only on the grounds specified in this Convention.”

第一句表明一个缔约方作出的判决应被另外一个缔约方承认和执行,这是公约的核心义务,shall 是对此义务的强调。第二句则明确了只能援引公约所规定的理由拒绝承认与执行。

第 2 款规定了“被请求国不得对判决的实质问题进行审查”(there shall be no review of the merits)。然而,无论在学术或实践当中,实质问题和程序问题一直不存在完全分明的界限,如证据问题、时效问题究竟属于实体还是程序尚无定论。包括公约第 7 条关于“判决是通过欺诈获得的”和公共政策等内容,都可能涉及实质审查。对外国法院判决不作实质审查,是个原则性的规定,只在必要时才进行考量。

此外,《海牙判决公约》为鼓励判决的流通,规定了缔约方自愿承认或执行外国民商事判决的自由。第 15 条规定,在不违反不动产物权专属管辖的前提下,公约不阻止依据国内法承认或执行判决。这就意味着若缔约方各自规定的承认与执行条件更宽松,即使判决不符合公约要求,也可以基于国内法自愿承认和执行。缔约方自愿原则反映了公约的根本目的,即在最大限度上促进民商事判决在全球法院的流通。

□ 公约的实体内容之二:七个保护机制

《海牙判决公约》规定了缔约方有相互承认与执行判决的义务,考虑到权利义务的平衡,公约为缔约方规定了至少7个方面的自我保护机制。

1. 保护机制一:公约排除适用的范围

《海牙判决公约》第2条第1款规定了排除适用的事项,其中涵盖了大量内容,大致可分为如下几类:一是自然人身份能力、抚养、婚姻财产继承、遗嘱、破产、旅游和货物运输,这些事项并非因为它们不是民商事项,而是因为已经在此领域存在国际公约(第1~6项);二是核损害的责任,法人、或者自然人与法人合伙的有效、无效或者解散,以及其机关所作决定的效力,公共登记事项的有效性,此三个领域主要涉及行政事项或各国很难达成一致(第8~10项);三是毁谤、隐私,涉及言论自由和宪法性权利的(第11~12项);四是涉及大国的重要关切,如涉及中国关切的海洋污染(第7项)、涉及中美欧核心争议的知识产权问题(第13项)、涉及美国等域外驻军国关切的武装部队的活动和执法活动(第14~15项)、涉及中美欧关切的反垄断事项(第16项)、涉及阿根廷等拉美国家关切的国家单边措施进行的主权债务重组(第17项)。

反垄断事项是公约谈判过程中最具争议也是在达成共识时经历最曲折的条款之一。早在2016年中国就在提案中指出公约应排除反垄断事项,2017年韩国也提出类似提案并进入了大会讨论的议程。但在2019年的外交大会上,欧盟、日本和以色列代表共同提案,要求将反垄断事项整体纳入《海牙判决公约》的适用范围,这是因为欧盟内部私人垄断之诉较为发达,该提案于欧盟的利益有利。针对该共同提案,韩国代表再次提案表示可以承认和执行反垄断案件中涉及金钱判决的部分。在这种情况下,美国代表提出折中方案,即原则上排除反垄断事项,但部分反垄断协议或者协同行为除外。美方的这一方案得到了欧盟代表的回应,双方又共同基于此内容提出了提案。

中方代表为维护我国利益,在美欧达成一致的情况下积极与各国代表沟通,经过艰难的磋商,最终中美欧达成了一致意见,即在采取美欧意见的基础上,强调适用公约的反垄断行为与效果必须都发生在原审国。这一最终文本的措辞实质上是为了限制美国法律的域外适用,是限制长臂管辖的典范。

2. 保护机制二:判决的要求

《海牙判决公约》第4条第3款规定,判决只有在原审国是有效的,才应该被承认;并且只有在原审国是可执行的,才应得到执行。针对上诉和再审制度,第4条第4款特别规定,如果判决在原审国是再审的对象,或者申请上诉的期限未过,可以推迟或者拒绝承认或者执行。

3. 保护机制三:间接管辖权

一个国家在何种情况下行使管辖权所作出的判决可以被外国承认和执行。例如,美国判决申请中国法院承认和执行,中国法院审查原审法院的管辖是否合乎规则和有无管辖权,即间接管辖权。间接管辖权在某种程度上涉及各国法院间管辖权的分配,涉及各国宪法所规定的法院司法职权,尤其是管辖权的确定对于案件结果的处分有实质性的影响,这一问题自然就成为各国的核心关切,是公约早期谈判最大的障碍。为避免分歧,在美国代表的强烈要求下,《海牙判决公约》第5条甚至没有采用 jurisdiction,而是采取了 basis 这一表述(basis for recognition and enforcement)。第5条第1款是任意性规范,其中包括13个连结点,符合任何一项的规定,原审国就具有合格的管辖权。具体而言,原审国法院获取管辖权的连结点主要有:被申请人的惯常居住国,自然人主要营业地,原告起诉地,被告分支机构、代表机构所在地,被告明示同意管辖,被告应诉管辖,反诉,非排他性选择法院协议,契约义务的合同履行地,不动产租赁的不动产所在地,不动产物权担保的契约义务的不动产所在地,非契约义务的损害行为实施地,信托内部事项的文书制定国家等。第2款所规定的消费者合同和雇佣合同例外情形,主要是体现弱者保护原则。第3款则是关于不动产租赁和不动产登记的排他性管辖。[1] 第6条是针对不动产物权的专属管辖规定。[2]

值得注意的是,中国对管辖权的分类方式与国际标准不同。按照中国的分类方法,管辖权分为一般性管辖、特殊管辖(如侵权、合同)、专属管辖(如三资企业、不动产纠纷)。而国际上则将管辖权分为三个层面来分别确定管辖权基础:第一个层面是与被告的联系,第二个层面是双方当事人的同意,第三个

---

〔1〕《海牙判决公约》第5条第3款规定,第1款不适用于用于居住的不动产租赁(承租)的判决,或者不动产登记的判决。只有此类判决由不动产所在地国法院作出时,才能予以承认与执行。

〔2〕《海牙判决公约》第6条"承认与执行的排他性基础"规定,尽管有第5条的规定,对不动产物权所作的判决,当且仅当该不动产位于原审国时,才应该予以承认与执行。

层面是争议与法院地的联系。

4. 保护机制四:承认与执行的拒绝

《海牙判决公约》第 7 条是拒绝承认与执行判决的理由。国际社会对该问题已达成相当程度的共识,第 1 款规定的情形可大致归纳为:违反正当程序;通过欺诈方式获得的判决;违反被请求国公共政策;原审国法院的管辖违反了当事人的管辖协议;判决冲突。[1]

第 2 款就平行诉讼问题作出了规定。平行诉讼(parallel proceedings)是指相同当事人就同一争议基于相同事实以及相同目的同时在两个或两个以上国家的法院提起诉讼的现象。为解决这一问题,第 2 款规定在平行诉讼发生时,如果被请求国法院先于原审法院受理案件,且争议与被请求国有紧密的联系,则正在进行相同标的诉讼的被请求国法院,可以拒绝或者延迟承认或者执行。

5. 保护机制五:可分割性

《海牙判决公约》第 9 条规定了判决的可分割性问题(severability)。根据该条,如果一项判决可分割的部分被申请承认或者执行,或者依据公约仅部分判决可以被承认或者执行,则该部分判决应当予以承认或者执行。

6. 保护机制六:惩罚性赔偿

在美国,侵权案件的诉讼中常常会判决极高额的惩罚性赔偿,这种惩罚性赔偿超越了补偿的性质,具有惩罚的目的,一般不被他国承认和执行。因此,《海牙判决公约》第 10 条特别规定被请求法院可以在当事人的实际损失或者

---

〔1〕《海牙判决公约》第 7 条第 1 款规定:"一、存在下列情形的,可以拒绝承认或者执行:(一)提起诉讼的文书或同等文书,包括诉讼请求本质要素的陈述:1. 没有在足够的时间内以一定方式通知被告使其能够安排答辩,除非被告在原审法院出庭,且在原审国法律允许就通知提出异议的情形下,被告未就原审法庭的通知提出抗辩;或者 2. 在被请求国通知被告的方式与被请求国有关文书送达的基本原则不符。(二)判决是通过欺诈获得的。(三)承认或者执行将会与被请求国的公共政策明显相悖,包括作出该判决的具体诉讼程序不符合被请求国程序公正的基本原则以及侵犯该国安全或者主权的情形。(四)原审法院的诉讼与当事人协议或信托文书的指定相悖,根据该文书,争议应该由其他国家法院解决,而并非原审国法院。(五)判决与被请求国法院就相同当事人间争议作出的判决不一致。(六)判决与较早前第三国法院就相同当事人间相同标的所作出的判决不一致,且较早判决满足在被请求国得到承认所必需的条件。"

所受伤害的范围内承认和执行该判决，而不承认和执行惩罚性赔偿。[1]

7. 保护机制七：声明机制

《海牙判决公约》第17条至第19条是关于缔约方可以声明排除的条款，包括限制承认与执行的声明、特定事项的声明、与国家相关判决的声明。

第一项声明机制是《海牙判决公约》第17条规定的"限制承认与执行的声明"，即如果当事人均居住在被请求国，并且除原审法院所在地外，当事人的关系及与争议有关的任何其他因素都仅与被请求国相关联，则其法院可以拒绝承认或者执行另一缔约方法院作出的判决。本条解决的是纯国内案件在外国法院审理时的判决效力问题。理论上，如果当事人自动履行判决，当事人可以在全世界任一法院起诉。然而，一旦当事人一方不履行判决，需要借助法院的司法权力承认与执行时就会面临国内法的限制问题。例如，对于纯国内的案件，中国法律就不允许到外国法院解决争议，否则，外国法院相关的判决不能得到我国法院的承认和执行。

虽然在类似问题上并非所有国家与我国态度一致，但是在公约第二次特委会关于公约"一般条款"的非正式磋商中，非正式磋商的召集人美国代表却在介绍2005年《选择法院协议公约》所规定的一般条款时重点介绍了这一规定，而后中国代表迅速提出相关提案，并在特委会得以通过。这正是国际公约谈判过程中各方合作和默契的体现，美方在与之没有任何利益关切的条款上介绍该条款，反映了各方尽量达成共识、共同使公约符合大多数参与者利益的做法，有利于未来更多的国家（地区）参加公约。

第二项声明机制是《海牙判决公约》第18条规定的"关于特定事项的声明"。[2] 在谈判的过程中，所有缔约方都对该条款有利益需求，因为基于该条款各方都可以声明排除其特殊关切的事项。例如，三资企业合同至今仍是我国《民事诉讼法》规定专属管辖的事项，我国可以借助该条款声明排除公约的

[1] 《海牙判决公约》第10条"损害赔偿"规定："一、如果判决裁定的损害赔偿，包括惩戒性或者惩罚性赔偿，并非赔偿当事人的实际损失或者所受伤害，则可以在此限度范围内拒绝承认或者执行该判决。二、被请求法院应考虑原审法院裁定的赔偿是否以及在何种程度上涵盖诉讼相关的费用和开支。"

[2] 《海牙判决公约》第18条"关于特定事项的声明"规定："一、如果一成员因有重大利益而在特定事项上不适用公约时，该成员可以声明其在该事项上不适用公约。作出声明的成员应确保该项声明不超出必要范围，且所排除的特定事项界定清楚和准确。二、在该事项上，本公约不适用于：（一）作出该声明的缔约方；（二）其他缔约方，如果作出声明的缔约方法院所作判决在该成员请求承认或者执行。"

适用;在知识产权问题早期的谈判中,由于没有被排除在公约适用范围之外,巴西、俄罗斯特别关注这一问题,希望通过该条款排除知识产权。因此,该条款实际上是一种兜底性条款。

第三项声明机制是《海牙判决公约》第 19 条规定的“与国家相关判决的声明”。国家作为诉讼当事人时通常享有国家豁免权,但在一些国家,如果国家作为平等主体参与民商事活动,在普通的民商事纠纷中往往不享有国家豁免。《海牙判决公约》第 2 条第 4 款规定,不能仅因为诉讼当事人一方是国家包括政府、政府机构或者任何代表国家行事的人这一事实,就将判决排除在本公约适用范围之外。但第 19 条允许国家进行声明排除适用《海牙判决公约》。第 19 条第 1 款规定:“一、一国可以声明,公约不适用于下列主体作为诉讼当事人的相关判决:(一)该国,或者代表该国行事的自然人,或(二)该国的政府机构,或者代表此政府机构行事的自然人。作出声明的国家需确定该项声明不超出必要范围,且所排除的事项界定清楚和准确。不论国家、该国的政府机构或者代表二者之一行事的自然人是原审法院诉讼的原告还是被告,该项声明不得对判决进行区分。”

第 19 条涉及两个重要问题:一是强调国家不能只声明对自己有利的判决。不得对判决进行区分意味着缔约方不能只在其作为被告时声明不适用,作为原告时却适用。这一表述本质上是为了确保公约平等适用,而不是被某些缔约方选择性利己主义地适用。二是该条排除了法人,主要是因为涉及国有企业(state - owned enterprises)问题。中国作为对国有企业问题拥有重大关切的大国,在本条的谈判过程中中国代表团进行了长期的博弈,付出了巨大努力。在 2017 年美国提案的注释中专门提出了国有企业的问题,即法人在代表国家行事时可以适用该条,声明排除适用,但国有企业则不行。这一立场在 2018 年美国、韩国、以色列的联合提案中被从注释中纳入条文的正式条款,并在同年成为公约草案的正文。这种描述实际上是一种歧视性条款,这一版提案中“a person”的表述就意味着其同时包括自然人(nature person)与法人(legal person),而 legal person 既然在代表一个国家行事时可以声明不适用公约,那么国有企业就没有理由被歧视性地排除在外。[1] 此外,世界贸易组织项

---

〔1〕 See HCCH, *Revised Draft Text Submitted by the Drafting Committee*, Special Commission on the Recognition and Enforcement of Foreign Judgments (24 - 29 May 2018), Work. Doc. No. 262 E,

下的文件也没有进行所有制区分，该提案将国有企业和私人企业进行区分不符合所有制中立原则。

面对这一明显针对中国的不利条款，中方代表在 2019 年 2 月的香港非正式工作组会议中提出删除国有企业条款，并在同年 5 月的外交大会前正式提出了提案。在外交大会上，面对中方代表的提案，欧盟代表表示若去除国有企业相关的条款，那么条款中关于法人的部分将丧失意义。对此，中方代表回应道，“既然法人没有意义，那就将法人的全部条款删除”。经过一系列艰难的磋商，在最终条约文本草案中，关于 legal person 的全部内容都被删除，只留下了 nature person，避免了在公约中创造所有制区分的立法先例。

■ 谈后启示：《海牙判决公约》的价值

□ 公约成功达成的原因

从 1992 年开始到 2019 年，《海牙判决公约》的谈判经历了整整 27 年。海牙国际私法会议早在 1992 年至 1999 年就起草了一个包含管辖权与判决承认与执行的大公约，但这一谈判在 2001 年破裂了。之后，海牙国际私法会议并没有放弃公约的制定，而是继续分阶段逐步推进谈判，并首先在 2005 年达成《选择法院协议公约》。2016 年，在各方条件更加成熟后，承认与判决公约的谈判才被重新启动，并最终在 2019 年达成，整个过程十分不易。

《海牙判决公约》的达成与内外部环境密不可分。从内部来说，海牙国际私法会议制定了一系列公约，1992 年提出的民商事管辖权与判决承认和执行

---

distribution on 27 May 2018. [Article 20 Declarations with respect to judgments pertaining to governments 1. A State may declare that it shall not apply this Convention to judgments arising from proceedings to which any of the following is a party – (a) that State, or a person acting on behalf of that State, or (b) a government agency of that State, or a person acting on behalf of such a government agency. The declaration shall be no broader than necessary and the exclusion from scope shall be clearly and precisely defined. 2. A declaration pursuant to paragraph 1 shall not exclude from the application of this Convention judgments arising from proceedings to which an enterprise owned by a State is a party. 3. If a State has made a declaration pursuant to paragraph 1, recognition or enforcement of a judgment originating from that State may be refused by another Contracting State if the judgment arose from proceedings to which that other Contracting State, one of its government agencies, or equivalent persons to those referred to in paragraph 1 is a party, to the same extent as specified in the declaration.]

的大公约是唯一一个失败的公约。近年来,海牙国际私法会议陆续达成了一些涉及选择法院、儿童抚养等方面的公约,但在涉及国际民事诉讼的重大问题上迟迟得不到突破。国际上,关于国际商事仲裁的 1958 年《纽约公约》已经有 160 多个缔约方,获得了巨大成功;关于国际商事调解的《新加坡调解公约》在《海牙判决公约》将要达成的前夕也临近谈判尾声。在 2019 年,《海牙判决公约》的谈判已经历时 27 年却仍未达成,因此无论是海牙国际私法会议还是各缔约方都希望有所突破。

从外部来说,《海牙判决公约》的达成与整个国际大背景有关。欧盟基于其高度的一体化,一个成员国作出的判决自动在另一成员国承认和执行的机制已然成熟。与之类似,英联邦国家之间民商事判决的承认与执行也实行登记制。此外,美洲国家也已经有判决承认与执行条约,海湾国家也有类似的协定。实际上,全球民商事判决承认与执行制度已经形成条块化状态,判决的承认与执行在一些区域已经开始流动,为《海牙判决公约》的谈判提供了良好的外部条件。

□《海牙判决公约》的价值

公约作为一项制度、一个国际法律文件,是一个公共产品。国际社会公共产品的提供方式有两种:一种是由霸权国提供,将其利益制度化,并推行为国际秩序;[1] 另一种由国际协商达成。公共产品是国际社会的必需品,缺乏公共产品就会出现低效、无序、混乱的情形,如众所周知的"三个和尚没水喝""公地的悲剧"[2]。霸权国提供并强推的公共产品,从根本上而言是为了维护其自身在世界市场和国际政治体系中的领导地位,为其攫取更多重要利益,在这一过程势必牺牲一些国家的利益。而国际公约由国际协商达成,体现的是国际社会的合作与共识。更为重要的是,在公约的谈判中,中国的很多立场在公约文本中得到了体现和维护。

□ 中国判决走出去的意义

目前,中国的"经济走出去"走得很远很快,无论是"一带一路",还是在其

---

〔1〕 关于霸权稳定论可参见[美]金德尔伯格(C. P. Kindleberger):《1929—1939 年世界经济萧条》,宋承先、洪文达译,上海译文出版社 1986 年版。

〔2〕 Garret Hardin, The Tragedy of the Commons, 162 Science 1243 - 1248 (1968).

他方面,都取得了长足进展。中国早已是世界上第一大贸易出口国和贸易进口国。同时,我国的“军事走出去”也有所成效,目前为止已经突破了第一岛链,也开始在非洲有一些海外驻军,比如在索马里护航的中国舰队等,为世界和平贡献自己的力量。当经济、军事已逐渐走出去时,如果要成为一个有影响力的大国,接下来还有一样必须要走出去,那就是本国制度在全球范围内要成为别国效仿和学习的榜样。当然,作为多边主义的拥护者,中国不会将自己的制度强行推给别国,那么“制度走出去”就需要一个载体。判决不仅承载一国法律的程序性规则,也承载了实体法规则,公约不限于一个部门法的范畴,而是整个民商事领域,因此,一国判决在全球范围内的流通就是“制度互动”的重要抓手。

《海牙判决公约》作为一个多边机制,就是中国制度走出去的一个重要平台。而且中国作为经济大国,有相对更多输出自己判决的机会。这种输出是互利互惠的,没有意识形态的羁绊,也没有国际政治关系的博弈,于无声处就能让外国了解中国的法律,了解中国的司法制度,相比直接宣传中国法律制度的成就,更能为外国所接受。

本文的目的不仅是梳理《海牙判决公约》谈判的内容和机制,更重要的是解释公约形成的过程。探寻一个公约不仅要看条文的本意,更重要的是看其形成过程。中国日渐走近国际舞台中央,在中美博弈日益加剧的当下,中国势必要在制定国际规则、深入开展国际合作与谈判中发挥更重要的作用。

▣ 阅读指引

◫ 公约背景及内容相关文献资料

1. 何其生:《承认与执行外国民商事判决公约》,载黄进平等主编:《中国国际私法与比较法年刊》(2019·第24卷),法律出版社2020年版。

由参与公约谈判的何其生教授翻译,中国著名国际法学家黄进教授核校的《海牙判决公约》中文译本,是目前最权威的公约中文翻译文本。

2. 何其生:《间接管辖权制度的新发展及中国的模式选择》,载《法律科学(西北政法大学学报)》2020年第5期。

承认与执行外国法院民商事判决需要审查外国原审法院的管辖权,在理论上存在派生说和非派生说之分。派生说因为适用原审国法和被请求国法的不同,发展为单边说和双边说;而非派生说可分为实质联系模式和清单模式。2019 年《海牙判决公约》采纳了非派生说,体现了多边平台间接管辖权的新发展。我国法律就此缺乏规定,双边司法协助条约先后采纳了双重单边说、双边说和非派生说的清单模式。实践中我国法院在间接管辖权的审查上出现了"集体失声"和"语焉不详"两种困境。为解决此两种困境,可在立法上主张适用被请求国法;进一步而言,为增加间接管辖权审查的确定性和可操作性,可在最高人民法院的规范性文件中采纳非派生说的清单模式,同时辅以实质联系模式作为补缺性条款。

3. 何其生:《〈海牙判决公约〉谈判与知识产权的国际司法合作》,载《法学研究》2021 年第 1 期。

在《海牙判决公约》知识产权问题的谈判上,中美欧分别采取了限制性合作、不合作和合作的立场,代表着在多边层面不同的利益博弈模式。一方面,公约排除了知识产权的适用,美国不合作立场成为最终的选择;另一方面,美国通过单边施压和《中美经济贸易协议》拉平了中美知识产权的保护标准,实现了中国在知识产权制度水平与知识产权发展水平上的级差效应,有利于美国的经济收益。而欧盟之所以愿意进行国际合作,也旨在于全球范围内实现知识产权制度水平的"水涨船高",从而在国际上产生类似于美国的级差效应。在中国知识产权制度水平大幅提升而且知识产权发展水平前景可期的情况下,未来在国际司法合作层面应该采取合作模式,以提供国际公共产品,维护自身的知识产权利益。

4. 何其生:《〈海牙判决公约〉与国家相关判决的承认与执行》,载《环球法律评论》2020 年第 3 期。

在国家作为一方当事人的民事诉讼中,《海牙判决公约》作出了如下发展:一是在不影响国家及其财产所享有的特权与豁免的同时,增加了国家相关判决承认与执行的概率,提供了国家相关判决承认与执行的公约路径和国内法路径;二是为国家设置了多层自我保护机制,如特别例外和声明机制,且这些机制具有相当鲜明的特色;三是在国家相关判决承认与执行的规定方面,体现了绝对豁免与限制豁免、促进判决流通与国家利益自我保护的平衡。未来在批准《海牙判决公约》时,我国需要基于届时在管辖豁免和执行豁免问题上所持立场,决定是否依据《海牙判决公约》第 19 条作出限制适用声明。

5. 徐国建:《2019 年〈海牙判决公约〉判决承认和执行机制概述》,载《中国应用法学》2020 年第 4 期。

讨论了公约对外国法院判决承认与执行基本制度设计的主要内容,其也是公约规定的核心内容所在。这些内容的准确把握,对于准确理解公约的内容具有非常重要的意义。

6. 徐国建:《论法院判决全球流通的范围和限制——2019 年〈承认与执行外国民商事判决公约〉适用范围评析》,载黄进平等主编:《中国国际私法与比较法年刊》(2019·第 24 卷),法律出版社 2020 年版。

对公约的适用范围,包括其所适用的民商事性质的判决的含义、主体适用范围、地域适用范围、时间适用范围,以及先决问题和公约适用范围的关系等问题进行了详细介绍,有利于读者深入理解公约的内容与意义。

7. 徐国建:《被攻克的最后堡垒:2019 年〈海牙判决公约〉所涉关键问题评析》,载《上海政法学院学报(法治论丛)》2020 年第 2 期。

详细分析了公约谈判在最后阶段仍然存在的 5 个重要问题,即知识产权、共同法院和其他国际公约的关系、涉及国家判决的声明机制以及反垄断(竞争)事项上的谈判历程与各国主要立场。

8. Peter Arnt Nielsen, *The Hague 2019 Judgments Convention – from Failure to Success*? 16 Journal of Private International Law 205 – 246 (2020).

完整地梳理了《海牙判决公约》以及海牙国际私法会议关于国际民事诉讼的一系列公约制定的历史,能够使读者更加全面地了解关于国际民事诉讼的发展,适合想要用英文拓展学习国际民事诉讼法律的同学阅读。

9. HCCH, *Explanatory Report on the Convention of 2 July 2019 on the Recognition and Enforcement of Foreign Judgments in Civil or Commercial Matters*. Nov. 18, 2020.

海牙国际私法会议在《海牙判决公约》达成后出具的官方解释报告,其对公约所有条款文本进行了详细的解释说明,适合想要深入了解公约内容的同学阅读。

拓展阅读资料

此部分文献是《海牙判决公约》所涉及具体问题的相关文献,主要包括公约谈判中最重要的知识产权事项、反垄断事项、不动产等问题,也包括国际民事诉讼管辖权领域的一些重要理论,如间接管辖权等。这些文献具有一定的理论深度,适合有志于进一步对《海牙判决公约》所涉及国际民事诉讼问题进行深入研究的同学阅读。

1. 何其生:《统一化与分割化:〈海牙判决公约〉下的不动产问题》,载《国际法学刊》2020 年第 1 期。

2. 单娟:《〈承认与执行外国民商事判决公约〉中反垄断条款研究》,载黄进平等主编:《中国国际私法与比较法年刊》(2019·第 24 卷),法律出版社 2020 年版。

3. 樊婧:《跨境知识产权判决承认与执行中地域性问题辨释——以〈海牙判决公约〉制定过程为中心》,载《国际法研究》2021 年第 1 期。

网络资源索引

通过互联网可以十分便利地获取重要的学习资源,例如,海牙国际私法会议的官方网站会实时更新其动态，并可以提供会议的各种官方文件，如条约文本、会议报告、谈判文书等材料。此外，外交部条约法律司的微信公共号会发布具体中国参与各项条约谈判的信息与其他重大国际法动态。中国国际法学会与中国国际私法协会的微信公众号会不定期更新国际法和国际私法领域最新的实践与学术热点，便于有志于学习相关国际法知识的同学获取相关信息。

1. 海牙国际私法会议官方网站：https://www.hcch.net/en/home。
2. 海牙国际私法会议文书合集：https://www.hcch.net/en/instruments/conventions。
3. 中国国际法前沿（外交部条约与法律司微信公众号）。
4. 中国国际法学会（中国国际法学会微信公众号）。
5. 中国国际私法（中国国际私法协会微信公众号）。

作为教育者的尊荣感(代后记)*

在北京大学法学院,有这样一系列讲座,通过举全院之力,让老师们深切体会到站在讲台上的尊荣感,感受到来自学生、学院、学校乃至全社会的尊重,从而激励老师们讲好每一堂课。

2018 年秋季学期以来,北京大学法学院推出“法学阶梯”系列讲座,把封闭课堂变成开放讲座,让老师们体会到作为教育者的尊荣感,有的放矢地提高课程质量。目前,学院已经成功举办 41 场讲座。其中,12 场“入门讲座”作为法学第一课和法学基础课,在同学们站在“法的门前”时,予以指引;16 场“进阶讲座”作为法学答疑课,进行课程期中总结和反思,授业解惑;13 场“高阶讲座”作为法学前沿课,针对硕博研究生讲授法学研究基本方法,授人以渔。

一、盘活存量:讲好每一门课

在法学教育层面,“法学阶梯”系列讲座是课程模式的一次创新性探索,旨在着眼于现有课程体系,激励老师们讲好每一堂课,“盘活存量”。

车浩老师作为北京大学法学院教学委员会主席,是学院教学改革的主要负责人。他指出,法学院进行的课程改革可以归纳为两种模式,即增量改革和存量改革,前者体现为根据学生需求、社会变化和学科研究动向,增加一些新型课程;后者则强调提升原有每一门课程的教学质量。

作为优化和完善课程体系的重要思路,近年来,法学院的增量改革取得了显著成效。例如,法学院近年来开设的案例研习课、实务课、写作课等备受好评,引领了国内法学教育的课程改革风向。

一个学院的教学质量能否整体推进,学生能否从教学中全方位受益,既需要少数老师和少数精品课程的引领作用和品牌效应,也需要大多数老师的共同努力和大多数课程质量的普遍提高。一套完整的法学教育,需要覆盖到很

---

* 原文载于 2019 年 6 月 24 日“北京大学教务部”微信公众号。

多老师、很多课程,只有讲好每一门课,才能全面培养好一个法科学生。所以,在增量改革取得成效的基础上,法学院进一步启动存量改革,即将课程改革的发力点覆盖到现有的整个课程体系,“盘活存量”,想办法进一步提升现有各门课程的质量。

当然,在北京大学,老师在授课风格、教学设计上有很大的自由空间。因此,车浩老师表示,通过行政命令干预老师的课程安排既不现实也不明智,改革的突破点在于想方设法提升教师授课的积极性,使老师由衷地愿意为教学投入更多心思和精力。为此,学院设计了“法学阶梯”系列讲座,让老师站在更宽阔的讲台上,体会到作为教育者的尊荣感,从而让学生普遍性受益。

二、有的放矢:阶梯式教学讲座

纵然将封闭课堂升级为开放讲座可以促使和激励老师精心准备和策划,但把每一堂课都办成讲座并不现实,因此,就需要针对课程的关键时点,着力进行结构性改善。

在一门课的进程中,三个节点尤其重要。第一堂课意味着同学们初入一个陌生的学习领域,尤其需要老师的导引。而以往老师们通常会简单介绍课程大纲、本学期课程进度等内容,往往深浅程度不一,且较为零散。可以说,第一堂课的质量是缺乏保证的。现在学院推出的“入门讲座”,就是将第一堂课改造成一次关于本学科基本概念和学习方法的“入门讲座”。这样一来,在特定主题和讲座结构的要求下,就能促使老师花更多时间和精力备课,体系化地呈现课程导论,从而引导新生进入法学之门,对本学科形成一个初步的认知。

到期中阶段,则需要老师和同学适当地停下来,共同进行反思和总结。许多课程会设置期中作业或期中考试,但出题和检验都完全由老师主导,在信息了解上,师生双方是不对称的。更好的检验方式可能是在期中安排一次集中答疑,汇总学生的困扰和问题,以便老师高效地捕获并解决学生在前半学期学习的共同障碍。于是,学院设计了“进阶讲座”,由教务办老师和助教一起对选课同学进行问卷调查,收集问题并形成报告提交授课老师,老师根据报告精心准备,在讲座上对集中、重要、有共性的问题进行透彻地讲解,扫除学生前期学习障碍,为后半学期的学习打牢基础、指明方向,从而有质量、有目标地开展后半阶段的教学。

期末考试则是整个学期课程的最后一个重要环节。关于考试方式,车浩老师认为,从其教学理念来讲,法学课程的考试应该尽量开卷。因为大学课程的目标,不是通过闭卷考试选拔记忆力和天赋好的同学,而是培养法学生利用层出不穷的法律材料理解和处理问题的能力,只有开卷考试才能检验教学的效果,识别学生之间的差异。

车浩老师总结,“开学入门第一课、期中答疑和期末考试,这是最重要的三个节点。当然,考试改革涉及方方面面,虽然逐渐有越来越多的老师尝试开卷,但是这方面的改革还没有大力推行。现在的目标就集中在前两个时点上——如何让老师在入门阶段付出更多的心力,如何让老师在期中阶段愿意拿出时间来给学生系统性答疑,这是我们想要解决的问题”。

谈及“法学阶梯”系列讲座区别于其他讲座之处,车浩老师表示,其定位为教学类讲座而非学术类讲座,换言之,其本质上是一次面向全院、全校甚至社会公众的公开课。这样的讲座要求老师把每一门课精华的部分拿出来,不是仅展现其某个研究或者某篇论文的成果,而且展现这位老师在整门学科上的成就。当然,如果没有足够的学术科研水平打底,老师们做这样一个导论或答疑讲座,也会受到制约。在这一点上,两者是不冲突的,甚至可以起到相辅相成的作用。

三、作为教育者的尊荣感

“有些老师表示在校内做讲座反而更紧张和激动,也有的老师说很多年不打领带了,上这个课还要打领带。”在讲到授课老师对“法学阶梯”系列讲座的反应时,车浩老师如是举例。

北京大学有很多老师,每个院系都会有突出的学术“大咖”和网红老师,曝光率比较高,而绝大多数老师可能到退休都没有在校内做过讲座,但恰恰是这些大量的兢兢业业的老师,构成了教学队伍的主要力量。他们上的课,占据了整个课程体系的最大比例。

现在的“法学阶梯”系列讲座,就是在举全院之力,全方位地为老师的教学进行宣传。前期会通过官方公众号和校园海报等进行充分的讲座信息宣传,吸引社会公众和其他院校的学生前来旁听;讲座过程中,有法律出版社和北大英华科技有限公司参与全程的视频摄制工作,速记公司对讲座全程速记并整理成文;后期还会将讲座综述发表在“中国法律评论”微信公众号、“北大法宝”微信公众号、北京大学法学院官网等各种公众平台,同时宣传授课老师在教学科研等各个方面的成果。

于是,表面看起来不过是形式的创新,但实际上追求的是实质的目标:通过调动大多数老师的积极性,在各类课程中增加入门导论和难点答疑的环节,让整个课程质量得到改善,最终的受益者是学生。学院做大量投入,向社会公众推举这些老师和他们的课程,也是为了让老师们深切体会到站在讲台上的尊荣感,感受到学生、学院、学校乃至全社会的尊重,从而激励老师们讲好每一堂课。而且,不同于众多学术讲座的是,“法学阶梯”系列讲座本质上是一次“公开课”,是教学类讲座。因此,老师们在该讲座中获得的尊荣感,首先源自其教育者的身份,而不仅仅是学者身份。

此外,学院鼓励老师更多地投入教学,并非“唯教学论”,其本身就是在平衡本科教育和学术研究的紧张关系。其实在科研方面,老师们以前受到的引导和激励就已经很多了,如各种科研奖项、职称评定、论文发表等;学院现在所做的工作,同样也是加强对老师们投入教学工作的肯定和鼓励。“教学和科研是大学老师的两项基本职责,两者是不应当偏废的。”

四、“花香蝶自来”

除老师获得尊荣感,学院课程质量提高,学生最终受益外,“法学阶梯”讲座也具有重要的社会意义。

在教学改革层面,这样的模式对于不同课程、院校都具有可复制性。每一门课都可以这样打造,每一位老师都可以做到开头系统的导论和中期全面的答疑,所以每一个法学院都可以依靠其存量做同样的推广。在此意义上,“法学阶梯”系列讲座也是北京大学法学院对全国法学教育的一点探索和贡献。

“北大法学院作为我国的法学重镇,一直引领全国法学教育的航向。通过把这些课程当中最精华部分、老师最精心准备的环节向社会公众推出,其实也实现了教育资源的分享,体现了北大法学院的社会担当。”

最后,法学院会争取每个学期都推出一批入门讲座和进阶讲座,希望通过持续地推进,用三至五年的时间实现法学院绝大部分的课程在关键节点上有质的提升。更精彩的“法学阶梯”讲座,更精彩的北京大学法学院,敬请期待!